KB117851

학교혁명

아이의 미래를 바꾸는

학교혁명

CREATIVE SCHOOLS

★

켄 로빈슨

정미나 옮김

21세기북스

모든 아이는 예술가로 태어난다.
자라면서 그 예술성을 지키는 것이 문제다.

_피카소

"관심을 북돋워줘라. 이 말은 저자가 제시하는 교육의 미래를 위한 주문이다. 두 사람은 학생들에게 주입시키는 교육이 아니라 학생들과 함께 펼쳐나가는 교육을 제시하고 있다. 모든 교사와 학부모에게 이 책을 권하고 싶다."
– 세스 고딘(Seth Godin), 『보라빛 소가 온다』『이카루스 이야기』의 저자

"교육의 이상적 모습에 대해 인상적이고 감동적인 비전을 제시하는 책이다. 설득력 있게 행동을 촉구하고, 미래의 교육을 위한 훌륭한 사례들을 소개해주고 있다."
– 토니 와그너(Tony Wagner), 하버드대학교 혁신연구소 전문연구원이자 『이노베이터의 탄생』의 저자

"이 책이 증명해주듯이 변화가 일어나고 있다는 사실은 이제 부정할 수 없는 현실이다. 우리가 하고 싶은 질문에 대한 설명과 사례가 풍부해서 설득력을 더한다."
– 엘리엇 워셔(Elliot Washor), 빅픽처러닝(Big Picture Learing)의 공동설립자이자 『넘나들며 배우기(Leaving to Learn)』의 저자

"감동적이고 재미있다. 모든 사람에게 창의성이 중요한 이유, 창의성을 뒷받침하기 위한 커리큘럼과 평가제도의 유형, 창의성을 발휘하는 요령에 대해 포괄적이고 설득력 있게 들려준다."

— 앤디 하그리브스(Andy Hargreaves), 보스턴칼리지 린치교육대학원의 교육학과장이자 『교직과 교사의 전문적 자본(Professional Capital)』의 저자

"이 책은 교육제도의 근본적 오류를 짚어주면서 이런 진단에 따라 교육제도의 무엇이 어떻게 달라져야 하는지, 또 어떻게 달라질 수 있는지를 제시해주고 있다. 또한 창의성을 비롯한 여러 주제를 흥미롭게 펼쳐 보여준다. 책을 읽고 난 후에 당신이 무엇을 할 수 있을지 생각해보는 시간을 가져보길 권한다. 그리고 다른 사람들과 함께 다시 읽어보며 변화를 시도해보라. 지금이야말로 창의적 학교가 절실히 필요한 때다."

— 마이클 풀란(Michael Fullan), 캐나다 토론토대학교 온타리오 교육연구소장이자 『교장(The Principal)』의 저자

"저자는 세계에서 그 누구보다 설득력 높은 교육 혁신을 주장하고 있다. 그의 명쾌함, 열정, 통찰력을 통해 나를 비롯한 수많은 이들이 감동을 받아왔다. 이 책은 단순히 행동 변화의 촉매제 역할에만 치중하지 않는다. 교육 혁신의 선언문으로서 실현 가능한 혁신안에 대한 실용적 탐구이자 찬사이기도 하다."

— 리처드 거버(Richard Gerver), 『오늘 만드는 내일의 학교(Creating Tomorrow's Schools Today)』의 저자

자정 1분 전

　　　　　　　　　　　　당신은 지금 우리의 교육이 걱정스럽지 않은가? 나는 걱정스럽다. 그중 가장 우려되는 부분은 전세계 교육제도의 개혁 방향이다. 현재 세계적으로 개혁이 진행 중이라고는 하지만 그중 대다수 개혁은 실질적 학습법이나 실질적 학교 운영 원칙을 잘못 이해한 채로 정치적, 상업적 이해관계에 따라 추진되고 있다. 그 결과 무수한 청소년의 미래에 상처를 입히고 있다. 이와 같은 개혁은 조만간 좋든 나쁘든 간에 당신이나 당신이 아는 누군가에게 영향을 미칠 것이다. 따라서 이런 개혁의 실상을 제대로 이해할 필요가 있다. 지금의 개혁이 잘못된 방향으로 가고 있다는 점에 동의한다면 부디 모든 아이의 다양한 재능을 존중해주는 보다 통합적인 방향으로의 운동에 동참해주기 바란다.

　이 책에서 나는 표준화 문화가 학생과 학교에 어떻게 해를 끼치는지 설명하면서 교육에 대한 차별화된 사고방식을 제시하려 한다. 또한 당신이 어떤 사람이고 어디에 살고 있든 당신에게는 제도를 변화시킬 힘이 있다는 것을 보여주고 싶다. 실제로 변화는 일어나고 있다. 현재 전세계에는 우수한 학교와 훌륭한 교사들이 많으며, 학생 각자에게 맞춤형의 온정적이고 지역 공동체 지향적인 알찬 교육을 제공하기 위해 창의적인 노력을 펼치는 감동적인 리더들 역시 많다. 교육구 전체나 심지어 국가의 교육제도 전체가 같은 방향으로 나아가고 있기도 하다. 내가 이 책에서 주장하려는 교육제도의 변화가 곳곳에서 추진되고 있다.

나는 2006년에 캘리포니아에서 열린 TED(Technology, Entertainment, Design의 약자로 미국에서 주최되는 연례 국제 콘퍼런스-옮긴이)에서 '학교가 창의력을 죽인다'는 제목의 강연을 했다. 강연의 핵심은 무한한 천부적 재능을 갖고 태어났으나 교육을 마칠 무렵이면 그 재능에서 멀어지는 사람들이 너무도 많다는 것이었다. 당시의 강연에서도 언급했듯이, 많은 사람이 뛰어난 재능을 지니고 있으면서도 학교에서 자신이 소질을 보였던 일이 시시하거나 쓸데없는 일로 무시받았던 탓에 그런 재능을 발휘하지 못하고 있다. 이는 개인적 측면에서나 지역 공동체의 측면에서 비참한 결과를 불러온다.

이 강연은 TED 역사상 최고의 인기 강연이었다. 강연 동영상이 온라인에서 3,000만 건 이상 다운로드됐고 전세계에서 3억 명이 시청했을 것으로 추산된다. 물론 배우 겸 아이돌 가수 마일리 사이러스에 비할 바는 못 되지만 섹시 댄스를 추지 않고도 이 정도면 훌륭하지 않은가?

이 강연 동영상이 온라인에 게재된 이후 전세계에서 꾸준히 메시지가 쇄도하고 있다. 선생님이나 부모님에게 보여줬다는 학생에서부터 자녀들에게 보여줬다는 학부모, 교장에게 보여줬다는 교사,

주변의 모든 사람에게 보여줬다는 교육감 등 많은 호응을 받고 있다. 나는 이것이 하나의 증거라고 본다. 나만 걱정하는 것이 아니라는 증거가 틀림없다고. 그리고 내가 이런 걱정에 휩싸인 것이 최근의 일은 아니다.

나는 작년에 미국 중서부의 한 대학에서 강연을 했었다. 그때 점심을 먹으면서 한 교직원과 다음과 같은 대화를 나눴다.

"이런 문제에 몰두하신 지 이제 꽤 되셨겠네요?"

"어떤 문제요?"

"교육의 변화를 위한 노력이오. 얼마나 되셨어요? 한 8년?"

"어째서 8년이라고 생각하신 거죠?"

"그야 TED 강연 이후부터가 아닌가 싶어서요."

"그렇군요. 하지만 전 그전부터 살고 있었는데요."

나는 교사, 연구자, 강연자, 심사관, 자문관 등으로 활동하며 40년 넘게 교육계에 몸담아왔다. 그 과정에서 교육계의 온갖 사람들과 부딪히고 온갖 기관과 조직에서 일했다. 기업, 정부, 문화단체와 두루두루 협력해보기도 했다. 학교, 교육구, 정부를 도와 실용적 구상을 이끌고 나가기도 했다. 대학에서 교편도 잡아봤고, 새로운 단체의 설립에 힘을 보태기도 했다. 이 모든 활동을 펼치는 내내 나는 교육에 대해 지금까지보다 더 균형 잡히고 개인 맞춤형이며 창의적인 접근법을 찾아왔다.

특히 지난 10년 동안에는 어느 곳을 가든 시험과 표준화 때문에 자신이나 자녀나 친구가 숨 막혀 죽을 지경이라고 분통을 터뜨리는 사람들을 수없이 만났다. 교육을 변화시킬 방법이 없다고 하소연하는 이들도 많다. 어떤 사람들은 나의 온라인 강연 영상을 재미있게 보긴 했지만 제도의 변화를 위해 자신들이 무엇을 할 수 있는지에 대해 구체적으로 알려주지 않아 아쉽다고 말하기도 한다. 그런 이들에게 내가 해주고 싶은 대답은 세 가지다. 첫 번째, 대화 시간이 18분밖에 없어서 어쩔 수가 없었으니 너그러이 넘어가주기 바란다. 두 번째, 내 생각에 정말로 관심이 있다면 그동안 내가 발표한 책, 보고서, 전략집을 읽어보면 도움이 될지 모른다.[1] 마지막 세 번째, 바로 이 책이 도움이 될 것이다.

다음은 내가 자주 듣는 질문들이다.

"교육의 문제점은 무엇이고 그 원인은 뭔가요?" "교육을 다시 고칠 수 있다면 어떤 모습이 바람직할까요?" "학교를 세우실 생각은 없으세요? 세우신다면 다른 차원의 학교를 세우고 싶으신가요?" "어떤 일을 시작하고 싶으신가요?" "모두가 학교에 가야 한다고 생각하세요? 그렇게 생각한다면 몇 살이 적정 취학 연령일까요?" "시험제도가 있어야 할까요?" "제가 교육 분야에 변화를 일으킬 수 있다면 어디에서부터 시작해야 할까요?"

하지만 가장 근본적인 질문은 이것이다. 교육의 목적은 무엇인가? 이 질문에 대한 대답은 사람마다 다르다. '민주주의'나 '정의'처럼 '교육' 역시 철학자 월터 브라이스 갈리(Walter Bryce Gallie)의 말마따나 '그 본질상 논쟁이 분분한 개념'에 해당된다. 사람따라, 문화적 가치에 따라 그 의미가 다르고 민족, 성별, 빈곤, 사회적 계급 등 교육 관련 쟁점에 대한 시각에 따라서도 의미가 다르다. 그렇다고 해서 논의가 불가능하다는 얘기는 아니다. 용어들을 확실히 정리해두면 된다.[2] 따라서 본격적인 이야기에 앞서 먼저 '학습', '교육', '훈련', '학교' 등 때때로 혼동을 야기하는 몇몇 용어에 대해 간략히 정리해보자.

'학습(learning)'이란 새로운 지식과 역량을 습득하는 과정이다. 인간은 원래 호기심이 많은, 학습하는 유기체다. 어린아이들은 세상에 태어난 순간부터 학습 욕구가 왕성하다. 그런데 이런 학습 욕구가 학교에 다니면서 차츰 둔감해지는 경우가 너무 많다. 학습 욕구를 계속 북돋우는 일이야말로 교육 혁신의 열쇠다.

'교육(education)'이란 체계적인 학습 프로그램이다. 정규교육의 전제는, 청소년들 스스로에게 맡겨두면 터득하지 못할 것들을 알고, 이해하고, 실천하도록 해줘야 한다는 것이다. 따라서 정규교육에서는 그런 것들이 구체적으로 무엇인지, 학생들이 그런 것들을 배우도록 도와주기 위해서는 교육의 체계를 어떻게 짜야 할지가 핵심 쟁점이다.

'훈련(training)'은 교육의 한 종류로서 특정한 기술의 습득에 초점을 맞추고 있다. 예전에 학생들 입장에서는 교육과 훈련을 구분하기가 어렵다는 점을 두고 열띤 토론이 벌어졌던 적이 있다. 그날의 토론 중에 교육과 훈련의 차이가 분명하게 드러난 것은 성교육이 화두가 되었을 때였다. '대다수 학부모는 십대 자녀들이 학교에서 성교육을 받는다고 하면 만족스러워할 테지만 성훈련을 받는다고 하면 꺼려할 것'이라는 대목에서였다.

내가 말하는 '학교(school)'는 으레 아이들과 십대들을 위한 곳으로 여겨지는 전통적 시설으로만 제한되지 않는다. 서로 배우기 위해 사람들이 한데 모인 공동체라면 뭐든 학교다. 즉 이 책에서 학교란 홈스쿨링, 언스쿨링(un-schooling : 집이나 학교가 아닌 다른 곳에서 자신이 하고 싶은 것을 스스로 찾아 배우는 것-옮긴이), 직접적 대면 형태나 온라인 형태의 비공식적 모임까지 아우르는 개념이다. 전통적 학교는 학습과 별 상관이 없는데다 학습에 걸림돌까지 되는 몇몇 특징이 있다. 따라서 교육 개혁에서는 학교의 역할과 중심 원칙에 대해 다시 생각해보는 과정도 필요하다. 또한 교육에 대해 기존과는 다른 이야기를 써나갈 필요도 있다.

사실이 아닌 허구라 해도 우리는 누구나 이야기를 좋아한다. 어린 시절 우리는 이야기를 들으면서 세상을 배웠다. 그중에는 가족이나 친구같이 사적인 관계 내의 특별한 사건과 인물에 얽힌 이야기가 있는가 하면, 우리가 속한 더 큰 문화가 담겨진 이야기도 있다. 이를테면 신화, 우화, 동화같이 세상살이가 담겨 있어 수세대에 걸쳐 사람들의 마음을 사로잡았던 이야기가 그런 예다. 한편 자주 듣다 보니 사실과 허구 사이의 경계가 너무 흐릿해져서 사실인지 허구인지 혼동하기 쉬운 이야기들도 있다. 그중 하나가 교육에 대한 이야기다. 사실이 아닌데도 예나 지금이나 많은 사람이 사실로 믿고 있는 다음과 같은 이야기가 있다.

초등학교의 주된 학습 목표는 읽기, 쓰기, 산술 같은 기본 역량의 습득이다. 이는 고등학교에서 학업을 잘 수행하려면 필수적인 역량이다. 아이들이 고등학교까지 잘 마치고 대학에 진학해 좋은 성적으로 졸업하면 보수가 좋은 직장을 구하게 되고 나라도 발전할 것이다.

이런 이야기에서 학업의 수단은 지능이다. 즉 다음과 같은 상황이 전개될 수밖에 없다.

아이들은 저마다 다른 지능을 갖고 태어나므로 당연히 어떤 아이들은 학교에서 공부를 잘하고 어떤 아이들은 못하게 마련이다. 머리가 정말 좋은 아이들은 성적이 뛰어난 다른 학생들과 함께 좋은 대학에 들어간다. 좋은 성적으로 대학을 졸업하는 학생들은 보수가 높고 자기만의 사무실이 있는 전문직 일자리를 보장받는다. 한편 지능이 비교적 떨어지는 학생들은 당연히 학교 성적도 떨어진다. 그중에는 낙제하거나 중퇴하는 경우도 있다. 고등학교를 마치고 곧바로 낮은 임금의 일자리를 찾는 경우도 있다. 어떤 학생은 대학에 진학하지만 학문이나 직업훈련과 다소 거리가 있는 진로를 따르다 나름의 재능에 맞게 그런대로 괜찮은 서비스직이나 노동직에 들어가기도 한다.

심하게 표현하면 무슨 풍자만화와 흡사한 상황이다. 그런데도 수많은 학교의 실상을 살펴보고 수많은 부모가 아이들에게 어떤 기대를 걸고 있는지를 들어보면, 또 전세계의 수많은 정책 입안자들이 실제로 어떤 일들을 하고 있는지 곰곰이 따져보면 이들 학교와 학부모와 정책 입안자들은 이런 상황을 외면한 채 현재의 교육제도가 건전하다고 믿는 듯하다. 문제는 표준이 낮아져서 아이들이 제대로 실력을 발휘하지 못한다고 믿는 것이다. 그리고 그 결과 대다수의 노력이 보다 높은 경쟁과 책임의 부과를 통해 표준을 높이는 방향으로 맞춰져 있다. 어쩌면 지금 당신도 이런 식의 이야기를 믿고 있어서 뭐가 잘못됐느냐고 의아해할지도 모르겠다.

이 이야기는 위험한 허상이다. 그토록 많은 개혁이 성공하지 못한 주된 이유 중 하나가 바로 이런 허상 때문이다. 그 많고 많은 개혁은 문제를 해결하기는커녕 도리어 악화시키는 경우가 비일비재하다. 즉 놀라울 정도로 높은 각급 학교의 미졸업률, 학생과 교사가 겪는 심각한 스트레스와 우울증 그리고 자살, 대학 졸업장의 가치 추락, 급등하는 대학 등록금, 대학 졸업생과 미졸업생을 막론한 실업률 증가 등의 문제를 더 심화시키는 것이다.

정치인들은 대개 이런 문제들의 해결책을 열심히 찾고 있다. 규정된 목표에 이르지 못한 학교에 벌을 가하는가 하면, 학교가 다시 정상 궤도에 들어서도록 기금을 지원해주기도 하면서 말이다. 하지만 문제들은 여전히 해결되지 않은 채 오히려 악화 일로로 치닫고 있다. 왜일까? 이런 문제들은 대개 제도 자체가 원인이기 때문이다.

모든 제도는 특유의 작동 방식을 따른다. 나는 영국 리버풀에 살던 20대 시절에 투기장에 갔던 적이 있다. 이유는 확실히 기억나지 않는다. 아마 데이트를 했던 것 같다. 투기장은 동물들을 죽이는 곳이다. 그리고 효과적으로 작동되고 있다. 여기서 살아남는 동물의 수는 극소수이니 말이다. 관람을 마친 우리는 '수의사'라는 푯말이 붙은 문을 지나게 되었다. 그 수의사가 하루 일을 마칠 즈음이면 아주 우울하겠다는 생각이 들었다. 그래서 나는 안내인에게 물었다. 투기장에 왜 수의사를 두느냐고. 다 죽어가는데 치료는 해서 뭐하냐고. 그러자 안내인이 말하기를, 수의사는 주기적으로 와서 임의 부검만 한다고 했다. 그 수의사도 간파했겠지만 그것이 그곳의 작동 방식이었다.

어떤 일을 수행하기 위해 제도를 설계했다면 그 제도가 바로 그 일을 해낸다고 해서 놀랄 일은 아니다. 다시 말해 표준화와 획일성에 따라 개성, 상상력, 창의성을 억누르는 교육제도를 운영하면서 그 제도가 개성, 상상력, 창의성을 억누르는 것을 보고 놀라서는 안 된다는 뜻이다.

문제를 해결하려면 증상과 원인을 구별해야 한다. 현재 교육 침체를 보여주는 수많은 증상이 나타나고 있으며, 이런 증상들은 그 근본적인 문제들을 이해하지 못하면 해결할 도리가 없다. 그런 문제 중에 하나는 공교육의 산업적 특징이다. 사실 대다수의 선진국은 19세기 중반에야 대규모의 공교육제도를 만들었다. 이런 제도의 발전은 산업혁명에 따른 노동력 수요를 충족시키기 위한 측면이 커서 대량생산의 원칙에 따라 구성됐다. 표준화운동(정부 주도로 표준 교육과정을 보급하려는 운동-옮긴이)은 이렇게 구성된 제도를 더 효율적이고 책무성(責務性) 높게 만드는 방향으로 초점만 바꾼 것으로 보인다. 이런 식의 제도는 완전히 달라진 21세기 환경과는 본질적으로 맞지 않는다.

지난 40년간 세계 인구는 채 30억 명이 되지 않던 수준에서 70억 명을 돌파하며 2배 이상 늘었다. 우리는 지구 역사상 최대 인구수를 기록하고 있으며, 그 수는 급격히 증가하고 있다. 한편 디지털 기술로 인해 우리가 일하고 놀고 생각하고 느끼고 관계를 맺는 방식에 혁신이 일어나고 있다. 게다가 이런 일대 변화는 이제 겨우 걸음마 단계에 불과하다. 기존의 교육제도는 설계 당시에 이런 세계를 염두에 두지 않았다. 즉 전통적 표준을 높이는 식의 교육 개선으로는 지금 우리가 직면한 도전을 충족시키기 힘들다.

그렇다고 해서 내 말을 오해하지는 말기 바란다. 모든 학교가 형편없다거나 제도 전체가 엉망이라는 의미는 아니다. 당연히 아니다. 공교육은 이런저런 방식으로 나를 비롯한 수많은 사람에게 혜택을 주고 있다. 영국에서 받았던 무상 공교육이 없었다면 나는 이런 삶을 누리지 못했을 것이다. 1950년대, 리버풀에서 노동자 계층의 대가족 속에서 자라던 그때 공교육이 아니었다면 내 삶은 완전히 다른 방향으로 흘러갔을 것이다. 교육은 내 생각을 열어줬고 내 삶의 기반을 마련해줬다.

나만이 아닌 수많은 이들에게도 공교육은 개인적 성취를 달성하거나 가난과 불운에서 벗어나는 길을 열어줬다. 수많은 사람이 교육제도 안에서 성공하고 그 덕분에 삶을 잘 영위하고 있다. 그 점을 부인하는 것은 터무니없는 소리일 것이다. 하지만 또 한편으론 수년간의 공교육을 받으면서 당연히 누려야 하는 혜택을 얻지 못한 사람들이 너무 많다. 교육제도 속에서 좋은 성과를 얻는 아이들은 그렇지 못한 수많은 아이들의 상당한 희생을 딛고 성공을 얻는 것이다. 표준화운동에 탄력이 붙으면서 훨씬 많은 학생들이 낙제의 희생을 치르고 있다. 성공하는 아이들은 교육의 지배적인 문화

덕분이 아니라 그런 문화에도 불구하고 성공을 거둔 경우가 많다.

그렇다면 우리가 무엇을 할 수 있을까? 학생이든 교육자든 학부모든 행정가든 정책 입안자든 간에 어떤 식으로든 교육에 관련돼 있다면 변화에 동참할 수 있다. 그러기 위해서는 세 가지를 이해해야 한다. 현재의 상황에 대한 비평, 바람직한 모습에 대한 비전, 다른 방향으로 이동할 변화론이다. 이 책에서는 이 세 가지를 중점적으로 다룰 생각이다. 나를 포함한 수많은 사람의 경험을 바탕으로 분석, 원칙, 사례를 한데 엮어 차근차근 소개할 것이다.

교육을 변화시키고 싶다면 교육이 어떤 제도인지를 알아야 한다. 교육은 획일적이지도, 고정 불변적이지도 않다. 바로 그런 특징 덕분에 변화를 위해 무엇인가를 해볼 여지가 있다. 또한 교육은 여러 가지 얼굴을 가지고 있고, 서로 엇갈리는 이해관계로 얽혀 있으며, 잠재적인 혁신점도 많다. 이러한 사실을 알아두면 교육을 변화시켜야 하는 이유와 그 방법을 이해하기 용이하다.

내가 옹호하는 개혁은 표준화운동과는 원칙 자체가 다르다. 개인의 가치, 자기 결정권, 충만한 삶을 꾸릴 잠재력, 타인에 대한 책임과 존중심을 갖는 시민적 의식 등을 그 바탕으로 삼고 있다. 앞으로 자세히 설명하겠지만, 나는 교육의 4대 기본 목적을 개인적, 문화적, 사회적, 경제적 목적으로 나눠 살펴보려고 한다. 내 견해를 피력하자면, 교육의 목표는 학생들이 주변의 세계와 자신들의 잠재된 재능을 이해하고 충만한 개인이자 적극적이고 열정적인 시민이 되도록 기회를 열어주는 것이다.

이 책에는 여러 학교의 사례도 소개된다. 이 사례들은 교육 혁신을 위해 힘쓰는 수많은 사람들과 단체들의 연구를 근거로 삼을 뿐만 아니라 실제로 혁신이 잘 실행되고 있음을 보여주는 최근의 조사 자료들로 뒷받침된다. 이 책에서 내 목표는 학교에 시급히 요구되는 혁신에 대해 일관적 개요를 제시하는 것인 만큼 교육 환경의 혁신, 역동적인 변화, 학습 지도·커리큘럼 평가·정책에서의 핵심 쟁점 등도 다루려 한다. 큰 그림을 그리다 보니 어쩔 수 없이 세밀함 부족이라는 희생을 치러야 했다. 그래서 중간중간 다른 이들의 연구를 따로 소개하려 한다. 비교적 간략히 다루고 넘어갈 만한 몇몇 쟁점에 대해 나보다 깊이 있게 설명해주는 연구들이니 참고하기 바란다.

나는 교육을 짓누르는 강한 정치적 압력을 체감하고 있다. 이런 압력을 행사하는 정책들은 맞서서 변화시켜야 한다. 말하자면 내 호소는 정책 입안자들에게도 향한다. 나는 철저한 변화의 필요성을 받아들이라는 메시지를 던지고 싶다. 하지만 혁명은 입법을 기다려주지 않는다. 아래에 있는 이들의 행동으로부터 촉발된다. 교육은 의회의 회의실이나 정치인의 연설에서 비롯되는 것이 아니다. 교육은 실제 학교 현장에서 학습자와 교사들 사이에서 소통이 이뤄지느냐의 문제다. 당신이 교사라면 당신의 학생들에게는 당신이 곧 제도다. 당신이 학교 교장이라면 그 지역 공동체에서는 당신이 제도이며, 당신이 정책 입안자라면 당신이 통제하는 학교들에게는 당신이 제도가 된다.

당신이 어떤 식으로든 교육에 연관돼 있다면 당신에게는 세 가지의 선택이 가능하다. 제도 내에서 변화를 일구거나, 제도에 대해 변화를 촉구하거나, 앞장서서 제도의 틀을 깨거나. 이 책에 소개되는 상당수의 사례는 사실상 제도 내에서의 혁신 사례들이다. 전체로서의 제도 역시 변화가 가능하며 이미 여러 방식으로 변화가 이뤄지고 있다. 제도 내에 혁신이 더 많을수록 전체적으로 혁신이 전개될 가능성도 그만큼 높아진다.

나는 주로 영국을 생활과 활동의 터전으로 삼다가 2001년에 가족과 함께 미국으로 이주했다. 그후로 미국 전역을 폭넓게 돌면서 교사, 교육구, 전문가 협회, 정책 입안자들과 함께 일했다. 그러다 보니 이 책은 특히 미국과 영국의 상황을 다루고 있다. 하지만 교육에 영향을 미치는 쟁점들은 세계적인 문제들이며, 책 전반에 걸쳐 미국이나 영국 외의 다른 지역 사례들도 수록하고 있다.

이 책은 주로 유년기부터 고등학교까지의 교육에 초점이 맞춰져 있다. 또한 중등교육과 밀접히 관계된 쟁점들을 다루면서 주변 세계에 보조를 맞춰 과감히 변화 중인 여러 교육 단체들도 함께 소개하려 한다. 그런 변화를 제대로 살펴보려면 그 자체로 책 한 권 분량이 되겠지만 여기서는 간략하게만 소개하겠다.

최근 한 인터뷰에서 나는 내 이론에 대한 질문을 받았다. 그때 나는 간단히 이야기할 만한 이론이 아니라고 답했다. 앞으로 제시하는 접근법과 관련해서 이런 여러 이론을 소개할 생각인데, 이에 대한 내 주장들은 단순한 가정이 아니다. 효과적 교육 방법뿐만 아니라, 학생과 교사의 성취도를 최대화하거나 최소화하는 동기부여에 대한 오랜 경험과 연구를 바탕으로 삼고 있다. 내가 권하려는 접근법은 고대 이후로 이어져온 지도와 학습의 역사에 깊게 뿌리 내리고 있기도 하다. 한때의 유행이나 트렌드가 아니다. 언제나 혁신적 교육을 북돋워왔던 원칙들 그리고 산업적 교육이 제도적으로 등한시해온 원칙들을 토대로 삼고 있다.

지구상에서 우리가 직면하고 있는 도전들은 이론상의 도전이 아니다. 모든 도전이 현실이며 대부분은 우리 인류가 유발한 것들이다. 2009년 BBC의 〈호라이즌(Horizon)〉 시리즈에서는 '행성 지구에는 얼마나 많은 사람이 살 수 있을까?'라는 제목의 방송을 한 적이 있었다. 그 방송에 따르면 현재 지구의 인구는 72억 명이다. 1970년의 2배 수준이다. 인구는 21세기 중반이면 90억 명을 돌파하고 21세기 말이면 120억에 이를 것으로 추정된다. 누구나 삶을 영위하려면 기본적으로 깨끗한 공기, 물, 식량, 연료가 필요하다. 그렇다면 지구가 감당할 수 있는 인구는 얼마나 될까?

이 방송에는 인구, 물, 식량 생산, 에너지 부문에서 세계적으로 내로라할 만한 전문가들이 출연해 의견을 자문했다. 그들의 결론대로라면 전 인류가 인도인의 평균 소비율과 똑같은 비율로 소비할 경우 지구는 최대 150억 명의 인구를 지탱할 수 있다. 이 인구를 토대로 하면 현재의 인구는 그 수준의 절반쯤에 해당한다. 문제는 우리 모두가 이런 비율로 소비하지 않는다는 사실이다. 전 인류가 북미 사람들의 평균 소비율로 소비한다면 행성 지구가 지탱할 수 있는 인구는 최대 15억 명이라고 한다. 현재 인구는 이미 5배 가깝게 초과한 셈이다.

따라서 모든 사람이 북미 사람들처럼 소비하고 싶어한다면 21세기 중반에는 그 욕구를 충족시키기 위해 행성이 다섯 개는 더 필요할 것이다. 사고방식, 생활양식, 인간관계에 과감한 혁신이 더없이 필요한 시점이다. 그런데 현재의 인류는 문화적 차이로 인해, 또한 자원 쟁탈전으로 인해 그 어느 때보다 분열되어 있다.

사람들은 툭하면 지구를 구해야 한다는 말을 한다. 글쎄, 그 말이 맞는지는 모르겠다. 지구는 거의 50억 년 동안 수명을 이어왔고 태양과 충돌하기 전까지 앞으로 50억 년을 더 존재할 것이다. 지금의 우리와 같은 현대 인류가 출현한 것은 20만 년이 채 되지 않는다. 지구의 전 역사를 1년으로 치면 우리 인류는 12월 31일 자정 1분 전에야 겨우 등장한 셈이다. 위험에 놓인 것은 지구가 아니라 우리 인류의 생존 환경이다. 지구가 인류를 시험해보았지만 별 감흥을 받지 못했다는 결론을 내린다 해도 우리 인간으로선 할 말이 없다. 지구에게는 인간이 박테리아보다 훨씬 골치 아픈 존재다. 박테리아가 수십억 년을 생존해온 이유도 그 때문이 아닐까?

SF 소설가이자 미래학자 H. G. 웰스(H. G. Wells)도 이런 점을 염두에 두고 "인류의 문명은 교육과 파국 사이의 경주"라고 말했는지도 모르겠다. 교육은 그야말로 우리에게 최선의 희망이다. 그것도 19세기와 20세기 초의 수요에 따라 설계된 구식의 산업적 교육이 아니라 현재 우리가 직면한 도전과 우리 안에 깊이 내재된 진정한 재능에 걸맞은 새로운 스타일의 교육이 우리의 희망이다.

우리는 아주 불확실한 미래를 맞고 있다. 따라서 예전에 했던 것을 더 잘하는 것은 그 해결책이 아니다. 뭔가 다른 것을 해야 한다. 우리의 도전 과제는 이런 기존의 제도를 고치는 것이 아니라 변화시키는 것이다. 개혁이 아니라 혁신이 필요하다. 현재의 교육 침체에는 주목할 만한 아이러니가 내재돼 있다. 우리가 사실상 무엇이 효과적인지를 알고 있다는 점이다. 알면서도 충분히 포괄적으로 그것을 실행하지 않고 있을 뿐이다. 지금은 우리의 창의적 자원과 기술적 자원을 활용해 교육 변화에 나설 적기다. 청소년의 상상력을 끌어내 그들의 요구에 부합하는 지도와 학습을 마련할 무한한 기회가 무르익었다.

현재 세계적 쟁점으로 떠오른 교육은 필연적으로 아래에서부터 시작되는 풀뿌리 현장이다. 이 점을 이해하는 것이 교육 혁신의 문을 여는 열쇠다. 세계는 지금 혁명적 변화를 맞고 있으며, 교육에도 혁명이 필요하다. 혁명이 대체로 그러하듯 교육 혁명은 오랜 시간에 걸쳐 그 기운이 싹터왔고 이미 곳곳에서 진행 중이다. 교육 혁명은 위로부터가 아니라 마땅히 그래야 하듯 아래로부터 일어나고 있다.

| 차례 |

제1장

기본으로
돌아가라

로리 배런(Laurie Barron) 박사는 조지아 주 뉴넌에 있는 스모키로드중학교 교장으로 첫 출근했을 당시 집무실에 회전문이 달려 있어도 놀라지 않았을 것이다. 학생과 교직원들이 장난으로 그랬더라도 너그럽게 용서했을 것이다. 그만큼 스모키로드중학교는 교장들이 회전문 돌듯 부임하자마자 퇴임하던 학교였다. 개교 5년 만에 로리가 벌써 네 번째 교장이었다. 로리는 이렇게 말했다.

"그 학교의 문제는 형편없거나 무능한 리더가 아니었어요. 전임 교장들은 명망과 연륜이 있는 분들이었으니까요. 오히려 전임자 세 명이 교육감이 되어 자리를 옮기는 바람에 리더십 부재가 문제였죠. 다들 뭐라도 성과를 낼 만큼 교장직에 오래 있질 못했어요."

스모키로드중학교의 경우에는 잦은 교장 교체가 특히 심각한 문제였다. 통계만 봐도 알 수 있듯 교육 환경이 열악했기 때문이다. 우선 애틀랜타에서 56킬로미터쯤 떨어진 뉴넌은 인구의 거의 20퍼센트가 빈곤층이고 스모키로드중학교의 재학생은 무려 60퍼센트 이상이 경제적으로 어려운 형편이었다. 또 로리가 부임했던 2004년 당시 스모키로드중학교는 그 지역의 다섯 개 중학교 가운데 학업성취도가 하위권을 헤매고 있었다. 반면 결석률은 가장 높았고 교사들이 교장이나 학생주임에게 올리는 문제 학생 보고서 역시 가장 많았던 데다 청소년 관련 법으로 고발당하는 건수나 징계로 대안교육을 받는 학생 수도 가장 많았다. 이처럼 스모키로드중학교는 손볼 데가 한두 군데가 아니었지만 로리가 판단하기에 가장 시급한 문제는 안정감과 안전이었다.

"부임 첫해에 저는 애들의 싸움을 말리려고 책상 사이로 이리저리 뛰어다니느라 정신이 없었어요. 누가 저에게 어떤 조사 자료가 나왔냐고 물어도 딱히 할 말이 없을 정도였죠. 책상 사이로 이리저리 뛰어다니느라 자료고 뭐고 신경 쓸 겨를이 없었거든요. 저는 상당히 체계적인 편이라 자료 중심으로 일을 처리하는 스타일이에요. 그런 제가 그 학교에서 보낸 9년간의 노트들을 다시 뒤져봐도 첫해에 쓴 노트는 한 권도 없었어요. 말 다한 거죠. 부임 첫해에는 오로지 안전한 학교를 만드는 것에만 매달렸어요. 교내에서 온갖 다툼이 끊이질 않아서 단 한 명의 학생도 안정감을 느끼지 못하는 상황이었거든요."

로리는 아이들이 서로 얼굴을 맞댈 일이 없도록 집에서 근신시키기 위해 부임 첫해에는 아주 많은 정학 처분을 내렸다. 그녀는 자신의 바람보다 더 자주 정학 처분을 내리게 되었지만 어쩔 수가 없었다. 학생들이 싸움에 휘말릴까봐 불안에 떠는 교내 분위기에서는 제대로 된 학습이 불가능하기 때문에 그런 조치라도 취해야 했다. 부임 첫해가 끝나갈 무렵 학생들의 기본적인 행동 지침을 자리잡게 하기 위한 로리의 노력이 차츰 성과를 나타내며 학생들의 행동에 변화가 생겼다. 그런데 무엇보다 의미 있는 부분은 따로 있었다. 로리가 2년 연속으로 교장직을 맡은 것이었다. 회전문식 부임이 멈추면서 건설적인 장기 계획을 수립하는 것이 가능해졌다. 드디어 교내 문화에 깊이 뿌리 내린 패턴을 뜯어고치기 위해 뭔가 계획을 시도해볼 만한 여건이 갖춰진 셈이었다.

"저희 학교는 평판이 별로 좋지 않았지만 다들 여기에 대해서는 체념하고 있더군요. 아무도 학교의 평가에 안타까워하지 않았어요. '이 정도면 됐지 뭐'라는 식이었어요. 그냥 묵인하려는 분위기였죠. 그래서 부임 2년째에는 바람직한 학교상에 대해 본격적으로 그려보기 시작했어요. 아이들이 다니고 싶어할 만한 학교로 만들기 위해서요. 1년 내내 우리는 수행 과제와 비전을 짜는 데 몰입했어요. 그러다가 깨달은 것이 있었어요. 우리가 이 아이들을 잘 모르고 있다는 사실이었어요. 아이들을 알아가기 위해 교사, 학생, 협력업체, 지역 주민들이 함께 참여하는 장기적인 과정이 필요했어요. 학부모와 교사들이 합심해서 모임도 만들었죠. 제 생각엔 당시 대다수 교사가 아이들을 믿어주긴 했지만 학교라는 전체적 관점에서는 아이들에게 믿음이 없었던 것 같아요. 그건 지역 주민들도 마찬가지였어요. 물론 아이들을 믿어주는 교사들이 없었던 것은 아니에요. 여전히 그 학교에 남아 있는 훌륭한 교사들도 있었으니까요. 하지만 어쨌든 큰 그림의 과제를 설정해야 했어요."

이런 비전은 4단계로 전개됐다. 첫 번째 단계는 일단 아이들이 학교에 나오도록 유도하는 것이었다. 그녀가 스모키로드중학교의 저조한 출석률을 분석해본 결과 아이들이 학교에 나오고 싶어할 만한 학교 문화가 없었다. 물론 그녀 자신에게도 어느 정도 책임이 있었다.

"제가 싸움을 벌인 애들한테 툭하면 정학 처분을 내리고 있었으니 학교에 나오길 바라는 제 마음이 아이들에게 제대로 전달될 턱이 없었죠."

그녀가 두 번째 단계로 교직원들과 함께 힘쓴 일은 학생들이 학교에서 안정감을 느끼도록 해주는 것이었다. 이제 스모키로드중학교에서는 교내 다툼으로 누군가가 크게 다치는 경우는 드물었지만 학생들이 안정감을 느끼면서 수업에 집중하게 해주려면 걸핏하면 벌어지는 시비를 중단시켜야 했다.

세 번째 필요한 단계는 학생들 개개인이 자신을 쓸모 있는 존재로 느끼게 해주는 것이었다. 이 단계의 노력은 로리와 교직원들이 어떤 깨우침에 이르면서 결정적 전환점을 맞았다. 학생 개개인을 각자의 욕구와 관심사에 맞춰 대해줘야 한다는 깨우침이었다(이 부분에 관해서는 잠시 후에 자세히 이야기해보자).

네 번째 단계는 학생들의 유망한 장래에 필요한 적절한 커리큘럼의 교육이었다. 로리가 이 단계를 4대 핵심 단계의 마지막으로 설정한 것은 눈여겨볼 만하다. 커리큘럼은 중요했지만 다른 목표들이 자리를 잡아야 비로소 의미가 있었다. 그것은 교원 평가도 마찬가지였다.

"저희는 사실상 가르치는 문제에 치중하지 않았어요. 가르치는 일이야 그동안에도 쭉 해왔으니까요. 제가 느끼기에 문제는 교사들이 가르치는 방법을 잘 모른다는 게 아니었어요. 그보다는 커리큘럼을 방해하는 요소들이 너무 많아서 탈이었죠. 우선은 수업이 진행되는 75분간 아이들이 진득하게 앉아 있어야 교사들이 뭐라도 가르칠 수 있는 판이었으니, 교사들의 평가는 일단 다른 문제들을 해결한 뒤의 문제였어요. 안전과 교실 환경 관리, 아이들과의 관계 다지기가 시급한 상황에서는 교사들이 열심히 노력하는지 아닌지를 평가하는 것은 시기상조였어요. 말이 나왔으니 말이지만 교사들을 평가하려면 매주 모든 교실을 들어가봐야 했어요. 제가 두 명의 교감과 함께 매주 이 교실 저 교실을 돌아다니면서 교사들을 한 명씩 일일이 살펴봐야 한다는 얘긴데, 매일 훈육을 위해 70명의 아이가 교장실로 불려오는 상황에서는 어림도 없는 일이었죠."

스모키로드중학교에 변화의 기미가 나타난 것은 로리가 아이들에게 마음을 써주면서부터였다.

"무엇이든 학생들에게 중요한 것이 가장 중요해요. 풋볼이나 밴드든, 아니면 수학이나 영어든 아이들이 가장 중요하게 여기는 것 말이에요. 저희는 풋볼 따위가 아니라 수학이 정말 중요하다는 식으로 타이르지 않았어요. 어떤 학생에게 풋볼이 가장 중요하다면 그 학생이 풋볼을 계속할 수 있도록 뭐든 해주려고 했어요. 그러자 아이들이 달라졌어요. 우리가 자신들에게 중요한 것을 중요하게 여겨준다는 것을 차츰 느끼더니 그 보답으로 우리가 중요하게 생각하는 것을 해주기 시작했어요. 그렇게 관계가 차츰 다져지면서 어느새 아이들은 자기들이 우리를 실망시킬까봐 찔려하더군요. 수학을 좋아하진 않지만 수학 선생님을 실망시키고 싶지 않다는 마음을 갖게 되었죠. 드디어 교사들이 문제 학생에 대한 보고서를 쓰느라 바쁜 대신 제대로 가르쳐볼 여건이 갖춰진 거죠.

어떤 교사는 풋볼에 전혀 관심이 없으면서도 풋볼 시합을 보러 가서 바비(두 다리 없이 태어났으나 미국 고교 풋볼 무대에서 맹활약을 펼친 선수-옮긴이)를 응원하다가 그다음 날 바비를 과학 수업의 소재로 활용하기도 했어요. 직업이 과학 교사라 그랬는지 그 교사의 눈에는 바비가 과학으로 장애를 이겨낸 사례로 비쳤나 봐요."

로리가 이런 방식을 취하기 위해서는 주 정부와 연방 정부가 지침으로 내린 모델을 버리는 동시에 아직 남아 있을지도 모를 '이전부터 쭉 해왔던 대로'라는 관성을 전부 버려야 했다. 그리고 이 방식은 아주 많은 학생들에게 눈부신 효과를 발휘했다. 그중엔 운동 실력이 뛰어났으나 33번이나 문제 학생으로 처벌받은 것이 주된 이유가 되어 6학년(우리나라의 중학교 1학년-옮긴이) 때 낙제한 남학생이 있었다. 하지만 로리가 그 학생에게는 운동이 가장 중요한 일이라는 점에 공감해주자 그 학생의 문제 행동은 줄어들었다.

"그 남학생은 7학년과 8학년 때는 처벌을 두 번밖에 안 받았어요. 표준화시험(standardized test: 주별로 실시되는 미국의 일제고사-옮긴이)도 전부 통과했고요. 흑인이었고 특수교육 대상인데다 무료 급식 대상자여서 앞날이 어두워 보이는 케이스였는데도 기특하게 변했어요. 저희는 그 학생에게 진심을 전했어요. 그 학생에게 풋볼이 무엇보다 중요하다는 것은 알지만 우리에게는 그 학생이 학교생활을 잘 마치도록 도와줄 의무가 있다고요."

로리는 또 다른 사례도 들려줬다.

"합창단 활동을 하게 된 여학생도 생각나네요. 특수교육 대상자에 빈곤 가정 출신인 백인 아이였어요. 4학년 때 아버지가 돌아가셨다더군요. 아이가 마음을 꼭 닫은 채 뭘 해보려는 의욕이 없었어요. 6학년 내내 낙제를 받았죠. 그런데 합창단 교사가 그 아이에게서 어떤 가능성을 알아보고 솔로파트 자리를 주었어요. 그렇게 해서 11월에 솔로로 노래를 부르게 되었는데 그뒤로 계속 전 과목에서 A를 받지 뭐예요. 그 교사의 말마따나 노래를 하고 싶다는 일념이 없었다면 그렇게 못해냈을 거예요. 이래서 아이에게 중요한 것이 뭔지 귀 기울여 들어줘야 하는 거죠.

우리 교사들은 교실에 들어가면 아이들 앞에서 '다들 수학 시험에 통과해야 한다'고 말하지 않아요. 아이 한 명 한 명에게 이런 식으로 말하죠. '밴드 활동을 하고 싶지? 수석 자리에서 연주하고 싶지? 수학을 잘하면 도움이 될 거야.' 부탁조로 말하는 게 좋아요. 아이들 전체를 모아놓고 명령조로 말하는 것이 아니라요."

스모키로드중학교에서는 전반적으로 확실한 변화가 일어나면서 통계상의 수치도 월등히 향상됐다. 모든 하위 그룹의 시험 성적이 올랐고, 특히 특수교육군의 시험 성적은 수학과 읽기에서 무려 60퍼센트나 뛰었다. 출석률이 부쩍 높아졌는가 하면 문제 학생에 대한 징계는 크게 줄어들었다.

한마디로 아주 대단한 반전이었다. 스모키로드중학교는 높은 학업성취도와 함께 수많은 빈민층 학생을 지원해준 공로를 인정받아 조지아 주의 우수학교로 지정되는 한편 메트라이프 재단과

NASSP(미국 중·고등학교 교장 협의회-옮긴이)가 선정한 2011년도 혁신학교로 뽑혔다. 로리 배런도 2013년도에 메트라이프 재단과 NASSP가 선정한 중등학교 부문 올해의 교장으로 뽑혔다.[1]

　로리 배런의 눈에 비친 스모키로드중학교는 개혁이 절실한 학교였다. 그것도 주나 연방의 기준에 의거한 개혁이 아니라 학생과 교사에 대한 진정한 이해를 바탕으로 이뤄지는 개혁이었다. 말하자면 로리는 미국의 학교들에 정말로 필요한 개혁을 실현시킨 것이었다. 하지만 '개혁'의 의미는 사람에 따라 다르게 정의된다. 이 말이 무슨 의미인지는 책을 읽다 보면 차차 이해할 것이다.

▮ 표준화운동

　　　　　　　　　개혁은 교육계에서 새로운 쟁점이 아니다. 교육이 지향하는 목적에 대해서나 무엇을 어떻게 가르쳐야 하느냐에 대한 논쟁은 예전부터 끊임없이 이어져왔다. 하지만 현재는 논쟁의 양상이 과거와는 다르다. 현재는 표준화운동이 전세계적으로 퍼져 있다. 세계 교육의 트렌드 부문에서 손꼽히는 논평가 파시 살베리(Pasi Sahlberg)는 이런 세계적 유행에 GERM(Global Education Reform Movement, germ은 세균이라는 뜻-옮긴이)이라는 기막힌 별명을 붙였다. 얼마나 많은 국가가 이 세균에 감염돼 있는가로 미루어 판단컨대, GERM은 확실히 감염성이 높은 듯하다. 과거에는 국가 교육정책이 주로 국내적 문제였는데 요즘에는 정부들이 각국의 교육제도를 국방정책만큼이나 눈에 불을 켜고 주시하고 있다.

요즘의 교육은 정치적 이해관계가 높다. 1992년 빌 클린턴은 교육 대통령으로 통하고 싶다는 마음을 아예 대놓고 밝혔다. 조지 W. 부시 역시 교육 개혁을 대통령 임기 초에 최우선 사항으로 삼았다. 2002년 1월 마틴 루터 킹 기념 주간의 전야에 부시는 교육이야말로 이 시대의 시민권 문제라고 생각한다면서 이렇게 덧붙였다.

"우리는 킹 박사의 뜻을 이어받아 제도화된 편협함을 극복해냈습니다. 이제 우리 앞에 놓인 도전은 모든 아이가 인생에서 성공할 기회를 공평하게 누리도록 해주는 일입니다."[2]

오바마 대통령 역시 교육 개혁을 행정부의 최우선 과제로 꼽았다. 중국은 국가 개조의 중심축으로서 교육의 대대적 혁신을 추진 중이다.[3] 브라질 최초의 여성 대통령 지우마 호세프는 정부의 쇄신 전략에서 교육을 핵심에 두었다.[4] 어느 곳으로 시선을 돌리든 세계 각지에서 이처럼 교육이 정부의 주요 어젠다로 떠올라 있다.

2000년 이후에는 국제학업성취도평가(Program for International Student Assessment, PISA)라는 비교 평가 테스트의 등장으로 표준화 운동에 터보엔진이 탑재됐다. PISA는 수학, 읽기, 과학 부문의 표준화 평가를 통한 학업성취도를 바탕으로 삼는 것으로서 파리 소재의 경제협력개발기구(OECD)에서 주관하고 있다. PISA는 3년마다 전세계 국가의 15세 학생들을 대상으로 실시된다. 참가국의 수는 2000년의 32개국에서 2012년에는 65개국으로 증가했고 테스트에 참가한 학생의 수도 2000년의 26만 5,000명에서 2배 가까이 늘어

51만 명에 이르렀다.[5]

PISA의 정치적 영향력도 커졌다. 2001년에만 해도 그 결과에 대한 유럽 언론의 관심은 비교적 미온적이었다. 그러다 2013년 세계적으로 헤드라인 뉴스로 떠오르며 세계 도처의 정부에 동요를 일으켰다.[6] 이제 교육부장관들은 서로 이두박근을 과시해 보이는 보디빌더들처럼 각국의 순위를 비교하면서 언론과 마찬가지로 이 순위를 학업성취도의 절대적 척도로 다루는 모양새다.

중국의 상하이는 2009년 처음 PISA에 참가하자마자 세 개의 전 부문에 걸쳐 1위를 싹쓸이하면서 서구 국가들을 큰 충격에 몰아넣었다. 2012년에도 상하이가 또다시 1위를 차지했고 싱가포르, 홍콩, 대만이 그뒤를 이었다. 서구 언론은 '아시아식' 교육의 힘에 대해 너도나도 분석해대며 자국의 정치인들에게 표준을 높여 세계적 경쟁에 보조를 맞춰야 한다는 목소리를 높였다.

미국의 교육부장관 안 덩컨(Arne Duncan)은 이렇게 논평했다.

"2012년도 PISA 결과 미국의 성취도는 현재의 전반적 상황을 직접적이고도 명확하게 보여주고 있다. 교육 침체를 고스란히 반영하고 있다.

교육계의 자만과 낮은 기대치에 대해 경각심을 일깨우는 경종으로 받아들여야 한다. 문제는 현재의 15세 학생들이 과거 학생들에 비해 학업성취도가 뒤떨어지고 있다는 것이 아니다. 오히려 문제는 우리 학생들이 근본적으로 뒤처지고 있다는 점이다. 학업성취도 상위권 국가들에 밀리면서 우리는 지금 제자리에서 뛰는 것이나 다름없다."[7]

이런 인식에 걸맞게도 오바마 행정부는 일명 '정상을 향한 경주 (Race to the Top)'를 주요 교육 의제로 채택해 표준과 시험을 중심축으로 학업성취도를 향상시키기 위해 연방 지원금을 지급하는 국가 차원의 프로그램을 진행하고 있다.[8]

교육이 이렇게 뜨거운 정치적 이슈로 오르내리는 이유는 무엇일까?

첫 번째는 경제적인 이유 때문이다. 디지털 기술의 급속한 발전과 대대적 인구 증가에 따라 지난 25년 사이에 기업 형태에 혁신이 일어났고 이 과정에서 제조, 서비스 부문에서 경쟁이 심화됐다. 정부들이 고학력의 노동력이 국가의 경제적 번영에 중대한 요소라는 점을 인식하면서 어느새 정부 정책은 혁신, 기업가 정신, '21세기형 기술'에 대한 온갖 수사로 버무려지고 있다. 그리고 그에 따라 정부가 교육에 막대한 돈을 쏟아붓는가 하면, 교육이 세계적으로 최대 사업으로 부상하고 있다. 미국만 해도 교육비가 2013년 기준으로 6,320억 달러에 달했다.[9] 세계적으로는 그 수치가 자그마치 4조 달러를 넘어섰다.[10]

두 번째는 문화적 이유다. 교육은 공동체가 고유의 가치와 전통을 한 세대에서 다음 세대로 전달하는 주된 수단이다. 또한 경우에 따라 교육이 외부 세력에 맞서 문화를 지키는 수단이 되거나 문화적 관용을 촉진하는 수단이 되기도 한다. 교육의 내용을 둘러싸고 정치적으로 뜨거운 논쟁이 벌어지는 것도 어느 정도는 교육의 문화적 의의 때문이다.

세 번째는 사회적 이유다. 공교육의 공공연한 목표 가운데 하나는 배경과 환경의 차별 없이 모든 학생에게 능동적이고 적극적인 시민으로 성공할 기회를 부여하는 것이다. 공교육에는 정부에서 바라는 실질적 목표도 있다. 그것이 무엇이든 사회 안정을 위해 필요하다고 생각되는 태도와 행동을 장려하는 것이다. 물론 이런 태도와 행동은 정치체제에 따라 저마다 다르다.

교육이 정치적 쟁점화되는 마지막 네 번째 이유는 사적인 것이다. 실제로 교육의 공공정책 관련 문구를 보면 그것이 무슨 의식이라도 되듯, 모든 학생이 자신의 잠재성을 깨달아 만족스럽고 생산적인 삶을 살아야 한다는 등의 구절이 들어가 있기 일쑤이지 않은가.

그렇다면 여러 나라의 정부는 이런 목표를 어떤 식으로 성취하고 있을까?

▍교육을 통제하려는 논리

현재는 어느 국가든 정부가 공교육의 고삐를 단단히 당기면서 학교들에 교육 지침을 마련해주고 시험제도를 강요하며 일정 목표를 달성하지 못하면 벌을 내린다. 일부 국가의 경우엔 예전부터 쭉 정부가 교육에서 강력한 역할을 맡아오기도 했다. 그런가 하면 전통적으로 정치인들이 교육과 거리를 두었던 국가들도 있다. 가령 미국이 그렇다. 미국은 주로 주 정부가 교육을 주관하면서 최근까지도 연방 정부의 역할이 비교적 약했다. 그런데 의회가 낙오아동방지법(No Child Left Behind Act,

NCLB: 일반교육과정에서 낙오하는 학생이 없도록 미국의 각 주가 정한 성취 기준을 만족시켜야 하고 그 기준을 만족시키지 못한 학교와 교사 그리고 학생은 제재를 받는 법-옮긴이)을 통과시킨 2001년부터 모든 상황이 바뀌었고, 그 이후 연방 정부와 주 정부는 수천 개에 달하는 프로그램과 새로운 시험제도에 총 8,000억 달러 이상을 쏟아부었다.[11]

국가별로 어느 정도 중대한 차이점이 있긴 하지만 대다수 국가의 개혁 전략은 여러 가지 공통점을 띠고 있다. 즉 전형적으로 다음과 같은 논리에 따라 개혁 스토리가 펼쳐진다.

> 학업성취도가 높은 교육제도는 국가의 경제 번영과 경쟁력 우위에 결정적 요소다. 즉 학업성취도의 표준은 높은 것이 좋으며 학교들은 이 표준을 끌어올릴 만한 과목과 지도법에 우선순위를 매겨야 한다. 지식 경제의 성장에 발맞추려면 많은 학생이 고등교육, 특히 4년제 대학과 종합대학에 진학하는 것도 중요하다.
> 이는 학교의 자유재량에 내맡기기엔 너무도 중대한 문제들이기 때문에 정부는 표준을 정하고, 커리큘럼의 내용을 구체화하고, 표준의 달성 여부를 확인하기 위해 학생들에게 체계적인 시험을 실시하고, 책무성과 경쟁을 강화해 교육의 효율성을 높이는 등 교육을 통제해야 한다.

'들어가는 글'에서 얘기한 전반적 교육 이야기와 마찬가지로 이런 논리도 아주 타당하게 들린다. 그런데 또 한편으론 심각한 결함을 안고 있기도 하다. 하지만 이런 결함에 대해서는 앞으로 차차 알아보도록 하고 우선은 이 논리가 현실에서 어떤 식으로 전개되는지부터 살펴보자.

▌표준 향상시키기

표준을 향상시키는 일은 교육에서 바람직하게 여겨진다. 표준을 떨어뜨려봐야 무엇이 좋겠는가? 하지만 어떤 표준을 세워야 할까? 그 표준의 선정 이유와 시행 방법은? 이와 관련한 가장 흔한 슬로건은 학교들이 '기본으로 돌아가야 한다'는 것이다. 마음에 와 닿으면서도 단순한 문구다. 채소를 먹고 잠을 충분히 자야 한다는 식의 슬로건처럼 상식적이고 현실적이다. 그렇다면 학교들이 돌아가야 할 그 기본이라는 것이 도대체 뭘까? 개혁 운동에서 최우선으로 삼는 4대 기본은 3R(읽기, 쓰기, 산술), 학업 표준 향상, STEM(Science, Technology, Engineering, Math), 대학 진학이다.

영국이나 미국 같은 국가에서는 읽기와 쓰기 그리고 수학에서의 학업 표준이 너무 낮다는 점에 대해 오래전부터 우려가 제기돼왔다. 개혁가들의 이런 진단은 틀린 것이 아니다. 이는 분명히 문제가 있으며 어제오늘만의 문제도 아니다. 1983년 미국 교육부는 '위기의 국가(A Nation at Risk)'라는 보고서를 발표했다.[12] 이 보고서에서는 미국이 "평범함이라는 밀물"에 휩쓸리면서 국가 경제와 사회복지의 미래가 위협받고 있다고 경고했다. 개혁가들은 올바른 문법,

철자, 구두법과 함께 기초 수학을 최우선적으로 가르쳐야 한다고 강조한다.

표준화운동은 학업 표준의 향상에 특히 높은 관심을 기울인다. 이런 관심 역시 언뜻 보면 타당하게 느껴진다. 하지만 학업만이 교육의 전부는 아니다. 학문은 특히 단어와 숫자를 통한 특정 종류의 분석적 추론이 주로 수반되며, 이른바 '명제적 지식'에 초점을 두고 있다. 앞으로 설명하겠지만 여러 가지 이유로 교육은 이런 학문 중심적 개념에 지배당하고 있다.

아이러니하게도 표준화운동은 학생들이 직업의 세계로 나가 세계적인 경쟁에 대처하도록 준비시킨다는 원칙에 따라 STEM, 즉 과학, 기술, 공학, 수학을 중시하기도 한다. 여기에는 흥미로운 모순이 엿보인다. 정치인들은 한편으론 학교에서의 학업 증가를 요구하고, 또 한편으로는 그것이 모두 경제와 관련된 문제라고 말한다. 하지만 학문은 흔히 현실 세계와 동떨어진 상아탑에 머물면서 순수 이론에 몰두하는 분야로 여겨지지 않던가. 이처럼 현대에 들어와 학업이 국가 경제의 구세주로 부상한 것은 흥미로운 현상이다. 여기에 대해서는 나중에 다시 살펴보도록 하자.

마지막으로 한 가지만 더 살펴보면 수많은 국가에서 대학에 진학하는 학생의 수를 점점 늘리고 있다. 1950년대와 1960년대만 해도 유럽과 미국에서는 20명당 한 명꼴로 대학에 진학했다. 그러다 1970년과 2000년 사이에 대학 진학률이 전세계적으로 300퍼센트 가까이 증가했다.[13] 적어도 선진국의 경우 현재 고등학교 졸업자 세 명당 한 명꼴로 대학에 들어간다. 이제는 대학 진학이 고등학교의

궁극적 목표라는 인식이 보편화돼 있다.[14]

그렇다면 이런 표준 향상을 위해 개혁가들은 어떤 일을 하고 있을까? 그들은 표준화, 경쟁, 기업화라는 세 가지를 주요 전략으로 삼고 있다.

표준화

정규교육을 구성하는 3대 요소는 커리큘럼, 지도, 평가다. 현재 3대 요소에 대한 기본 전략은 최대한의 표준화다. 수많은 국가들이 학교의 필수적인 교육 내용에 대해 확고한 가이드라인을 정해놓고 있다. 통상적으로 매년 일종의 국가교육과정을 제정하는 방식이며, 영국, 프랑스, 독일, 중국 등 수많은 국가가 이런 경우에 해당된다. 핀란드와 스코틀랜드 등은 비교적 느슨한 틀을 세워뒀고 미국과 싱가포르도 아직 이 분류에 속한다.

대다수의 국가교육과정은 과목들을 별개로 나누는 개념에 따라 구성된다. 또한 대부분의 교육제도가 과목 간에 서열을 두고 있고 그 최상위층을 읽기, 쓰기, 수학, STEM이 차지하고 있다. 그 중간층에 역사, 지리, 사회 등의 인문학이 온다. 표준화운동에서 학문적 공부를 강조하고 있는 만큼 미술, 연극, 무용, 음악, 디자인, 체육 같은 실용적 과목이나 커뮤니케이션, 매스미디어학 같은 비학문적인 '가벼운 과목'은 비교적 등한시된다. 예술 부문에서는 대개 시각예술과 음악이 연극이나 무용보다 더 높은 서열에 든다. 연극과 무용은 아예 과목에 들어가지 않는 경우도 흔하다. 공작이나 가정 같은 직업교육 역시 수많은 학교에서 퇴출당했다. 일부 국가에서는 이런 '중요하지 않은' 과목들을 철저히 위축시켜놓기도 했다.

표준화운동이 지도의 측면에서 선호하는 방식은 조별 활동보다는 학급 전체를 모아놓고 사실에 입각한 지식과 기술을 직접적으로 가르치는 방식이다. 표준화운동은 창의성, 자기표현, 발견과 상상놀이를 통한 비언어적이고 비수학적인 공부와 학습 방법에 대해 회의적이며, 심지어 미취학 아동에 대해서도 같은 태도를 취한다.

한편 표준화운동에서는 평가와 관련해 학생들의 답안을 쉽게 취합 처리할 수 있도록 정형화된 필기시험과 객관식 문제의 포괄적 활용을 중시한다. 시험과 함께 성적 평가의 자료가 되는 교과별 학습 과제, 포트폴리오 평가(학습자의 변화 과정을 보여주는 다양한 자료를 지속적으로 모아 총체적으로 평가하는 방법-옮긴이), 오픈북 테스트(open-book test), 교원 평가, 동료 평가(peer assessment : 동료 학생들이 상대방을 서로 평가하는 것-옮긴이) 등 정량화가 그다지 쉽지 않은 방식에 대해서는 당연히 회의적이다. 학생들이 책상머리에 앉아 혼자 공부하는 시간이 그렇게 많은 것도 어느 정도는 이런 태도 탓이다.

경쟁

시험의 목표 중에 하나는 학생, 교사, 학교 간의 경쟁 강화다. 이는 경쟁이 높아지면 자연히 표준도 올라갈 것이라는 가정에 따른 것이다. 이와 같은 경쟁적 환경이 조성되면서 이제 학생들은 서로 경쟁을 벌이고, 교사들은 주로 담당 학생들의 시험 결과에 따라 평가받으며, 학교와 교육구는 자원을 획득하기 위해 치열하게 경쟁하고 있다. 표준 위주의 시험은 그 결과에 따라 기금 할당과 직원의 승진은 물론 학교의 폐교 여부와 리더의 교체 여부까지 좌우한다. 표준 위주의 시험은 이렇게 치열한 경쟁을 유도하고 극도의 스트레스를 주는 탓에 이른바 '고부담' 평가라고 불리기도 한다. 앞에서 살펴본 것처럼 현재 이런 식의 경쟁이 점점 더 세계화되는 추세다.

기업화

산업국가에서는 100여 년 전부터 대중 교육이 세금으로 운영되면서 공익에 대한 투자로 인식됐다. 현재 일부 정부에서는 교육 부문에 대한 민간 기업과 기업가의 투자를 장려하고 있다. 민간 기업과 기업가의 참여는 학교에 물품과 서비스를 판매하는 것에서부터 상업적 이윤을 내기 위해 직접 학교를 운영하는 것까지 여러 형태를 띤다. 한편 정부는 아카데미(academy : 국가가 일부 예산을 지원하고 민간이 자율 운영하는 영국의 중등학교-옮긴이), 차터스쿨(charter school : 자립형 고등학교-옮긴이), 프리스쿨(free school : 전통적 교수법에 구애받지 않고 학생이 자주적으로 과목을 자유롭게 선택하는 학교-옮긴이) 등 다양한 형태의 공립학교를 조성해나가고 있다. 여기에는 몇 가지 동기가 있다. 첫 번째는 경쟁 강화, 두 번째는 공급의 다양화, 세 번째는 국고의 부담 경감, 네 번째는 이윤이다. 앞에서 말했듯이 교육은 세계의 최대 사업 중 하나다.[15]

┃ 표준화가 얼마나
  도움이 되는가

표준화운동이 의도대로 잘 돼가고 있다면 이쯤에서 더 할 말이 없을 테지만 그렇지가 못하다. 3R을 예로 보자. 수십억 달러를 쏟아부었음에도 표준화운동은 기껏해야 부분적 성공에 그쳤다. 미국과 영국 같은 국가들은 읽기, 쓰기, 연산 부문에서 표준을 끌어올리기 위해 필사적으로 매달려 막대한 희생을 치렀다. 하지만 목표 학과들의 시험 성적은 거의 제자리에 머물고 있다.

2012년 미국의 고등학교 졸업자 가운데 17퍼센트가 유창하게 읽거나 쓰지 못하는데다 철자, 문법, 구두법의 기본도 제대로 갖추지 못했다(PISA 등급은 2 미만이었다).[16] 성인의 50퍼센트 이상은 읽기와 쓰기에서 3등급에 못 미치기도 했다.[17] 전미음악교육협회(National Association for Music Education)의 전 회장 폴 R. 리먼은 2012년에 다음과 같이 밝혔다.

"국가교육성취도평가(National Assessment of Educational Progress, NAEP)의 성과가 조금씩 높아지고 있지만 최근 몇 년 동안 많은 부분에서 본질적 변화가 없었다. 2013년 3월에 교육부장관 안 덩컨이 의회에 경고한 바에 따르면 2014년에는 전국적으로 80퍼센트 이상의 학교가 낙오아동방지법에 따라 낙제 학교로 찍힐 가능성이 있다고 한다."[18]

문제는 '기본 역량'에만 그치지 않는다. 미국 학생들은 기본 교양 지식에서도 허덕거리고 있다. 2006년 《내셔널지오그래픽》이 미국의 교양 지식 수준을 조사했는데, 18~24세의 청소년 21퍼센트가 지도에서 태평양이 어디에 있는지도 몰랐다. 게다가 놀랍게도 65퍼센트가 지도에서 영국의 위치를 몰랐다. 정말 부끄러운 일이다.[19] 이런 부끄러운 상황은 영국도 그다지 나을 것이 없다.[20]

표준화운동은 현재 우리가 직면한 경제적 도전에 부응하지 못하고 있다. 청소년들을 사회의 일꾼으로 키우는 것을 우선 과제로 내세우고 있지만 실상은 어떤가? 세계적으로 청년 실업률이 유례없이 높은 수준을 기록하고 있다. 전세계적으로 15~24세의 인구는 6억 명 가까이 되고 그중 약 6,300만 명이 장기 실업 상태에 있다.[21] 다시 말해 이 연령층의 전체 인구 가운데 13퍼센트가량이 실업자라는 얘기이며, 이는 역대 가장 높은 수치다. 특히 유럽의 청년 실업률은 2008~2013년 가파르게 증가해 24퍼센트에 육박했다.[22]

실업의 그림자는 모든 기대에 걸맞게 착실히 공부해서 대학을 졸업한 청년들에게도 어두운 그늘을 드리우고 있다. 1950년과 1980년 사이에 대학 학위는 좋은 직장의 보증수표나 다름없었다. 대학 학위만 있으면 고용주들이 서로 면접을 보려고 줄을 섰다. 지금은 사정이 달라졌다.[23] 본질적 문제는 공급이 많아졌다는 데 있다. 학력은 일종의 화폐와 같아서 시장 상황에 따라 그 가치가 달라진다. 예전에 대학 학위를 높이 쳐줬던 것은 비교적 취득자가 소수에 불과했기 때문이다. 대학 졸업자들이 차고 넘치는 현재의 사회에서는 대학 학위가 더 이상 예전만큼 높은 차별성이 되어주지 못한다.

2008년의 경기침체 영향으로 수많은 대학 졸업자가 학위를 어떤 식으로든 제대로 사용할 만한 직장을 찾는 데 애를 먹고 있다.

갓 졸업한 후에 선택 분야에 첫발을 내딛기까지는 어느 정도 시간이 걸리기 마련이다. 그렇지만 이 점을 감안하더라도 미취업 상태에 있거나 통상적으로 학사 학위가 필요 없는 일자리에서 '불완전취업' 상태에 있는 사람들의 수가 2008년 경기침체 이후 꾸준히 늘어나는 추세다. 게다가 불완전 취업자들이 들어가는 일자리의 질도점점 낮아지고 있다. 현재 대학을 갓 졸업한 이들 가운데 상당수가생활비를 벌기 위해 어쩔 수 없이 저임금 일자리나 파트타임 일자리를 받아들이고 있다.[24]

대학 졸업자들의 전망이 점점 악화되는 것은 세계 곳곳에서 나타나는 현상이다. 1999년 중국은 종합대학과 전문대를 대폭적으로 늘려나갔다. 그 이후 졸업자들의 실업이 점점 심각해지고 있다. 1999년 중국의 대학 재학생은 84만 명이었고 2013년도 졸업생은거의 700만 명에 달했다. 중국의 교육부장관은 다음과 같은 침울한논평을 내놓기까지 했다.

"대학 재학생의 80퍼센트가 어떤 형태로든 첫 일자리를 얻는다해도 미취업자의 수는 여전히 심각한 수준일 것이다."[25]

일부 직업의 경우엔 학위가 여전히 중요한 요소다. 또한 모든 것을 고려하면 여전히 대학 졸업자들이 대학 미졸업자들보다 평생의소득이 더 많을 것으로 기대된다. 하지만 분야를 막론하고 학위 소지는 더 이상 취업의 보증수표가 아니며 일부 분야에서는 괜히 돈만 들어가는 쓸데없는 껍데기다.

물론 대학 진학자들 가운데는 학문적 연구를 펼치고 싶다는 열의에 따라 대학에 들어가는 이들도 있다. 하지만 미국의 대학생 가운데 학위를 끝까지 마치지 못하는 비율이 40퍼센트가 넘는다.[26] 이런 낮은 졸업률로 미뤄보건대 상당수는 대학 진학이 고등학교 졸업 후의 수순이라는 이유에 떠밀려 억지로 고등교육과정에 들어선 것으로 짐작된다. 수많은 진학자가 특별한 목적의식 없이 대학에 들어가고 또 수많은 진학자가 졸업을 못하고 조기에 그만둔다. 그런가 하면 졸업 후의 계획에 대한 확실한 구상 없이 졸업을 하는 이들도 있다. 또한 수많은 대학 진학자가 빚을 짊어진다. 2014년 4~6년 만에 대학을 졸업한 미국의 대학 졸업생은 평균 2만~10만 달러의 빚을 떠안고 있었다.[27] 미국에서는 학자금 채무 부담액이 2004년 이후 해마다 증가해서 3,000억 달러를 조금 넘던 금액이 2013년에는 무려 1조 3,000억 달러로 불어났다. 이는 모든 신용카드 빚을 합산한 금액보다 높은 수준이었다.[28]

학교에서 가르치는 역량과 경제 분야에서 사실상 필요로 하는 역량 사이의 간극이 갈수록 벌어지고 있다.[29] 아이러니하게도 수많은 국가에서 수행돼야 할 업무가 산더미 같은 실정이지만 교육에 쏟아붓는 막대한 투자에도 불구하고 그런 업무에 필요한 역량을 갖추지 못한 사람이 너무나 많다. 표준화운동에서는 온갖 수사를 내세워 취업 능력에 대해 이러쿵저러쿵 늘어놓고 있음에도 정작 업무에 직접적으로 도움이 될 만한 학습 과정이 아니라 학업 프로그램의 표준을 높이는 쪽에 중점을 두어왔다.

오리건대학교 총장이자 세계화 교육 및 온라인 교육 연구소 소장인 용자오의 추산에 따르면 미국에서는 1977년부터 2005년까지의 28년 동안 100만 개 이상의 일자리가 사라졌다. 같은 기간 신생 기업이 새롭게 창출해낸 일자리는 300만 개가 넘었다. 새로운 일자리 가운데 상당수는 사라진 이전의 일자리와는 판이하게 다른 역량이 요구됐지만 그런 역량들에 대해 경각심을 환기시키는 조치는 전무하다시피 했다. 결국 그 업무는 관련 재능을 이미 단련한 경력자들이나 창의적이고 기업가적인 능력을 갖춘 적응력 뛰어난 이들의 차지가 되었다.[30]

우리 사회는 아주 다양한 재능, 역할, 직업에 의존한다. 전기 기사, 건축업자, 배관공, 요리사, 진료 보조자, 목수, 수리공, 기계공, 보안 직원 등등 학위가 반드시 요구되지 않는 그 외 모든 일이 우리 각자의 삶의 질에 절대적으로 긴요하다. 이런 직업에 종사하는 사람들 중에는 자신의 일에 즐겁게 임하며 크나큰 성취감을 느끼는 이들이 아주 많다. 그런데 학교에서 학문을 강조하느라 이런 직업의 역할을 중요하게 다루지 않으면서 이런 직업은 학문적 기대에 미치지 못하는 사람들에게나 어울리는 2류 직종이라는 인식이 보편화됐다.

보통 그렇듯 공부 잘하는 아이들은 대학에 들어간다. 그렇지 않은 아이들은 학업을 일찌감치 접고 일자리를 찾거나 이런저런 기술을 배우기 위해 직업교육과정을 밟는다. 아이가 어느 쪽을 선택하든 교육 신분의 사다리에서 내려오는 셈이 된다. 이와 같은 학력적, 직업적 카스트제도는 교육에서 가장 고질적인 문제 중 하나다.

여기에서 잠깐 한 걸음 뒤로 물러나 이런 경계를 그어놓음으로써 우리가 무엇을 놓치고 있는지 간략히 짚어보자.

미국의 대다수 학교들도 마찬가지지만 캘리포니아 주 세바스토폴의 애널리고등학교에서 실시하는 직업훈련 프로그램은 있으나 마나 한 프로그램으로 전락해버렸다. 직업훈련장은 겉만 번드르르하게 꾸며진 창고에 불과했다. 애널리고등학교는 우선순위가 대학 입시와 표준화시험에 집중돼 있어서 직업훈련 프로그램은 뒷전으로 밀려나 있었다.

하지만 세바스토폴은 《메이크(Make)》지의 본거지이기도 하다. 메이커 운동(maker movement: 오픈소스 제조업 운동. 스스로 필요한 것을 만드는 사람들이 제조법을 공유하고 발전시키는 과정을 통칭-옮긴이)의 대변자로 꼽히는 《메이크》에서 어느 날 애널리고등학교 측에 학생들의 견학 프로그램을 제안했다. 말하자면 학생들이 잡지사를 직접 방문해 3D 프린터, CAD(computer-aided design) 등으로 무엇을 만들 수 있는지 체험하게 하자는 것이었다. 이 프로그램이 큰 인기를 끌면서 견학 희망자를 다 받아줄 수 없는 지경이 되자 《메이크》는 직업훈련 프로그램을 늘린다는 조건 하에 애널리고등학교에 장비를 기부하기로 합의했다.

애널리고등학교의 교사 케이시 시어(Casey Shea)가 이 직업훈련 프로그램을 맡았다. 직업훈련장은 깨끗이 정리된 후 새 장비가 들여졌고 그 외에도 지역 공동체에서 자재와 추가 장비, 현금과 전문적인 조언까지 지원해줬다. 프로그램은 순식간에 엄청난 인기를 끌었다. 그것도 직업훈련생이 아닌 아이들에게까지 인기였다.

다음은 케이시에게 직접 들은 이야기다.

"대수학1 과목에서 애를 먹는 애들부터 AP 미적분에서 헤매는 애들까지 아주 다양한 애들이 프로그램에 참여해요. 그중 적어도 절반은 이른바 전통적 개념의 '인문 계열'을 공부하는 애들이에요. 그런 아이들까지 이 프로그램에 끌리는 이유는 3D 프린터, 전자공학, 로봇공학이라는 끝내주는 요소들이 갖춰진 덕분이 아닐까 싶어요."

또한 이 프로그램은 단순히 비닐 재단기 같은 컴퓨터 제어 기기의 사용법 따위만 알려주는 것에 그치지 않는다.

"정말 신나는 부분은 따로 있어요. 기업가 정신의 측면이에요. 이 프로그램은 단순히 대학 진학의 차원을 넘어 그 이상의 가능성을 키워줍니다. 아이들에게 아이디어를 시장성 높은 상품으로 변신시킬 수 있는 감각을 길러주니까요. 세상에 나가는 완전히 새로운 길을 열어주는 셈이죠. '그래, 비디오 가게에 취직하지 뭐'라는 식의 생각을 넘어서서 더 멋진 길을 걷도록 말이에요. 실제로 아이들은 멋진 명절 장식품을 디자인해서 1,000달러어치 정도를 팔기도 했어요. 얼마 전엔 지역 양조장의 의뢰로 컵받침 세트를 만들기도 했어요. 이 지역은 그 양조장과 같은 의향을 보여줄 만한 예술인들의 커뮤니티나 중소기업 커뮤니티가 많아요. 앞으로 아이들에게 사업장에 찾아가서 상품을 선전하고 재료나 시간 등의 모든 비용을 분석해 비용을 평가하는 요령도 가르쳐줘야 할 것 같아요. 아예 학생 기업을 주제로 비즈니스 수업을 열어 실질적 성과를 내보고 싶어서 현재 재무 교사 한 분과 논의 중이에요."

건전한 경제는 새로운 사업에 대한 멋진 아이디어를 가진 사람들에게, 또 그런 사람들을 키워내고 고용을 창출하는 능력에 의존한다. 2008년 IBM은 80개국 1,500명의 리더를 대상으로 조사를 벌였다. 그 결과 리더들이 직원들에게 가장 필요하다고 생각하는 자질은 변화에 대한 '적응성'과 새로운 아이디어를 내는 '창의성'이 었다. 졸업생 가운데는 다른 자질은 아주 뛰어나면서도 이 두 자질은 결여된 경우가 수두룩했다.[31] 기업가들이 필요하다고 여기는 능력을 교육 개혁가들이 주도한 전략에 따라 향상시키는 경우는 거의 없는 실정이다. 오히려 표준화교육은 오늘날의 경제에서 의존도가 높은 창의성과 혁신을 꺾어버리는 경향이 있다.

당연한 얘기겠지만 용자오의 지적처럼 표준화시험에서 성적이 우수한 국가들과 기업가적 재능이 돋보이는 국가들은 서로 반비례적인 특징을 띠고 있다.[32]

앞에서도 언급했듯이 최근의 PISA 성적표에 따르면 학업성취도가 가장 뛰어난 학교제도는 상하이의 제도다. 그런데 정작 상하이는 자국의 성적표에 대해 다른 나라 사람들이 보이는 반응에 비해 시큰둥하다. 상하이 교육위원회의 고위 관리인 이호우킨(Yi Houqin)이 최근에 밝힌 소감만 들어봐도 그렇다. 그는 기쁘긴 하지만 학생들의 좋은 성적이 그다지 놀랍지는 않다고 했다. 어쨌든 상하이의 학교제도는 무턱대고 달달 외우는 암기식 학습을 통해 이런 시험에서 좋은 성적을 내는 데 초점을 맞추고 있기 때문이다. 하지만 내가 말하려는 요점은 이호우킨의 다음 말에 담겨 있다. 그는 상하이 교육위원회가 조만간 PISA 평가에서 빠질 것을 고려 중이라면서 이렇게 말했다.

"상하이는 이른바 '1위 학교'라는 타이틀이 필요한 게 아니다. 정말 필요한 것은 건전한 교육 원칙을 따르고 학생들의 심신계발에 집중하며 학생들의 평생 발전을 위해 견고한 토대를 닦아주는 그런 학교다."[33]

아이스하키 선수 웨인 그레츠키(Wayne Gretzky)는 1982년 세계 최고의 성적을 거뒀다. 그가 밝힌 비결이 뭔지 아는가? 아주 간단하다. 다른 선수들은 퍽(puck : 아이스하키에서 사용하는 작은 고무 원반-옮긴이)이 현재 있는 방향으로 돌진하는 편이라면 자신은 퍽이 앞으로 이동할 방향으로 간다는 것이다. 많은 국가가 표준화를 향해 미친 듯이 돌진하는 가운데 많은 국가가 퍽의 이동 방향이 아니라 현재 위치에만 집중하는 듯하다. 정말로 이런 생각을 떨치기가 힘들다.

실업은 그저 경제적 문제만으로 그치지 않는다. 여러 사람의 삶과 지역 공동체 전체에 해를 가져올 만한 고민거리다. 실제로 수많은 국가에서 '사회적 배제(social exclusion : 실업이나 빈곤이나 범죄와 같은 상황에서 벗어날 수 없는 상태-옮긴이)'의 문제가 점점 심각해지고 있다. 선진국에서는 부유층, 중산층, 빈곤층 사이의 격차가 점점 벌어지는 추세다. 미국 통계국의 2012년 조사에 따르면 미국의 '빈부 격차'가 무려 1,780억 달러에 이르렀다.[34] 빈곤과 사회적 박탈은 청소년의 교육적 성취에 악영향을 미치기 쉽다. 결연한 의지로 맞서 환경을 이겨내는 사람도 있지만 그렇지 못한 사람도 있다. 교육이 소득 격차의 유일한 근원이 아니라 해도 표준화운동이 권장하는 교육 형태는 소득 격차를 더욱 악화시키고 있다. 재미도 없는 표준화 교육은 빈곤에 빠진 아이들에게 열의와 의지를 북돋워주는 데는 별 도움이 되지 않는다.

▌외부효과

표준화운동은 그 자체의 목표를 제대로 성취하지 못하고 있을 뿐만 아니라 학생 참여와 교원 사기에 파국적 영향을 미치고 있다.

1970년에 미국은 세계에서 고등학교 졸업률이 가장 높았으나 현재는 최저 수준이다. OECD에 따르면 현재 미국 전체의 졸업률은 약 75퍼센트로, 조사 대상인 28개국 가운데 23위다. 일부 주와 교육구에서는 졸업률이 평균을 훨씬 밑돈다.[35] 종합적으로 보면 미국 전역에서 날마다 7,000명가량의 청소년이 고등학교를 중도 포기하고 있다.

이 수치를 연간으로 환산하면 150만 명에 가깝다. 이른바 이들 '중도 포기자' 가운데 일부는 지역사회대학(지역 주민에게 전문대학 정도의 직업교육을 실시하는 기관-옮긴이) 같은 곳에서 다른 형태의 교육을 받거나 GED(대학 입학 자격 검정 시험)를 준비한다. 하지만 자신은 전통적 교육과는 잘 맞지 않는다는 결론을 내리고 학업을 그만두는 청소년들도 적지 않다. 미국 외의 다른 국가들 역시 암울한 통계 수치를 보이고 있으며 이로 인한 사회적, 경제적 비용이 막대하다.

전반적으로 고등학교 졸업자는 미졸업자에 비해 취업을 해서 더 많은 돈을 벌고 더 많은 세금을 낼 가능성이 높다. 대학이나 그 외 학업 프로그램에 진학할 가능성도 더 높다. 지역 공동체에 참여할 가능성은 더 높고 사회복지 프로그램에 의존할 가능성은 더 낮다. 추산에 따르면 조기에 학교를 그만두는 청소년의 수를 반으로 줄인다면 사회복지 프로그램에서 절약되는 돈과 추가적 세수로 확보되는 돈을 더해 미국 경제에 약 900억 달러에 달하는 순 이득이 생겨날 것이라고 한다. 이는 10년이 넘으면 거의 1조 달러에 이를 만한 금액이다.[36] 어마어마한 금액이다. 하지만 금전적 면만이 아니라 또 다른 혜택에도 주목할 필요가 있다. 수십만 명의 청소년이 보다 생산적이고 만족스러운 삶을 향해 방향을 틀면서 누리게 될 혜택 말이다.

낙오아동방지법의 핵심 어젠다 가운데 하나는 사회경제적 그룹 간의 '학업성취도 격차'를 좁히는 것이었다. 하지만 이 어젠다가 실현됐다는 증거는 희박하다. 교육감연합(School Superintendents Association)의 회장 대니얼 도메네크가 2013년에 쓴 글을 보자.[37]

"낙오아동방지법이 연방법으로 제정된 지 12년이 지났다. 그동안 대개 비교육자들에 의해 주도된 교육 개혁 어젠다에 따라 표준과 책무성을 강조하는 운동이 미 전역을 휩쓸었다. 하지만 현재도 여전히 아프리카계와 라틴아메리카계 학생들의 절반이 고등학교를 졸업하지 못하고 있다. 지나치게 많은 학생들이 학교를 그만두고 있다. 대학 진학률과 졸업률이 참담한 수준이다."

한편 교원 감소율도 어마어마하게 높게 나타나고 있다. 미국에서는 매년 25만 명 이상의 교사가 교직을 떠나고 있으며, 신규 교사의 40퍼센트 이상이 5년을 못 넘기고 그만두는 것으로 추정된다. 이런 현상은 빈곤율이 높은 학교에서 특히 심각해서 이직률이 연간 약 20퍼센트에 이른다.[38]

교원 감소를 유발하는 주된 원인은 근무 환경에 있다. 워싱턴대학교의 연구 자료도 이를 지적한다.

"교원 채용 문제는 학교의 조직 체계와 교직에 대한 처우에 그 뿌리가 닿아 있으며, 교원의 질과 양을 지속적으로 향상시키려면 교원 일자리의 질을 향상시켜야 한다."[39]

학교 – 교도소 파이프라인

경우에 따라 고등학교 중퇴가 비참한 결과로 이어지기도 한다. 학교-교도소 파이프라인(school-to-prison pipeline : 학교에서 작은 범죄를 저지른 문제 학생들을 곧장 교도소로 보내버리는 관행-옮긴이)을 형성하기 때문이다. 미국은 세계에서 투옥률이 가장 높은 나라다. 대략 성인 35명당 한 명이 수감, 보호관찰, 가석방의 형태로 교정제도의 관리 대상이다. 물론 고등학교를 중도 포기한 청소년이 반드시 문제를 일으킨다는 얘기는 아니다. 고등학교 중도 포기자가 비범하고 성공적인 삶을 살게 되는 경우도 많다. 다만 장기 실업 상태인데다 집도 없어서 생활보호를 받고 있거나 교정제도의 관리를 받고 있는 사람들 가운데 고등학교 중퇴자의 비율이 아주 높다는 사실을 지적하고 싶을 따름이다. 미국에서는 주와 연방 시설에 수감된 수감자의 3분의 2 이상이 고등학교 중퇴자들이다.

미국에서는 한 명의 고등학생을 교육시키는 데 매년 평균 1만 1,000달러의 비용이 들어간다. 그런데 교도소에 수감시킬 경우 1인당 연간 2만 달러 이상이 들어간다.[40] 이 부문의 연간 총 비용은 거의 70억 달러에 이른다. 이 금액은 1998년부터 2007년까지 127퍼센트 증가했다. 그에 비해 같은 기간 고등교육 부문의 기금 증가율은 겨우 21퍼센트였다.[41] 요즘 애들 말로 정말 '헐'이다.

앞에서 이른바 '중도 포기자'라는 표현을 쓴 이유는 이 단어 속에 이 청소년들이 제도를 버렸다는 의미가 내포돼 있기 때문이다. 물론 제도가 이들을 버렸다는 말이 더 정확한 경우가 비일비재하지만 학교를 조기에 그만두는 학생들은 저마다 그럴 만한 개인적 이유가 있다. 가정이 어려움에 처했거나 친구들 사이에서 왕따를 당하고 있거나, 아니면 모든 것에 의문이 든다는 등의 이런저런 이유로 그만두는 것이다. 이유가 무엇이든 중도 포기는 전반적 제도에 더 깊은 문제가 있다는 징후다. 당신이 회사를 운영하고 있는데 매년 고객의 3분의 1 이상이 빠져나간다고 치자. 이쯤 되면 진짜 문제가 어디에 있는지, 즉 고객이 문제인지 당신의 회사가 문제인지 의문을 가져봐야 하지 않을까?

무관심

고등학교 미졸업자의 심각성은 충분히 관심을 받고 있다. 하지만 이와는 별개로 교육을 계속 받고는 있지만 그 전 과정에 따분함과 불만을 느끼는 수백만 명의 학생들에 대해서도 주의를 기울여야 한다. 북미에서 진행된 조사에 따르면 고등학생 중 따분함과 불만을 느끼는 학생의 비율은 63퍼센트에 이른다.[42] 마지못해 현재의 프로그램에 남아 있지만 별 흥미 없이 그 과정이 어서 끝나기를 기다리거나 빨리 졸업해서 다른 인생을 살고 싶어하는 학생들이 이 정도로 많다는 얘기다.

불안과 압박

세계적으로 PISA 순위를 끌어올리기 위해 대대적인 노력이 펼쳐지는 가운데 학생과 교사들은 어떤 현실적 대가를 치르고 있을까? 모든 PISA 프로그램에서 줄곧 5위권에 들었던 한국을 예로 살펴보자. 한국은 학생 1인당 약 8,200달러의 비용을 쓴다. 이 정도면 국내총생산(GDP)의 8퍼센트가량으로, OECD 국가 중 두 번째로 높은 비율이다.[43] 한국의 학부모들은 방과 후 교육에 수천 달러를 쓰고 있기도 하다. 하지만 한국이 국제 테스트에서 높은 성적을 거두면서 치르고 있는 현실적 대가는 이보다 훨씬 값비싸다. 현재 OECD 산업국을 통틀어 한국의 자살률이 가장 높다.[44]

전세계적으로도 지난 45년 사이에 자살률이 60퍼센트 증가했다. 현재 자살은 15~44세 연령층의 3대 사망 원인으로 꼽힌다. 젊은 층의 자살 문제에서는 자살에 성공한 수보다 20배나 많을 것으로 추산되는 자살 미수도 간과해서는 안 된다. 예전에는 자살률이 노년층에서 가장 높게 나타났다. 이제는 젊은 층의 자살률이 꾸준히 증가하면서 모든 선진국과 개발도상국의 3분의 1에서 젊은 층이 자살 최고 위험군으로 분류돼 있을 지경이다.[45]

| 다른 교육이 필요하다

표준화운동은 낮은 학업 성적에 대한 우려에서 시작됐다. 물론 타당한 우려이지만 학생들의 학업성취도에 영향을 미치는 요소는 한두 가지가 아니다. 학습 동기, 빈곤, 사회적 불리함, 가정환경, 학교의 열악한 시설과 기금, 시험과 평가에 대한 압박 등등 모두 열거할 수 없을 정도로 많다. 이런 요소들을 무시해서는 안 된다. 학교에서의 학업성취도를 높이기 위해서는 이 요소들을 충분히 고려해야 한다. 게다가 고려할 사항들은 이뿐만이 아니다. 환경이 잘 갖춰진 부유한 지역의 학교들이라고 해서 학교생활에 불만스러워하고 학업 성적이 부진한 학생이 없는 것은 아니다. 환경이 운명을 결정하지는 않는다. 앞으로 몇몇 사례를 통해 구체적으로 확인시켜주겠지만, 실제로 '빈곤 지역'의 여러 학교들이 지도와 학습에 대한 창의적 접근법을 통해 학업성취도를 혁신시켜왔다.

그동안 살펴본 바에 따르면 일부의 경우에는 낮은 표준 성적의 원인이 학교 자체나 지도 방식 때문임이 확실했다. 이런 결함에는 '진보적' 교육의 핵심 개념을 오용하고 '전통적' 교육의 잘못된 통념을 오용하는 것 등이 있지만 여기에 대해서는 뒤에서 자세히 얘기할 것이다. 아무튼 원인이 무엇이든 여러 조사와 실질적 경험을 통해 거듭 드러난 바에 따르면, 학생의 학업성취도를 높여주는 결정적 요소는 학생 자신의 동기와 기대다. 학업성취도를 높일 최선의 방법은 지도의 질을 향상하고, 균형 잡힌 커리큘럼을 마련하고, 유익한 평가제도를 구축하는 것이다. 정치적 대응은 이와는 반대 방향을 향해왔다. 다시 말해 커리큘럼을 편협하게 짜고 교육 내용, 지도법, 평가를 최대한 표준화시켜왔지만 이런 대응이 잘못됐다는 사실이 증명되고 있다.

그 증거가 곳곳에서 드러나고 있듯이 표준화운동은 대부분 실패 중이며 문제를 해결하기는커녕 더 많은 문제를 유발하고 있다. 한편 PISA 성적표라는 한정된 관점에서 최고의 성과를 거두고 있는 일부 국가에서는 현재 다른 어젠다로 주의를 돌려 표준화운동이 제도적으로 질식시켜온 역량과 태도를 육성하는 방향으로 돌아서고 있다. 현재 시급히 요구되는 변화가 바로 이런 방향 선회다.

우리 아이들과 지역 공동체에 필요한 것은 현재와는 다른 종류의 교육이다. 표준화운동이 추진 중인 원칙과는 다른 원칙에 기초한 교육이 필요하다. 또한 이런 교육이 구체적으로 어떤 교육인지 이해하기 위해서는 기본으로 돌아가야 한다. 여기에서 말하는 기본이란 특정 과목도, 특정 지도법이나 평가 전략도 아니다. 원래 역할에 충실한 교육의 근원적 목적을 가리킨다.

교육의 근원적 목적에 부응하기 위해서는 학교에 대한 사고방식과 학교의 운영 방식을 과감히 변화시켜야 한다. 구식의 산업적 모델에서 벗어나 완전히 다른 원칙과 실천에 따르는 모델로 변화시켜야 한다. 사람은 신체나 외모가 표준화돼 있지 않다. 능력과 개성도 마찬가지다. 이런 기본적 진실을 이해해야만 교육제도가 왜 실패하고 있는지에 대해, 또한 어떻게 바뀔 수 있을지에 대해 헤아려볼 실마리가 생긴다. 그리고 그 기본적 진실을 이해하기 위해서는 이야기를 혁신시켜야 한다. 우리에겐 산업적 모델보다 더 바람직한 상징 모델이 필요하다.

제2장

어떻게 교육모델이
탄생했는가

　　　　　　　　　　　　캔자스시티의 건축가 스티
브 리즈(Steve Rees)는 어느 날 델라살 교육센터(DeLaSalle Education
Center)의 전문직 초청 오찬에 초대됐다. 델라살 교육센터가 위기에
처한 캔자스시티 학생들을 지원하는 차터스쿨형 고등학교였기 때
문에 스티브는 선입견을 갖고 있었다. 델라살 교육센터의 학생들
다수가 다른 학교에서 쫓겨난 학생들이고 그중 상당수가 과거에 문
제를 일으킨 전력이 있으니 어떨지 뻔하다고. 그런데 막상 오찬 자
리에 참석한 그는 의외의 느낌을 받았다. 학생들은 그의 지레짐작
과는 달리 뭔가를 해보려는 삶의 열망이 대단했다.

　그가 들려준 얘기다.

　"많은 아이들이 자신에게 맞는 진로를 찾지 못하고 있었어요. 아
이들은 학업적인 문제나 정서적인 문제 또는 사회적 문제를 가지고
있었지만 잠재력이 많았어요."

　스티브는 델라살 교육센터에서 적극적 역할을 맡기로 결심했다.
그는 델라살 교육센터의 몇몇 상급생을 위해 전문대학 수업을 들을
수 있게 해주는 프로그램을 마련했다. 뿐만 아니라 이 학생들과 캔자

스시티 기업 커뮤니티의 어른들을 멘토와 멘티로 맺어주는 멘토링 프로그램도 만들었다. 멘토링 프로그램에 참여한 어른들은 자발적으로 학생들에게 점심도 사주고 자신의 직장에도 데려갔다. 그사이에 아이들은 자신들의 잠재적 미래를 어렴풋이 엿보게 되었고 멘토들은 큰 보람을 안겨주는 정서적 유대를 뜻밖의 선물로 받게 되었다.

이 프로그램은 반향을 일으켰으나 스티브는 여기에 그치지 않았다. 그 무렵 그는 건축 사업장을 매각하고 2년 동안 다른 지역으로 떠나 있었다. 하지만 델라살 교육센터에 대해서나 그 아이들에게 받은 영향에 대해 한번도 잊은 적이 없었다.

"그 애들은 길을 잘못 들긴 했지만 의지력이 있었어요."

스티브는 캔자스시티로 돌아오자 델라살 교육센터를 다시 찾아가 자신에게 수업을 맡겨줄 수 없는지 문의했다. 창의성과 기업가 정신을 가르쳐보고 싶어서였다. 학교 측이 선뜻 동의해주면서 그는 수업을 맡게 되었다.

"우리는 수업에서 이쑤시개로 다리를 만들기도 하고 이런저런 일이 어떤 식으로 진행되는지 생각해보는 시간을 가졌어요. '이발소 운영에는 뭐가 필요할까? 1년에 8만 달러쯤 벌려면 이발소를 어떻게 운영해야 할까?' 아이들은 이렇게 일의 진행 방법을 생각해보기도 하고 서로에게 《뉴욕타임스》 경제면을 읽어주기도 했죠."

이런 수업은 학생들의 참여도가 높다는 점에서 아주 긍정적인 일로 보였다. 하지만 진정한 도약의 순간은 그다음에 일어났다. 스티브는 자칭 '자동차광'이라 콘셉트 카를 설계하는 수업도 자주 했다.

"우리는 실제로 차를 제작하는 게 아니라 차체를 구상해보는 차원에서 설계를 했어요. 아이들이 각자 미니 모형을 만들어오면 다 같이 그중 하나를 골라 스티로폼으로 실물 크기의 모형을 만들었어요. 그런데 어느 순간부터 아이들이 이런 말들을 하더군요. '진짜 차를 만들어보면 안 돼요?' 그렇게 터무니없이 들릴 만한 질문도 거침없이 할 줄 아는 애들이었죠. 저는 100번쯤 안 된다고 대답하다가 이런 생각이 들었어요. '이 애들은 지금 틀을 벗어난 생각을 하고 있어. 그러니 내가 그 생각이 실현될 만한 방법을 찾아내야 해.'"

스티브는 박살난 낡은 경주용 자동차를 한 대 찾아내 학생들에게 가져다줬다. 이제 학생들에게는 이쑤시개와 스티로폼을 통해 상상적 차원에 머물던 수준을 넘어 훨씬 실제적인 뭔가를, 즉 자동차 복원을 해볼 기회가 생겼다. 자동차는 이전에 레이싱을 뛰던 차였기 때문에 굉장히 가벼웠다. 스티브는 그 자동차를 보며 한 가지 생각을 떠올렸다. 학생들이 그 차를 전기 차로 변형시키게 도와주면서 환경적 책임과 함께 신기술을 가르쳐보자는 생각이었다.

이런 단계에까지 이르자 프로그램은 델라살 교육센터에서 감당할 만한 수준을 넘어섰다. 결국 스티브는 이 프로그램을 위해 비영리 단체인 마인드드라이브(Minddrive)를 세우고 타이어 기업 브리지스톤(Bridgestone)의 후원금까지 받아냈다. 브리지스톤에서는 후원금 지원에만 그치지 않고 마인드드라이브의 첫 번째 차를 테스트 시설로 가져가 주행 효율을 확인해주기도 했다. 그 결과 휘발유 3.8리터당 716킬로미터 정도의 주행 효율이 나왔다.

"아이들은 자기들이 뭔가 중요한 일을 해냈다는 자긍심을 느꼈어요. 그 과정에서 기계, 기술, 팀워크에 대해서 배우기도 했고요."

이 글을 쓰고 있는 현재 마인드드라이브의 학생들은 네 번째 자동차까지 완성했다. 1999년형 롤라 챔프카, 1977년형 로터스 에스프리에 이어 1967년형 카만 기아 컨버터블까지 개조했다. 2012년에는 로터스 에스프리를 몰고 샌디에이고에서 잭슨빌까지 순회했다. 그냥 순회만 돈 것이 아니라 중간중간 충전을 위해 40차례 멈추면서 학교 단체, 실업학교, 시민 단체, 시에라 클럽(Sierra Club : 미국의 자연환경보호 단체-옮긴이) 등을 대상으로 설명회를 열기도 했다.

한편 2013년에는 또 다른 차 카만 기아를 몰고 애크런에서 워싱턴 D.C까지 순회했는데 이번에는 소셜 네트워크상의 코멘트들이 '사회적 연료'가 되어 힘을 실어주었다. 수많은 소셜 미디어에서 이 캠페인에 대해 코멘트를 달고 몇몇 나라의 뉴스 프로그램에 기사로 보도됐다. 리처드 브랜슨(Richard Branson : 영국 버진 기업의 창업자-옮긴이)과 낸시 펠로시(Nancy Pelosi : 미국의 정치인-옮긴이) 같은 공인들이 관련 포스팅을 올리기까지 했다.

현재는 일곱 개의 다른 지역 학교도 마인드드라이브에 참여하고 있다.

"이 애들이 자동차에 관심을 갖는 이유는 자동차가 자유를 상징하기 때문이에요. 인터넷에 관심이 많은 이유는 비용이 많이 들지 않는 소통 수단이기 때문이고요. 어느 순간부터 지도교사들의 추천을 받아 여러 학교의 학생들이 들어오기 시작했어요. 이제는 여기저기 입소문이 돌면서 프로그램 참여자를 선정하는 문제로 곤란할 지경입니다. 작년엔 델라살 교육센터에 찾아가 10시 30분에 체육관에서 지원자를 모집한다는 포스터를 붙였더니 전교생 180명 가운데 53명이 나왔어요. 토요일에 노는 것을 포기하고 마인드드라이브에 들어오겠다는 애들이 그렇게 많았던 겁니다.

저희 프로그램에 참여하는 아이들은 할 수 있다는 자신감을 얻으면서 스스로도 좀 놀라게 되죠. 저희는 항상 종반전을 치르듯 뭔가 비범한 것으로 일을 마무리 지으려고 합니다. 가령 전기 차로 미국을 가로지르는 식으로요. 그렇게 마무리 짓고 나면 애들은 할 수 있다는 자신감을 얻고 다른 아이들로선 그런 애들을 보며 자극을 얻습니다. 학교 복도에서 마인드드라이브 소속 아이들을 마주치면 대단하게들 바라보죠. 저희 단체 아이들은 스스로를 특별하다고 느낍니다. 학교에도 마인드드라이브 티셔츠를 입고 간다니까요."

마인드드라이브 학생들이 이뤄내는 성취는 그들 자신에게 아주 뿌듯한 기분을 안겨주기도 하지만, 또 한편으론 수년 동안 학습부진아로 치부돼 관심 밖으로 밀려나 있던 아이들이 이뤄낸 성취라는 점에서 교육적으로 유익한 측면이 더 주목된다.

"이 아이들은 학업에서 하위 20퍼센트에 들던 취약군이었습니다. 저희는 학생들을 일종의 패자부활전에 받아들이고 있는 셈입니다. 수업 초반에 학생들은 눈금자도 제대로 읽을 줄 모릅니다. 저희는 이렇게 학업 능력이 낮은 학생들에게도 변화를 일으켜주고 있습니다. 그 학생들이 지금까지와 다른 비전을 가질 수 있도록, 그러니까 열정을 찾아 삶을 놀랍게 변화시킬 수 있도록 가능성을 발견해줍니다. 저희가 가르치는 학생 중에 내내 성적이 바닥권이라 다들 그 학생이 대학에 가는 건 어림도 없다고 보던 여학생이 있었어요. 그런데 그런 여학생도 변화시켰다니까요.

학생들의 진정한 가치는 특정 영역의 중점 학습에서 확실히 나타납니다. 마인드드라이브 학생들은 거의 전반적으로 성적이 올랐습니다. 올해 최종 학년으로 올라간 학생이 12명이었는데, 그들 모두가 졸업을 했고 그중 80퍼센트는 대학에 진학했습니다. 사실 저희는 아이들이 대학에 가느냐 못 가느냐에는 별 관심이 없습니다. 지속 가능한 삶이 저희의 진짜 목표니까요. 저희는 아이들이 가족, 가정, 자동차를 갖게 해주고 싶을 뿐입니다."

▌소외된 학생을 위한 대안교육

몇 년 전에 나는 LA에서 대안교육 프로그램을 주제로 열린 회의에 참석했다. 회의에서는 낙제생이거나 아예 학교를 그만둔 청소년들의 교육을 위해 설계된 대안교육 프로그램을 주제로 기술, 예술, 공학, 지역 공동체 주도 프로젝트, 기업과 직업 프로젝트 등에 대해 논의했다. 모든 대안교육 프로그램은 저마다 차이가 있었지만 공통적인 특징도 몇 가지 있었다. 그 한 가지가 전통적 교육에 가장 적응하지 못하는 학생들에게 잘 맞는다는 점이다. 즉 학습부진아, 왕따생, 자존감이 낮은 아이, 자신의 미래에 그다지 낙관적이지 않은 아이 등 기존 교육에 적응이 어려운 청소년에게 다른 차원의 학습 체험을 안겨주고 있다.

또한 이런 프로그램은 대체로 실용적 프로젝트나 상호 지원적 공동체를 통하거나 예술작품과 공연을 통해 효과를 발휘한다. 그룹별로 협력적 활동을 펼치기도 한다. 한편 이런 대안교육 프로그램은 담당 교사와 더불어 다른 분야의 사람들, 즉 엔지니어, 과학기술자, 예술가, 뮤지션, 기업 리더 등을 멘토와 롤모델로 삼으면서 인상적인 결과를 이끌어내는 편이기도 하다.

이런 대안교육 프로그램에서는 수업 시간에 꾸벅꾸벅 졸던 학생이 눈을 말똥말똥 뜨고 수업을 듣는다. 자기가 똑똑하지 못하다고 생각했던 학생이 자신이 똑똑하다는 것을 깨닫게 된다. 뭐 하나 제대로 할 줄 모르는 것 같아 주눅 들어 있던 학생이 자신의 재능을 발견한다. 이런 과정을 거치면서 학생들은 자부심과 목적의식이 높아진다. 대체로 전통적 학습의 학업성취도 또한 향상된다. 대학 진학은 꿈도 꾸지 못할 처지라고 비관하던 아이들이 그렇지 않다는 사실을 느끼게 된다. 대학에 진학하고 싶지 않은 아이들도 삶에는 대학 진학 못지않게 보람찬 다른 진로도 있다는 사실을 깨닫게 된다.

개인적으로 특히 인상적인 점이라면 '대안교육'이라는 명칭이다. 모든 교육이 이와 같은 결과를 낸다면 대안은 필요 없을 것이라는 안타까움 때문이다. 물론 마인드드라이브 같은 대안교육 프로젝트의 성공은 별 어려움 없이 저절로 이뤄지는 것이 아니다. 어른들의 관심, 열정, 전문 지식 그리고 학생들의 신뢰, 의지, 헌신이 함께 필요하다.

마인드드라이브 학생들이 만든 자동차들이 그랬듯, 모든 프로그램과 관계가 세심하게 다뤄져야 한다. 하지만 이런 프로그램들이 생생히 보여주듯 대안교육 학생들은 학습 무능력자가 아니며 필연적으로 실패할 운명을 안고 있지도 않다. 제도 자체로부터 소외되고 과소평가됐을 뿐이다. 여전히 기존 제도 속에 머물고 있는 다수 학생들을 비롯해 그 외의 수많은 학생도 이와 같은 취급을 받고 있다. 상황이 여기까지 이른 근본적 원인은 대중 교육이 마인드드라이브를 통해 실제로 증명된 원칙과는 다른 원칙에 따라 운영되고 있는 탓이다. 그렇다면 이렇게 실증된 원칙이란 구체적으로 무엇일까? 또 공교육이 애초에 이런 지경에 이른 이유는 무엇일까?

▌대중 교육이 등장한 이유

선진국에서는 아이들이 다섯 살가량에 학교에 들어가 12년 정도 의무교육을 받는 것을 당연시한다. 학교에 들어가는 것을 도로에서 자동차가 우측(또는 좌측) 통행을 하는 것처럼 자연스러운 수순으로 여긴다. 하지만 공교육이라는 대중적 제도는 비교적 최근에 일어난 혁신이다. 대체로 유럽에서는 100여 년 전에 추진됐던 산업혁명의 일환으로 19세기 중반에야 공교육이 출현했다.

그전 시대에는 대다수 사람들이 농촌에서 땅을 일구며 살았다. 무역과 상업의 중심지였던 도시는 대체로 규모가 작았다. 16세기 유럽에서는 도시 인구가 전체 인구의 약 5퍼센트에 불과했다.[1] 농촌 인구의 대다수는 낡은 귀족사회의 봉건적 법칙에 따라 살아가고 일을 했다. 이들의 삶은 계절의 리듬에 따라, 또 신념적 의식에 따라 결정됐다. 대부분이 읽고 쓸 줄 몰랐고 먹고살기 위해 기술이나 장사를 배우는 것 외에는 교육을 거의 받지 않았다. 학교교육은 부유층과 성직자들의 전유물이었다.

그러다 산업혁명으로 모든 것이 바뀌었다. 18세기 중반부터 기술 혁신이 잇따르면서 물건과 기구의 전통적 제조법에 혁신이 일어났다. 특히 모직물과 면직물에서의 변화가 두드러졌다. 산업혁명은 강철과 금속으로 만든 완전히 새로운 종류의 제품을 등장시키기도 했다. 공작기계와 증기기관 덕분에 그 이전의 어느 시기보다 더 멀리 더 빠르게 사람과 물건을 실어 나르는 혁신적 수송 수단이 출현했다. 철도와 철제 다리가 놓이는가 하면 기계로 작동되는 선박을 타고 전세계를 누빌 수 있게 됐다. 산업화로 인해 석탄과 석유 에너지의 수요가 급등했고 이런 수요에 발맞춰 광업과 원료 정제업 분야에 새로운 산업들이 생겨났다. 농촌 인구가 공장과 조선소에서 일하기 위해 도시로 물밀듯이 밀려들었다. 공장 가동에 중요한 석탄과 광석을 캐기 위해 땅 밑으로 들어가는 이들도 있었다.

19세기에 산업혁명이 급속히 전개되면서 차츰 새로운 사회가 형성돼갔다. 이런 사회의 맨 밑바닥에는 남녀 성인과 아동으로 구성된 도시의 새로운 노동계급이 있었다. 육체노동을 팔아 산업주의의 거대한 기계로 전락한 이들 노동계급은 대개 극심한 빈곤, 건강 악화, 비명횡사할 위험 등을 떠안은 채 냉혹한 환경 속에서 일하며 살아갔다. 이들은 산업주의의 이름 없는 보병 부대나 다름없었다.

한편 노동계급과 구시대 귀족계급 사이에 새로운 '중산계급'이 등장했다. 중산계급은 새로운 경제 속에서 번창한 계급으로, 회사의 소유주나 고용주, 변호사, 의사, 회계사, 기업가, 투자가, 금융가 등이 여기에 속했다. 이들 중산계급은 재능과 의지력을 발판 삼아 가난을 딛고 성공한 경우도 더러 있었지만 전반적으로 개인이나 집안 차원에서 야심이 대단했고 그 야심을 실행할 만한 돈과 수단도 갖추고 있었다. 각자 이유는 달랐으나 노동계급과 중산계급 모두 국민의 통치 방식에 대해 더 높은 발언권을 얻기 위해 정치적 압력을 차츰 높여나갔다. 그리고 이 과정에서 구시대 귀족계급의 봉건적 통제력이 줄어들면서 새로운 정치 질서가 자리잡히기 시작했다.

이러한 흐름 속에서 유럽과 북미 전역에 상업, 무역, 기술, 예술, 과학 간의 아이디어 교류 등을 촉진하기 위한 단체들이 무수히 생겨났다. 그와 동시에 건강, 교육, 사회복지 프로그램을 통해 대체로 비참한 환경에 놓여 있는 노동계급의 고통을 덜어주기 위한 새로운 자선사업 단체들도 생겨났다.

이 와중에 체계적인 대중 교육제도에 대한 요구도 높아졌다. 중산계급에게서 나오는 세수(稅收)와 중산계급의 날로 높아져가는 구매력 덕분에 대중 교육의 비용 충당이 가능했고 이런 대중 교육제도의 형성에는 여러 가지 영향력이 작용했다.

▍대중 교육의
산업적 목표

당시에는 산업화에 따라 탄광, 공장, 철로, 조선소 등에서의 반복적이고 고된 노동을 해줄 노동직 근로자가 대거 필요했다. 엔지니어링을 비롯해 채광, 제조, 건설과 관련된 모든 일과 기술에 숙련된 기술직 근로자들도 필요했다. 거래나 제조와 관련된 번거로운 관리 업무를 처리할 새로운 사무직 및 행정직 근로자들도 필요했다. 금전적 여유가 되는 이들에게 전문 서비스를 제공할 변호사, 의사, 과학자, 학자 등 소집단의 전문직 계급도 있어야 했다. 한편 식민지에 대한 이해관계가 높았던 일부 산업국가, 특히 영국에서는 국내외의 제국적 사업을 지휘할 외교관, 대사, 공무원 같은 훨씬 소집단의 지배층이 필요하기도 했다.

애초부터 대중 교육은 사회적 목적성도 높았다. 미국에서는 민주주의의 안녕을 위해 교양 있는 시민을 양성하고자 했다. 토머스 제퍼슨은 이렇게 말했다.

"문명국가에서 국민들이 무지하면서도 자유롭게 살기를 바란다면 그것은 존재한 적도 없고, 앞으로도 존재하지 않을 삶을 기대하는 것이다."[2]

이렇듯 대중 교육을 사회 통제의 한 방법으로 보는 사람도 있었지만 대다수 사람들에게 교육은 사회적 기회와 공평성을 촉구하는 수단이었다.

대중 교육의 구조와 구성 원칙 속에는 이 모든 이해관계가 확연히 깔려 있다.

▌산업주의
교육 구조

산업주의에서는 대학 졸업자보다 육체 근로자가 더 많이 필요했다. 그에 따라 대중 교육은 피라미드 형태가 되었다. 즉 전 국민을 대상으로 하는 의무 초등교육을 받은 계층이 맨 밑바닥 부분에 넓은 층을 이뤘고 중등교육을 받은 집단과 고등교육을 받은 최정상 집단이 더 소집단을 이루며 그 위에 자리 잡았다.

초등학교에서는 읽기, 쓰기, 산술을 중점적으로 가르쳤다. 중등학교의 경우 대다수 국가에서 주로 학문적 커리큘럼을 가르치는 학교와 실용적 커리큘럼에 치우친 학교로 구분됐다. 예를 들어 독일에서는 기술직에 종사하려는 아이들을 위한 하우프트슐레(hauptschule), 은행업 같은 사무직 일자리를 원하는 아이들을 위한 레알슐레(realschule), 대학 진학을 꿈꾸는 학생을 위한 김나지움(gymnasium)으로 구성돼 있다. 한편 영국 정부는 1944년에 중등학교를 세 가지 형태로 구성했다. 대학 진학과 더불어 행정직이나 전문직 일자리를 원하는 소수의 학생을 가르칠 특성화 그래머스쿨, 기술직에 적성이 맞을 만한 아이들을 위한 공업학교, 노동직에 맞을 만한 그 나머지 학생을 가르치는 모던스쿨이다.

산업 시대에는 대다수의 청소년이 14세 전에 학업을 중단하고 주로 육체노동과 서비스직에 종사했다. 내 조부모 세대와 부모 세대 때까지도 그랬다. 그 외 일부만이 사무직이나 기술직의 직업훈련을 받거나 견습생으로 들어갔고 대학에 진학해 전문직 자격을 취득하는 경우는 아주 소수에 불과했다. 우리 집안에서도 1968년에 내가 처음으로 대학에 진학했다. 당시엔 좋은 대학을 나오고 집안이 좀 받쳐줘야만 정부에 자리를 얻기가 수월했다. 나는 그런 경우에는 해당되지 못했다.

▌학생을 틀에
맞추려는 의도

산업 제조의 목적은 똑같은 상품을 동일한 형태로 생산하는 것이다. 동일하지 않은 물건은 버려지거나 재가공된다. 대중 교육제도도 학생들을 특정 조건의 틀에 짜 맞추려는 의도로 설계됐다. 그런 탓에 모든 학생이 제도를 통과하지는 못하며, 일부는 그 제도로부터 퇴짜 맞고 있다.

산업적 방법에서는 특정 규칙과 표준에 따른 획일성을 요구한다. 이런 원칙이 현재까지도 여전히 교육에 적용되고 있다. 표준화운동만 해도 커리큘럼, 지도법, 평가에 대한 순응을 바탕으로 삼고 있지 않은가.

산업적 방법은 '선형(線形) 구조'를 띤다. 원재료가 연속적 단계를 통해 상품으로 만들어지고, 각각의 단계마다 다음 단계로 이어지는 관문으로서 일정 형태의 테스트를 거친다. 대중 교육도 일련의 단계로 설계돼 초등학교에서부터 고등학교를 거쳐 그 상위 단계의 교육까지 쭉 이어진다. 학생들은 전형적으로 출생일에 따라 별개의 학년으로 나뉘어 일괄적인 제도에 따라 진학한다. 국가마다 차이가 있긴 하지만 대다수 제도가 정기적인 시험을 통해 학생별로 학습 진로를 정하기도 한다.[3]

산업 생산은 '시장 수요'와 결부돼 있다. 시장 수요가 높아지거나 낮아지면 제조업자는 그에 맞춰 생산량을 조정한다. 산업 경제에서는 행정직과 전문직 근로자가 비교적 소수만 필요했기 때문에 대학 정원이 엄격히 통제됐다. 반면에 현재는 지적 근로자에 대한 수요가 높아지면서 대학 진입의 문이 활짝 열리고 대졸자가 사회로 진입하는 물결이 증가 추세다. 현재 STEM이 중시되는 추세 또한 교육에 시장 원리가 적용되는 또 하나의 사례다.

학교, 특히 고등학교와 고등교육은 공장에서 흔히 그렇듯이 '분업' 중심의 구조로 짜여 있다. 고등학교는 일과가 대개 일정 간격으로 나뉘어 있다. 종이 울리면 모든 학생이 다른 과목을 공부하거나 종종 교실을 바꿔 다른 수업을 받는다. 교사들은 특정 과목을 담당해 하루 종일 이 학급 저 학급을 가르친다.

이런 원칙은 상품을 제조하는 분야에서는 효과적일지 몰라도 사람을 교육하는 분야에서는 온갖 문제를 유발하기 십상이다.

▌왜 획일성이 문제인가

교육의 획일성이 문제되는 이유는 사람들이 애초부터 표준화돼 있지 않다는 사실 때문이다.

분명히 밝혀두지만 나는 학교의 획일성에 맞서기 위해 반사회적 행동을 하는 것은 지지해줄 수 없다. 모든 지역 공동체는 합의된 행동 관례에 의존하는 만큼 사람들이 끊임없이 이 관례를 어길 경우 지역 공동체의 존폐 자체가 위협받는다. 내가 획일성에서 지적하고 싶은 부분은 교육에서의 제도화된 경향, 즉 하나의 표준 능력으로 학생들을 판단하고 그 표준에 미치지 못하는 학생들을 '저능아'나 '부진아'라는 낙인을 찍으며 정상이 아닌 것으로 취급하는 경향이다. 이런 의미에서 획일성에 맞설 대안은 사회 분열을 묵과하는 방식이 아니라 다양성을 살리는 방식이 되어야 맞다. 학생들은 저마다 다른 재능을 지니고 있으므로 여기에 맞춰 재능의 육성 방법도 다양화시켜야 한다.

사람은 누구나 독특한 존재다. 우리는 모두 신체, 재능, 성격, 관심사가 저마다 다르다. 획일성이라는 편협한 관점을 들이대면 필연적으로 제도로부터 퇴짜 맞거나 구제 대상자로 낙인찍히는 비순응자들이 다수 양산되게 마련이다. 제도의 틀에 부응하는 사람은 잘될 가능성이 높지만 그러지 못하는 사람은 그럴 가능성이 낮아진다.

이것은 교육에서 엄격한 획일성 문화를 촉진함으로써 일어나는 주요 문제점의 하나다. 여기에서 강조하고 싶은 것은 사회적 행동의 표준에 대한 문제가 아니다. 그보다는 학생들에게 질문을 하도록 하고 대안적이고 참신한 답을 찾으며 자신의 창의력과 상상력을 발휘하도록 장려하는 것과 그 방법에 대한 문제다. 엄격한 획일성은 상품의 제조에는 절대적으로 필요하지만 사람의 경우엔 다르다. 단지 우리의 외모와 체격이 모두 제각각이라는 이유 때문만이 아니다. 우리 인간은 적절한 환경만 갖춰진다면 상상력과 창의력이 대단히 풍부해지기 때문이기도 하다. 획일성의 문화에서는 이런 상상력과 창의력이 적극적으로 억제되며, 심지어 괘씸하게 여겨지기까지 한다.

선형 원칙은 제조 분야에서는 효과적이지만 사람에게 대입하면 그렇지 못하다. 연령별로 아이들을 교육시키는 것은 아이들의 가장 중요한 공통점이 '제조일'이라는 가정에 따르는 셈이다. 하지만 학생마다 학과별로 배우는 속도가 다르다. 어떤 학과에서는 타고난 재능을 가진 아이가 다른 학과에서는 고전을 면치 못하는 경우가 있다. 어떤 학과에서는 고학년의 아이들과 대등하면서 또 어떤 학과에서는 저학년의 아이들보다 처지는 경우도 있다. 생각해보면 우리는 학교 밖에서는 이런 일괄적 원칙을 적용하지 않는다. 모든 10세 아이들과 9세 아이들을 별개의 공간에 따로 따로 분리시켜놓지 않는다. 유독 학교에서만 이렇게 분리시켜놓는다.

수요와 공급의 원칙은 인간의 삶에서도 똑같이 통하지 않는다. 삶 자체가 선형적이지 않기 때문이다. 중년 이상의 사람들에게 한번 물어봐라. 고등학교 시절 생각하던 그대로 살고 있느냐고. 그렇다고 대답하는 사람은 만나기 힘들 것이다. 우리가 살아가는 삶은 갖가지의 흐름과 역류, 그것도 대부분이 미리 예측할 수 없는 흐름과 역류가 만들어내는 결과물이다.[4]

▌실제적 비용을
누가 지불하는가

산업적 과정은 최종 제품과 무관한 원재료의 가치는 간과하는 것이 보통이다. 이는 교육에서도 마찬가지다. 특정 과목과 능력에 치중하면서 학생들의 저마다 다른 재능과 관심사를 제도적으로 과소평가한다. 그 바람에 필연적으로 많은 사람이 학교에서 자신의 진짜 재능을 발견하지 못한다. 그 결과로 삶의 질이 저하되기도 한다.

산업적 과정은 대체로 막대한 양의 폐기물과 질 낮은 부산물을 만들어낸다. 교육도 마찬가지다. 앞에서 살펴봤듯이 중도 포기, 낮은 자존감, 제도 내에서 성공하지 못하거나 재능을 인정받지 못한 이들의 고용 기회 제한 등이 그런 사례에 속한다.

산업적 과정은 환경에 비극적 문제를 초래하기도 한다. 게다가 이런 문제의 해결은 대체로 제3자의 몫이 되고 만다. 경제학자들이 이른바 '외부효과(한 사람의 행위가 제3자의 경제적 후생에 영향을 미치지만 그에 대한 보상은 이뤄지지 않는 현상-옮긴이)'라고 부르는 현상이 빚어지는 것이다. 현재 화학물질과 유독성 폐기물이 강과 바다로 흘러들어 환경을 오염시키고 섬세한 생태계를 손상시킨다. 공장과 자동차에서 뿜어 나오는 매연은 공기를 탁하게 하고 그 공기를 들이마시는 사람들에게 여러 가지 건강 문제를 일으킨다. 이런 문제를 정리하는 비용은 수십억 달러에 이르기도 한다. 하지만 그 비용을 지불하는 것은 대체로 생산자들이 아니라 납세자들이다. 생산자들은 폐기물을 자신들의 문제로 여기지 않는다. 교육에서도 마찬가지다.

현재의 교육제도에서는 표준화된 교육과 시험 중심의 제도에 적응하지 못하는 학생들이 학교를 뛰쳐나갈 여지가 있다. 그에 따라 실업급여 등 사회복지 프로그램에 들어가는 비용은 그들 자신과 제3자의 몫이 된다. 이런 문제는 표준화교육이 뜻하지 않게 낳은 부산물이 아니라 이런 제도 자체의 구조적 특징이다. 애초에 교육제도는 재능과 경제적 필요성에 따라 사람들을 처리하기 위해 설계됐고 그런 설계 관점상 승자와 패자가 나올 수밖에 없는 구조다. 그리고 실제로 그렇게 되고 있다. 이런 외부효과 문제는 교육의 방향에 따라서 대다수 피할 수 있다. 학생들이 자신의 진짜 재능을 발견하고 최선의 삶을 일굴 수 있도록 교육이 정말로 모든 학생에게 똑같은 기회를 마련해준다면 가능하다.

이처럼 산업적 원칙이 교육에서는 효과가 없다면, 어떻게 해야 할까? 교육이 어떤 제도가 되어야 하고, 어떻게 변화될 수 있을까? 이런 혁신을 구상해보는 한 가지 방법은 바로 상징 모델을 바꾸는 것이다. 교육을 예전에는 잘 돌아갔지만 지금은 그렇지 못한 기계적 과정으로 생각할 경우엔 개선 방법에 대해 잘못된 가정에 빠지기 쉽다. 기계처럼 미세 조정해서 적절한 방식으로 표준화하면 영구적으로 잘 굴러갈 것이라는 오류에 빠질 수 있는 것이다. 일부 정치인들이 아무리 그렇게 되길 바란다 해도 교육은 그런 식으로 되는 것이 아니다.

▎기계론과 유기체

『엘리먼트』에서도 소개한 적
이 있지만 이 자리에서 다시 한 번 꺼내고 싶은 얘기가 있다. 영국
중부의 그레인지초등학교 교장으로 취임해 '그레인지턴' 건설에
일조한 리처드 거버의 이야기다. 그레인지턴은 학생들이 이런저런
'직업'을 직접 체험해보는 교내의 워킹 타운(working 'town')으로서
이 학교 학생들은 이 워킹 타운에서의 활동을 통해 심화된 중점적
학습을 할 뿐만 아니라 몰입도 높은 학습 체험을 누리고 있다.[5]

리처드가 취임했을 당시 그레인지초등학교는 수년간 학업 성적
이 평균 이하에서 맴돌았고 입학생의 수도 점점 줄고 있었다. 평판
도 형편없는데다 전반적으로 위기 상황이라서 급기야 기본으로 돌
아가야 한다는 얘기들이 많은 사람의 입에서 흘러나오고 있었다.
리처드 역시 이런 생각을 했지만 그가 생각하는 기본은 다른 이들
과는 달랐다.

"제가 말하는 '기본'이란 선천적인 생물학적 재능을 가리킵니다.
다시 말해 태어나는 순간부터 우리를 놀라운 학습 유기체로서 세상
에 내보내주는 그런 생물학적 재능 말입니다. 우리는 우리에게 필
요한 모든 기술, 그러니까 모든 기본을 갖추고 태어납니다. 갓난아
기와 어린아이들은 놀라울 만큼 직관적이고, 창의성이 자연스럽게
발휘되고, 호기심도 왕성합니다. 그레인지초등학교를 어떻게 해야
할지 고민하던 당시에 제가 집착했던 문제는 그런 선천적 학습 능
력에 대한 것이었습니다. 선천적 학습 능력의 활용 방법을 과연 찾
아낼 수 있을지, 또 제도의 어떤 부분이 그런 학습 능력을 억누르는

지에 대한 고민이었죠. 그 문제만 해결할 수 있다면 아주 놀라운 학습 환경을 만들 수 있을 것 같았습니다.

그래서 저희는 결심했습니다. '어린아이들의 학습 방법을 지켜봅시다. 놀이방과 아동 시설의 아이들을 관찰해보면서 그런 행동을 우리 학교 아이들에게도 촉진시킬 방법을 찾아봅시다.' 그렇게 관찰해보니 확실히 아이들은 선천적으로 역할 놀이와 체험 학습에 몰입하는 경향이 있더군요. 뭔가를 직접 맛보고 냄새 맡고 눈으로 보면서, 또 그것을 열심히 따라 해보면서 아주 효과적인 학습을 하고 있었어요. 제 개인적으론 이런 학습법을 입체적 학습이라고 부르고 있죠."

이처럼 덜 조직적인 유치원 환경의 역동적 학습 형태를 따르고 싶다는 바람이 바로 그레인지턴의 창설에 도화선이 되었다.

"저희는 TV와 라디오 방송국들과 협력해 타운(마을)을 세웠습니다. 방송국 타운이야말로 유치원생만이 아니라 모든 아이들이 멋지게 느낄 만한 역할 놀이의 환경이었기 때문입니다. 유치원 아이들에게 자신의 몸에 대해 알려줄 때 의사와 간호사 놀이를 시키는 것에 착안해서 저희는 이렇게 생각했습니다. '아이들에게 읽기와 쓰기 그리고 언어 능력의 중요성을 이해시키기 위해 TV 방송국과 라디오 방송국의 환경을 꾸며주면 어떨까? 그런 능력을 획득해서 실제 상황에서 놀이를 해볼 수 있도록 말이야.' 11세 아동들도 5세 아동이 의사 놀이를 할 때만큼 그런 상황극에 신나 했어요. 그 뒤로 저희는 체험과 상황을 다양하게 확대하는 일에 매진하게 되었죠."

그다음 문제는 이런 아동들의 막대한 역량을 제대로 평가하는 일이었다. 단순히 놀이의 재미만을 원하는 아이와 그 이상을 원하는 아이를 가려내야 했다.

"이런 체험 환경의 밑바탕에는 역량 개발이라는 명확한 목표가 깔려 있습니다. 저는 팀워크, 유연성, 자신감, 공동체 책무를 길러주려면 그런 역할 놀이 중심의 체험을 어떤 식으로 다뤄야 할지 탐구해보고 싶었어요."

그레인지턴을 통한 혁신의 결과는 모든 단계에서 확실하게 나타났다. 학교에 가기 싫어했던 학생들이 어느새 그레인지턴 활동에 푹 빠져들며 열의를 보이게 되었다. 게다가 그레인지초등학교의 전반적 성과는 모든 기대치를 훌쩍 넘어설 정도로 향상됐다. 3년이 조금 넘었을 무렵 그레인지초등학교는 해당 교육구에서 가장 성적이 낮고 가장 인기 없는 학교에서 벗어나 최상위권 학교로 도약했다.

"저희 그레인지초등학교의 학업 성적은 상위 5퍼센트에 듭니다. 저희 학교 아이들과 교직원들은 보통의 학교보다 더 힘들고 고된 노력을 해야 했지만 누구 하나 투덜거리는 사람이 없었어요. 실제적인 효과를 느낄 수 있었기 때문이죠. 교육적 노력의 강도가 아주 높았는데도 모두가 100퍼센트 몰입했어요."

그레인지초등학교의 혁신은 내 주장의 핵심적인 논점 세 가지를 보여준다. 즉 현행 교육제도 내에서도 과감한 혁신을 유도해낼 여지, 변화를 향한 비전 있는 리더십의 영향력, 학생들이 실력을 펼치며 최선을 다할 만한 환경을 조성해주고 싶어하는 교장과 교사들의 욕구가 모두 담긴 사례.

사실 지금까지 살펴본 사례들 모두가 이런 논점을 증명해주고 있다. 이 세 가지 외에 한 가지를 더 증명해주기도 한다. 정치인들이 때때로 산업적으로 취급하고 있다고는 해도 교육은 산업적 과정이 아니라 유기체적 과정이다. 다시 말해 교육은 무생물이 아니라 살아 있는 사람을 다루는 문제라는 것이다. 학생들을 상품이나 자료상의 점수로 생각하면 바람직한 교육상을 잘못 해석하게 된다. 나사에서부터 비행기에 이르기까지 상품은 자신이 어떻게 생산되는지에 대해서나, 자신에게 어떤 일이 일어나는지에 대해 의견이나 감정을 갖지 않는다. 하지만 사람은 다르다. 사람은 동기, 감정, 환경, 재능을 갖는다. 자신에게 일어나는 일에 영향을 받으며 그에 따라 곧바로 삶에 영향을 미친다. 반발하거나 협력하는가 하면, 귀를 기울이거나 기울이지 않기도 한다. 따라서 대중 교육과 산업주의 간의 관계에 대해 더 면밀히 짚고 넘어갈 필요가 있다.

지금까지 나는 교육을 상품 생산과 비교했다. 이런 비교에 대해 냉소적으로 여기는 독자도 있을지 모른다. 학생은 기계 부품이고 학교는 공장이라고 생각하는 사람이 어디 있느냐면서 말이다. 그렇게 생각하는 사람이 있을 수도 있고, 없을 수도 있다. 어느 쪽이든 간에 산업적 교육에 대한 적절한 유추 모델은 산업적 농업이라는 것이 내 생각이다.

산업혁명은 제조업만이 아니라 농업에도 혁신을 가져왔다. 앞에서도 언급했듯 산업혁명 이전에는 대다수 사람이 농촌에서 살았다. 대부분은 땅을 터전으로 일하면서 자급이나 지역의 소비를 위해 농작물을 재배하고 가축을 키웠으며, 그 방식도 과거 수세대 동안의 방식 그대로였다. 18세기에 들어와 모든 것이 변화하기 시작했다. 기계식 쟁기와 탈곡기를 비롯해 목화, 사탕수수, 옥수수 같은 농작물 가공용 기구가 발명되면서 농촌에서도 도시의 산업적 격변에 뒤지지 않을 정도의 광범위한 격변이 일어났다. 산업화에 힘입어 농작물의 종류를 막론하고 파종, 수확, 가공 작업의 효율성이 크게 높아졌다. 20세기에 이르러서는 화학비료와 살충제가 보급되면서 농작물 생산량과 생산성이 대폭 높아졌다. 한편 산업적 농경과 식량 생산에서의 이런 혁신들은 결과적으로 인구의 폭발적 증가에 일조하기도 했다.

산업적 농업의 주요 목표 한 가지는 농작물과 축산물의 생산량 증가다. 지금까지 이런 목표는 화학비료와 살충제를 써서 넓은 땅에 단일 품종의 작물을 재배하는 농장의 개발을 통해 성취됐다. 수확량의 관점에서 보면 극적인 성공이며 덕분에 인류는 막대한 혜택을 입어왔다. 하지만 수많은 산업적 과정이 그렇듯 이런 성공 역시 높은 대가를 치르며 얻은 것이었다.

살충제와 비료가 강과 바다로 흘러들면서 심각한 오염을 일으키고 있다. 곤충의 무차별적 학살로 인해 생태계 전체의 균형이 무너지면서 레이첼 카슨(Rachel Carson)이 『침묵의 봄』[6]에서 경고한 것처럼 봄을 알리는 새소리가 사라져버린 심각한 생태계 파괴가 초래될 위험에 처해 있다. 전세계적으로 토양의 질이 악화되면서 농작물 생산의 측면에서 대가를 치르고 있고, 현재는 경작의 지속 가능성이 심각한 문제로 대두돼 있다.

축산물의 산업적 생산도 마찬가지다. 산업적인 공장형 농장이 산업화 이전의 방목을 대체하면서 현재는 최소의 비용으로 최대의 생산을 지향하는 환경 속에서 막대한 수의 가축이 축사 안에서 길러지고 있다. 게다가 가축의 몸집을 불리고 가치를 높이기 위해 성장 호르몬의 사용도 보편화돼 있다. 사육 환경이 너무 비자연적이다 보니 축산업은 질병 통제를 위해 강력한 항생제에 점점 더 의존하는 추세이며, 이런 산업적 기술은 인간의 건강에까지 악영향을 미치고 있다.[7]

이에 따라 특히 지난 30년간 대안적 방법으로서 유기농업을 실행하는 움직임이 확산됐다. 유기농업에서는 농작물이 아니라 토양 자체를 돌보는 쪽에 중점을 맞춘다. 또한 산업적 농업과는 근본적으로 다르게 모든 농작물 생산이 토양의 생명력과 장기적 지속 가능성에 좌우된다는 점을 인식하고 있다. 다시 말해 생태계가 다양성을 지키며 잘 관리되면 수확량과 함께 농작물의 건강도 향상되기 마련이라는 이해를 바탕으로, 농업을 더 광대한 생명 그물의 일부로 바라보려 한다. 이와 똑같은 접근법이 축산에서도 나타나고 있다. 유기농업은 여러 가지 형태로 다양하게 실행되고 있지만 그 중심에는 다음의 네 가지 근본 원칙이 자리 잡고 있다.[8]

건강

토양에서부터 동식물과 지구 전체에 이르기까지 농경과 연관돼 있는 세상 만물의 건강 역시 중요한 문제이므로 어떤 식으로든 세상 만물의 건강과 행복을 위태롭게 하는 농경은 피해야 한다.

생태 환경

농경의 실천 과정은 생태계와 생태 사이클에 조화돼야 하므로 생체 시스템의 균형과 상호의존을 지키는 것이 아주 중요하다.

공평성

농경 과정과 연관된 모든 관련자, 즉 농장주에서부터 농장 인부와 소비자에 이르기까지 모든 사람이 공평한 대우를 받아야 한다.

배려

신기술이나 신기법은 무엇이든 간에 현재와 미래의 생체 환경에 미칠 영향들을 충분히 고려한 이후에 활용돼야 한다.

산업적 농업과 마찬가지로 산업적 교육에서도 생산성과 수확이 중요시돼왔고 현재는 그 강도가 더 높아지는 추세다. 그리하여 시험 결과 향상, 국제적 성적표에서 상위권 점유, 졸업생 수 높이기 등을 강조한다.

또한 산업적 농업이 그렇듯이 학생도 교사도 성장을 방해하는 환경에 갇혀 있다. 학생들이 따분함과 불만에 빠지는 경우가 너무 빈번해지자 인위적으로 집중력을 유도하는 약물을 활용하는 프로그램이 점점 늘고 있기까지 하다. 한편 외부효과의 비용은 참혹하도록 높은 수준인데다 하루하루 지날수록 점점 늘어나고 있다. 산업적인 학교교육제도는 한동안은 효과를 거뒀지만 현재는 제도 자체도, 그 제도 안에 갇힌 수많은 사람도 피폐해진 상태다. 그리고 그에 따라 우리는 학습 문화의 쇠퇴라는 대가를 치르고 있다.

진정으로 교육을 개선하려면 반드시 이해해야 할 부분이 있다. 교육 역시 살아 있는 제도라는 점과 사람은 성장 환경에 따라 잘 자라기도 하고 그러지 못하기도 한다는 점이다. 유기농업의 네 가지 원칙을 다음과 같이 교육에 대입해보면 우리가 시급히 육성해야 할 교육에 대한 그림이 그려진다.

건강

유기적 교육을 통해 모든 학생의 지적, 신체적, 정신적, 사회적 성장과 행복을 촉진시킨다.

생태 환경

유기적 교육은 이와 같은 성장의 측면들이 학생 각자의 내면에서나 지역 공동체 내부에서 서로 불가결한 상호의존 관계에 있음을 인정한다.

공평성

유기적 교육은 각자의 배경에 상관없이 모든 학생의 개인적 재능과 잠재성을 육성해주며, 함께 노력하는 이들의 역할과 책임을 존중한다.

지금까지 우수 명문 학교들은 예외 없이 이런 원칙을 실천해왔다. 모든 학교가 이 원칙을 실천한다면 우리에게 필요한 혁신이 시작될 것이다. 어쨌든 우리가 직면한 과제는 몰입 학습을 희생시켜 학교의 성과를 높이는 것이 아니다. 학교 문화에 활력을 불어넣어 살아 있는 문화로 끌어올려야 한다. 그것이 바로 위의 원칙들에 담긴 본질이다.

그런 학교 문화를 실현시키려면 무엇을 교육의 기본 목적으로 삼아야 할까? 내 생각에는 경제적, 문화적, 사회적, 개인적 목적의 네 가지다. 그러면 지금부터 하나씩 짚어보자.

경제적 목적

교육은 학생들이 경제적으로 책임감 있고 독립적인 사람으로 성장할 수 있게 해줘야 한다.

교육은 그 자체가 중요하다면서 학교에서의 학업이 기업과 경제의 필요성 같은 '외부적' 관심사에 영향을 받아서는 안 된다는 주장이 종종 제기된다. 이것은 순진한 생각이다. 대중 교육은 언제나 경제적 목적을 띠어왔고 마땅히 그래야 한다. 그렇다고 해서 교육의 목적이 경제적 목적밖에 없다는 말은 아니다. 하지만 개인의 입장에서나 지역 공동체와 국가의 입장에서나 교육의 경제적 중요성을 부정할 수는 없다.

정부가 교육에 막대한 투자를 하는 이유는 경제적 번영을 위해서는 교육받은 노동력이 꼭 필요하기 때문이다. 학생과 학생의 가족들도 이 점을 잘 알고 있다. 인도에서 빈곤층 가정의 80퍼센트가 소득의 3분의 1을 교육비로 지출하면서 식비와 주거비 다음으로 교육비를 중시하는 것도 그 때문이다. 다른 나라의 부모나 인도의 부모나 자식들이 교육을 통해 직업을 얻고 경제적으로 자립할 수 있기를 기대하는 마음은 같다. 나 또한 다르지 않다. 내 자식들이 빨리 경제적으로 자립하기를 얼마나 바라는지 모른다. 현재는 직업의 세계가 극심하게 변하고 있다. 그렇다면 경제적으로 자립하기 위해 학생들에게 어떤 교육이 필요한지 고민해봐야 하지 않을까?

현행 교육제도가 설계의 초점으로 삼았던 직업 가운데 상당수가 빠르게 사라지고 있다. 한편 새로운 형태의 일자리가 속속 등장하고 있으며 특히 디지털 기술의 혁신적 영향에 따라 생겨난 일자리가 많다. 현재의 학생들이 5년이나 10년, 또는 15년 후에 직업을 가진다면 어떤 일을 하게 될지 예측하기가 불가능에 가깝다.

최근에는 학교가 '21세기형 역량'을 촉진시키기 위해 무엇이 필요한지에 대해 많은 논의가 이어지고 있다. 한 예로 미국의 19개

주와 33개 기업 파트너로 구성된 'P21(Partnership for 21st Century Skills)'에서는 커리큘럼에 대해 폭넓게 접근할 것과 학습에 다음의 부문을 포함시킬 것을 권장하고 있다.'

두 가지 이상의 분야에 걸치는 이분야(異分野) 통합 주제

- 국제적 의식
- 금융·경제·비즈니스적 기업가 관련 상식
- 시민으로서의 상식
- 건강 상식
- 환경 상식

학습 역량

- 창의성과 혁신성
- 비판적 사고와 문제 해결 능력
- 소통과 협력

삶과 직업 관련 역량

- 유연성과 적응력
- 진취성과 자기주도성
- 사회적 역량과 다문화적 역량
- 생산성과 책임감
- 리더십과 신뢰성

이 역량 가운데 몇 가지에 대해서는 나중에 살펴볼 생각이지만 지금 확실히 얘기하고 넘어갈 부분이 있다. 이 역량들이 단지 '21세기만의 역량'은 아니라는 점이다. 21세기의 막이 오르기 훨씬 전부터 수많은 학교와 교육자가 이와 같은 역량의 육성을 실천하고 권장했다. 한마디로 예전부터 줄곧 중요한 역량이었고 요즘에 훨씬 더 중요해졌을 뿐이다. 표준화운동 역시 이런 역량을 지지하고 있지만 지금껏 학교에 장려해온 방법으로는 이런 역량들에 자리를 내어주지 못한다. 지금 당장 수행해야 할 새로운 과제는 청소년에게 지속 가능성이나 환경 복지와 관련된 국제적 경제 쟁점에 동참하게 하는 교육을 마련하는 일이다. 세계의 천연자원을 고갈시키고 파괴하는 경제활동보다는 천연자원의 보전과 재생에 힘을 보태는 그런 형태의 경제활동을 지향하도록 장려해야 한다.

학교가 교육의 경제적 목적에 제대로 관여하기 위해서는 청소년의 재능과 관심사를 아주 다양하게 길러줘야 한다. 학업과 직업훈련 사이의 경계를 없애고 두 분야를 똑같이 중요시해야 한다. 또한 청소년들이 여러 종류의 직업 환경을 직접 체험해보도록 직업 세계와의 실용적 파트너십을 촉진해야 한다.

문화적 목적

교육은 학생들이 자신이 속한 문화를 이해하고 소중히 여기는 동시에 다른 문화의 다양성을 존중하게 이끌어야 한다.

사람은 일상적으로 접촉하면서 서로 생각과 행동 방식에 깊은 영향을 주고받는다. 단결된 인간 공동체는 예외 없이 공통의 관습과 가치관을 발전시킨다. 문화를 발전시키는 것이다. 내가 생각하는 문화란 서로 다른 사회집단을 구별 짓는 가치관과 행동양식이다. 더 간단히 말해서 '문화는 우리가 속해 있는 주변의 행동 방식'이다.

공동체의 문화는 서로 얽혀 있는 요소들이 많다. 신념 체계, 법적 관행, 직업 패턴, 용납되는 관계의 형태, 먹거리, 의복, 예술적 관행, 언어와 사투리 등등 여러 요소가 서로 얽혀 있다.

문화는 이런 요소들이 서로 상호작용하며 명맥이 이어진다. 또한 문화에는 대체로 수많은 하위문화가 존재한다. 전체 문화 속에서 이런저런 측면만 향유하거나 주류문화와 거리를 두고 지내는 개인이나 집단이 있다. 악명 높은 오토바이 갱단인 헬스 에인절스(Hell's Angels)도 그렇다. 부르주아사회를 상징하는 부산물은 거부하면서도 할리스 오토바이와 고속도로를 이용해 주류문화 일부는 탐닉하는 동시에 거리를 두는 별난 경우이지만.

현재도 고립된 부족이 있기는 하다. 하지만 이런 부족처럼 공동체가 오랜 시간 물리적으로 격리돼 있는 경우가 아니라면 문화는 다른 문화와의 상호작용을 통해 영향을 받는다. 오늘날의 세계는 점점 붐비고 점점 연결되면서 문화적으로 점점 복잡해지고 있다. 최근에 인터넷에서 읽었던 짤막한 글이 생각난다. 요즘 영국인의 삶에 대한 글이었다.

"영국인으로 산다는 것은 독일 차를 몰고 집에 가다 중간에 차를 세우고 인도 카레나 이탈리아 피자를 산 다음 저녁에는 스웨덴 가구에 앉아 벨기에 맥주를 마시고 일본 TV로 미국 프로그램을 시청하는 것이다. 그런데 가장 영국적인 특징이 뭔지 아는가? 외국산이면 뭐든 의심하는 것이다."

성인보다 아이들이 특히 그렇지만 사람들은 보통 여러 문화 공동체와 하위문화 공동체 사이를 오간다. 학생 인구 70만 명으로 미국에서 뉴욕 시에 이어 두 번째로 큰 교육구인 LA통합교육구(Los Angeles Unified School District, LAUSD)의 경우를 보자. LA통합교육구는 대략 전체 학생 가운데 73퍼센트는 히스패닉계, 12퍼센트는 아프리카계, 9퍼센트는 백인, 4퍼센트는 아시아계, 2퍼센트는 필리핀계다. 그렇다 보니 LA통합교육구의 학교에서 사용되는 언어는 92개에 달하며 학생의 3분의 2 이상에게 영어는 제2언어다.

문득 1970년대 내가 런던대학교에 다니던 당시 내 박사 논문 지도교수였을 뿐만 아니라 뛰어난 스승이자 사회운동가이자 저명한 영문학 교수였던 해럴드 로젠(Harold Rosen)이 생각난다. 당시에 런던 소재 학교들의 언어적 다양성을 주제로 열렸던 회의가 끝나고 해럴드 교수와 얘기를 나눈 적이 있었다. 그 회의에서 나왔던 어떤 불만 사항이 화제였다. 학교에서 아이들이 쓰는 언어가 너무 많아서(내 기억에 당시 사용되던 언어는 80여 개였다) 일하기가 너무 힘들다며 누군가 불만을 토로했다. 이를 전해 들은 해럴드는 언어를 가르치는 교사들이 언어의 다양성을 기회가 아닌 문제로 여기는 것을 지적했다. 문화적 다양성은 인간을 더욱 영광스러운 존재로 만들어주는 요소다. 모든 공동체는 자신의 문화와 더불어 다른 문화의 관행과 전통을 기림으로써 좀 더 풍요로운 삶을 누릴 수 있다.

이런 다양성에는 어두운 면도 없지 않다. 가치관과 신념의 차이는 증오와 적대감을 낳기도 한다. 지금껏 인간이 벌여온 분쟁의 역사를 살펴보면 언제나 돈, 땅, 권력 못지않게 문화도 중요한 역할을 했다. 지역 분쟁은 뿌리 깊은 문화적 불화를 중심으로 일어나는 경우가 비일비재하다. 기독교와 이슬람교, 수니파와 시아파, 가톨릭교와 개신교, 후투족과 투치족(르완다 내전을 촉발한 두 부족-옮긴이) 등이 그런 불화의 예다. 사회적 반목은 보통 백인과 흑인, 이성애자와 동성애자, 젊은 층과 노인층의 인식 차이에서 비롯된다. 인류가 점점 늘어나고 점점 얽히는 추세에 발맞춰 다양성을 정중히 받아들여야 한다. 이는 단순히 윤리적 선택이 아니라 실용적인 책무다.

학교가 문화적으로 우선시해야 할 세 가지는 학생들 자신의 문화를 이해시키고 나아가 다른 문화들을 이해시킴으로써 문화적 관용과 공존에 대한 인식을 장려하는 것이다. 학교들이 이런 목표를 이루기 위해 필요한 것은 편협하고 빈약한 커리큘럼이 아니라 광범위하고 다채로운 커리큘럼이다. 표준화운동은 이런 복합적 과제와는 동떨어져 있다.

사회적 목적

교육은 청소년이 능동적이고 온정적인 시민으로 성장하게 해줘야 한다.

공립학교에 대해 사람들이 오래전부터 품어왔던 기대는 공립학교가 '사회적 계급'이나 '출생 환경'을 불문하고 성공과 출세의 황금 관문이라는 것이다.[10] 하지만 지금까지의 결과를 보면 일부 사람들에게만 이런 꿈이 실현됐을 뿐이다. 대다수에게는 그렇지 못했다. 빈부 격차는 해마다 점점 벌어지고 있다. 이것은 미국만의 현상이 아니다. 성공 격차 역시 점점 벌어지는 추세다. 유색 인종의 경우에 특히 격차가 크다.

빈곤층이 밟고 오르는 교육의 사다리는 점점 삐걱삐걱 흔들리고 있다. 초점을 제대로 맞추지 못한 자원 집중, 교사들의 높은 이직률, 복합적 사회 문제로 인해 학교는 더 높은 성공으로 실어다주는 고속도로가 아니라 교육의 막다른 골목인 경우가 빈번하다. 표준화 운동은 이런 불평등에는 손을 놓은 채 오히려 불평등만 심화시키고 있다.

문제는 여기서 끝이 아니다. 민주주의에서는 교육이 능동적 시민 행동을 장려해야 마땅하다. 현재 내가 살고 있는 LA에서는 2013년 6월 시에서 가장 중요한 직책인 시장을 뽑는 선거가 실시됐다. 여덟 명의 후보는 다양한 선거 캠페인을 벌이며 약 1,800만 달러를 썼다. 하지만 LA의 180만 유권자 가운데 투표한 사람은 16퍼센트에 불과했다.[11] 국민들이 목숨을 걸고 투표권을 쟁취한 국가에서 이렇게 저조한 투표율이 나오다니 기가 막힌다. 역사 얘기가 나와서 말이지만 영국을 비롯한 여러 국가들도 투표권 쟁취에 목숨을 걸었던 역사가 있다.

1913년 영국 최고 권위의 경마 대회인 엡섬 더비(Epsom Derby)에서 놀라운 사건이 벌어졌다. 조지 왕의 말이 특히 주목을 받던 그날 경주에서 경주마들이 마지막 200미터가량을 남겨놓았을 때였다. 에밀리 데이비슨(Emily Davison)이라는 젊은 여성이 난간 아래로 기어 들어가 트랙으로 나가더니 전속력으로 달리는 왕의 말 앞으로 달려들었다. 그녀는 말에게 처참하게 짓밟혔고 3일 후에 병원에서 의식도 되찾지 못한 채 숨을 거두었다. 그녀가 정말 죽을 생각으로 뛰어들었는지는 확실치 않지만 왕의 말을 가로막으려 했던 이유는 확실하다. 여성 참정권 운동가였던 에밀리 데이비슨은 목숨을 걸고 여성의 투표권을 촉구했던 것이다.

그로부터 50년 후인 1963년 마틴 루터 킹이 워싱턴에서 '나에게는 꿈이 있습니다'라는 역사적 연설을 했다. 그는 이 자리에서 미국의 건국 아버지들이 들었다면 열광적 지지를 보냈을 민주주의의 비전을 펼쳐 보이며, '포괄적이고 실질적이며 혁신적인' 민주주의가 필요하다고 강조했다. 50년 후인 현재는 어떤가? 여전히 많은 사람이 투표권을 부여받지 못하고 있고, 또 투표권을 가진 많은 사람들이 그 투표권을 행사하지 않고 있다.

민주주의 사회는 국민 다수가 투표와 공동체에 동참해 능동적 시민의 역할을 해야 그 힘을 발휘한다. 투표는 민주주의가 가진 가장 날 선 도구다. 그런데 수많은 민주주의 사회에서 이 도구의 날이 위험할 만큼 무뎌지고 있다. 학교는 시민 의식 함양에서 중대한 역할을 맡고 있다. 이 역할을 잘 수행하려면 학문적 수업으로 시민론을 가르칠 것이 아니라 학교가 일상에서 이런 능동적 시민의 원칙을 실천하는 곳이 되어야 한다.

개인적 목적

교육은 청소년이 주변의 세계뿐만 아니라 내면의 세계에도
관심을 갖게 해줘야 한다.

교육은 세계적 문제이자 지극히 개인적인 문제이기도 하다. 교
육이 살아 있는 사람의 정신과 마음을 풍성하게 채워주는 것이라는
점을 잊으면 다른 목적들도 충족될 수가 없다. 현재의 교육제도에
서 나타나는 문제점은 상당수가 다음의 기본적 요점을 이해하지 못
해서 비롯된 것이다. 모든 학생은 독자적 인격체로서 저마다 나름의
희망, 재능, 불안, 두려움, 열정, 열망을 가지고 있다. 모든 학생을
개개인으로서 교육에 참여시키는 것이 성취도를 높이는 핵심이다.

인간으로서 우리는 누구나 두 개의 세계에 산다. 먼저 당신의 존
재 여부와 관계없이 존재하는 세계가 있다. 그 세계는 당신이 오기
전부터 있었고 당신이 떠난 후에도 남아 있을 것이다. 말하자면 사
물, 사건, 다른 사람들로 이뤄진 당신 주변의 세계다. 또 하나의 세
계는 당신이 존재한다는 이유만으로 존재하는 세계다. 당신 자신의
생각, 감정, 지각의 사적인 세계, 즉 당신 내면의 세계다. 이 세계는
당신이 태어나는 순간 탄생됐고 당신이 숨을 거두는 순간 소멸된
다. 우리는 우리 내면의 세계를 통해서만 우리 주변의 세계를 이해
하게 된다. 다시 말해 감각과 생각을 통해 주변의 세계를 지각하고
분간하면서 비로소 그 세계를 이해하는 것이다.

서구 문화에서는 이와 같은 주변의 세계와 내면의 세계는 물론이

고, 생각과 감정, 객관성과 주관성, 사실과 가치가 확실히 구별돼왔다. 뒤에서 얘기하겠지만 사실 이런 식의 구별 짓기는 사람들이 흔히 생각하는 것만큼 그렇게 신뢰할 만한 것이 못된다. 주변 세계를 바라보는 사고방식은 우리 내면의 감정에 따라 깊은 영향을 받고 우리가 느끼는 감정은 지식, 지각, 개인적 경험이 결정적인 영향을 주기 십상이다. 우리의 삶은 이처럼 서로의 세계를 대하는 관점과 행동에 영향을 주고받는 두 세계 사이의 끊임없는 상호작용에 따라 형성된다.

전통적인 학문 중심 커리큘럼은 초점을 거의 완전히 우리 주변 세계에만 맞추면서 내면의 세계를 경시한다. 우리는 그로 인한 결과를 지루함, 일탈, 스트레스, 왕따, 불안, 우울증, 중도 포기 등을 통해서 매일같이 목격하고 있다. 이런 문제는 인간적 문제인 만큼 인간적 대응이 필요하다.

『엘리먼트』에서도 말했듯이 사람들이 주변 세계에 어떤 기여를 하느냐는 그들 자신이 내면의 세계에 어떻게 참여하느냐와 깊은 관계가 있다. 물론 교육을 통해 알고 이해하고 실천하게 된다면 좋은 것이라서 모든 학생에게 공통으로 가르칠 만한 것도 있다. 하지만 학생들은 적성, 관심사, 성향에서 저마다 독자적 패턴을 갖는다. 교육은 그런 부분들에까지 주의를 기울여야 한다. 개인 맞춤형 교육은 커리큘럼, 지도, 평가와 밀접히 결부돼 있다. 학교 문화의 혁신이 필요하다는 얘기다. 그렇다면 어떤 형태의 혁신이 필요할까?

제3장

변화의 기회는
어디에 있는가

"너희들, 어제가 학교에 나오는 마지막 날이었다고 하면 지금 뭘 하고 싶어?"

매사추세츠 주 해들리의 노스 스타 십대 자기주도학습 센터(North Star Self-Directed Learning for Teens, 이하 노스 스타)의 공동 설립자 켄 댄퍼드(Ken Danford)가 배우고는 싶지만 학교는 좌절과 소외감만 주고 영 재미가 없다고 느끼는 아이들에게 자주 던지는 질문이다. 더 이상 학교에 오지 않아도 된다는 켄의 말에 아이들이 어떻게 대답할지 궁금하지 않은가? 그에게 직접 들어보자.

"아이들은 이런 식으로 말합니다. '정말요? 그래도 대학에 가고 취직도 할 수 있어요? 그래도 사람들이 좋아해줄까요?' 아이들은 그런 얘기는 처음 들어봐서 무슨 큰일이 나는 것처럼 생각하죠."

켄이 처음부터 인습 타파주의자였던 것은 아니다. 그는 교사가 되기 위해 대학에 들어갔고 매사추세츠 주 애머스트의 한 중학교에서 교사 생활을 시작했다. 그런데 그 자신은 학창 시절 학교에 다니는 것을 좋아했던 편이라 교편을 잡으면서 어떤 상황에 처할지 무방비 상태였다.

"정말 끔찍했어요. 아이들은 마지못해 학교에 나왔어요. 배우고 싶은 마음도 없는 애들에게 미국 역사를 이해시키려니 정말 고역이 따로 없더군요. 어느 날은 경고의 말까지 날렸죠. '8학년에 미국 역사를 공부하지 않으면 너희는 뭐 하나 제대로 할 수 없을 거야.' 그렇게 엄포를 놓긴 했지만 제 귀에도 바보 같은 소리로 들리더군요. 복장과 지각 문제, 수업 중에 화장실에 가는 문제 따위로 아이들과 입씨름도 벌였어요. 그런 문제에 인색하게 굴지 않으면 학교에서 한소리를 듣기 때문에 어쩔 수 없었죠. 정말 힘들었어요. 그런 일을 엄하게 다스리려니 별일도 아닌 것으로 요란을 떠는 것 같아서 내키지가 않았죠.

그러다 『십대의 해방을 위한 안내서(Teenage Liberation Handbook)』라는 책을 읽게 되었어요. 학교에 비순응적인 사람들을 위한 홈스쿨링과 언스쿨링을 설명한 책이었죠. 그러니까 '이제는 뭔가를 해야 할 때야. 하루라도 낭비하기 싫어. 열여덟 살이 될 때까지 기다릴 순 없어. 지금 그만두겠어.' 이렇게 생각하는 아이들을 위한 것이었죠. 실제로 그런 식으로 학교를 뛰쳐나가 삶을 끌어안은 사람들이 잘되고 있기도 합니다. 그래서 어느 순간부터 이런저런 생각이 들기 시작했어요. 학교를 그만두는 방식처럼 가르치려면 어떻게 가르쳐야 할까? 아이들에게 뭘 배우고 싶은지 물어보는 건 어떨까? '오늘 여기에 와 있는 게 좋아? 어디 가고 싶어? 누구랑? 얼마나 함께 있고 싶은데? 선생님이랑 역사 공부하기 싫어? 좋아, 그럼 역사 공부하지 말지 뭐. 책 읽고 싶지 않다고? 그럼 읽지 마.' 이런 식으로 물어보면 어떨까? 그러려면 어떻게 해야 할까? 학교가 아닌 다른 공간을 만들면 될까? 커뮤니티 센터를 세우고 프로그램을 만드는 거야. 그리고 이렇게 말하는 거야. '선생님은 너희와 너희 부모님이 너희의 삶을 주도하도록 도와주고 싶어. 이곳을 편안하고 기분 좋은 공간으로 삼아 자주 나오든 가끔 나오든 너희 마음대로 해도 돼. 여기에 다니는 동안 착하게만 군다면 너희가 원하는 대로 해도 돼. 마음대로 오고 마음대로 가. 그래도 괜찮냐고? 아마 아무 문제 없을걸.'"

노스 스타는 십대들이 주류 교육 체계에서는 일탈을 꿈꾸거나 압박감을 느꼈던 학습에 대해 열정을 발견하도록 도와주는 센터다. 켄과 그의 동료들은 이곳이 학교로 인가받은 곳이 아니다 보니 학교라는 명칭을 붙이지 않으려고 상당히 노력하고 있다. 노스 스타는 정규 '학교'는 아니지만 수많은 아이들에게 학교로서의 역할을 아주 효과적으로 해주고 있다.

"원칙적으로 노스 스타는 학교에 다니고 있지만 절망을 느끼고 학교에 가기 싫어하는 십대들을 위한 곳입니다. 그중에는 올 A를 받는 애들도 있어요. 취미를 즐기는 애들도 있고요. 그런가 하면 어떤 애들은 뭐 하나 제대로 아는 것이 없는데다 문제가 한둘이 아니기도 하죠.

사람을 그냥 내버려두는 것, 스스로 선택하게 해주는 일에는 뭔가 심오함이 배어 있어요. 학교에서 아이들을 가르쳤을 때는 결코 느껴보지 못했던 심오함이에요. 이제 저는 아이들에게 무엇을 원하는지, 제가 어떻게 도와줘야 하는지를 물어봅니다. 아이들도 아직은 잘 모르기 때문에 답을 찾기 위해 갖가지 시도를 해봐야 합니다.

그중 하나가 모든 것에 '아니요'라고 말하며 삶을 철저히 비워낸 다음 한동안 아무것도 안 하면 어떻게 되는지 지켜보는 방법이에요. 해보면 정말 재미있습니다."

노스 스타는 낙오되기에 딱 좋은 곳이라는 생각이 들지도 모르겠지만 오히려 그 반대다. 노스 스타 참가자들은 대부분 대학에 들어가며 그중에는 MIT, 브라운대학교, 스미스대학교, UCLA, 컬럼비아대학교 같은 명문대에 들어가는 아이도 있다.[1] 노스 스타 참가자는 대개 대학의 입학처장들에게 좋은 인재로 여겨진다. 노스 스타 아이들은 이미 자기주도적으로 지적 호기심을 확장시킬 줄 알기 때문이다. 켄은 그중에도 특히 감격적인 사례를 이야기해줬다.

"7학년 때 홈스쿨링을 받다가 들어온 남학생이 있었어요. 사람들과 잘 어울리고 자기 얘기를 솔직히 털어놓는 아이였죠. 아이는 수학 교재들을 무겁게 들고 와서 이곳 지도 교사에게 배웠어요. 그러다 열다섯 살 때 전문대학의 미적분학2 과정을 수강해 우수한 성적을 얻더군요.[2] 그뒤에도 매사추세츠대학교 여름 계절 학기에 좀 더 어려운 미적분학 과목을 두 개 수강했어요. 그때 나이가 열여섯 살이었습니다. 아이는 외부 학생 자격으로는 더 이상 들을 만한 과목이 없자 입학사정관을 찾아가 이렇게 말했답니다. '저기, 저는 이제 겨우 열여섯 살이고 중학교나 고등학교 졸업장도 없어요. SAT시험도 안 봤어요. 제가 아는 건 고급 수학 강의를 들으려면 MIT에 입학해야 한다는 것뿐이에요.' 결국 대학 측은 아이를 졸업생 대표는 되어야 자격이 있는 커먼웰스 장학생으로 선발해 입학시켜줬죠. 이 아이는 그후 스무 살에 수학과 중국어 복수 전공으로 대학을 졸업했습니다."

노스 스타 학생들이 전부 이런 과정을 밟는 것은 아니지만 대체로 전통적 학교에서는 발견하지 못했던 수준의 몰입도를 발휘하며 삶을 긍정적으로 일굴 준비를 갖춘 상태에서 센터를 떠난다. 노스 스타 모델을 계기로 리버레이티드 러너즈(Liberated Learners)라는 봉사 프로그램도 탄생해 다른 사람들도 노스 스타 모델을 토대로 센터를 세워볼 수 있게 도움을 주고 있다.

켄과 노스 스타는 다양한 형태와 규모의 학습 방법이 필요하다는 점을 이해하고 있다. 아이들 모두를 똑같은 방식으로 가르칠 수 없으며, 가장 잘 맞는 학습 방법으로 가장 흥미를 느끼는 것을 가르쳐 줄 때 학생들은 비약적으로 도약한다는 것을 잘 안다. 노스 스타는 비전통적 모델이지만 그 성공은 의미 있는 시사점을 던져준다. 모든 학교가 학생들에게 도움이 되어줄 방법에 대해 생각을 새롭게 변화시킬 필요가 있다는 점이다.

▌제도 내에서
혁신은 불가능한가

"저희 교육구는 학생들의 개인적 욕구를 채워주고 싶은 마음이 간절하지만 주 정부와 연방 정부가 그렇게 하도록 놔두질 않아요."

내가 자주 듣는 얘기다. 앞에서도 지적했지만 확실히 주와 연방 정부 프로그램은 표준화 커리큘럼과 부담스러운 시험을 중시하면서 지역 학교제도의 유연성을 크게 제약하고 있다. 뒤에서 자세히 얘기하겠지만 여기에 대한 조치로서 이런 정책의 과감한 변화를 촉구할 필요가 있다. 하지만 현행 제도 내에서 변화를 만들어내는 일 또한 중요하다. 제1장에서 만나봤던 로리 배런이 스모키로드중학교를 통해 증명해준 것처럼, 또 이 책에서 소개하는 다른 수많은 사례들처럼 유기적 교육의 4대 원칙에 기초해 변화와 혁신을 이끌 여지는 이미 충분하다.

변화의 기회는 모든 학교의 내부에 존재한다. 부담스러운 시험을 심하게 강조하는 학교라도 마찬가지다. 학교들은 전부터 쭉 그랬다는 이유만으로 그대로 하는 일이 많다. 어떤 학교든 거기 속한 사람들이 매일 하는 습관과 제도가 있다. 이런 습관은 대부분 명령적이라기보다 자발적이다. 나이별로 수업을 하고, 모든 수업 시간을 똑같은 길이로 짜고, 종을 울려 수업 시간의 시작과 끝을 알리고, 교실 앞에 있는 교사를 모든 학생이 똑같은 방향에서 바라보도록 교실을 배치하고, 수학 수업에서는 수학만, 역사 수업에서는 역사만 가르치는 등등이 그런 사례다. 불리한 조건이나 제약 속에서 심각한 어려움에 처했다가 이를 극복하고 제도 내에서 혁신을 이룬 사례는 아주 많다. 혁신은 가능하다. 교육은 본질상 혁신이 가능한 제도이기 때문이다.

▌핀란드 교육 vs
   미국 교육

앞에서도 얘기했듯이 어떤 상황을 혁신시키려면 세 가지를 이해해야 한다. 현재의 방법에 대한 비평, 바람직한 모습에 대한 비전, 다른 방향으로 이동할 방법에 대한 변화론이다. 그러면 지금부터 국가적 개혁 운동의 사례 두 가지를 소개하겠다. 세 가지 측면에서 근본적으로 다르며 결과도 서로 크게 차이를 보여온 사례들이다.

1983년 미국 교육부는 대중적으로나 정치적으로 논쟁을 점화시킨 교육 관련 보고서를 발표했다. 교육자, 정치인, 비즈니스 리더 등 저명 인사로 구성된 위원단이 '위기의 국가'라는 제목으로 작성한 이 보고서는 미국 공교육의 표준 성적이 참담하도록 낮으며 지속적으로 하향 추세라고 경고를 보냈다.

"이제 미국 국민들에게 다음 사태를 알려야 한다. 우리 학교와 대학들은 역사적으로 자부심을 갖기에 충분한 성취를 일구며 미국과 미국 국민의 행복에 기여해왔으나 현재는 평범함의 물결이 높이 일면서 우리 사회의 교육적 토대가 침식돼가고 있고 그 정도가 국가와 국민의 미래마저 위협하는 지경에 이르렀다. 한 세대 전만 해도 상상할 수 없었던 일이 지금 일어나고 있다. 교육적 성취도에서 다른 국가들에 따라잡혀 추월당하고 있는 상황이다."

보고서는 경고에 이어 흠칫 놀랄 만한 비유를 덧붙이기까지 했다.

"비우호적인 외국 열강이 미국에 현재와 같은 평범한 교육 성취를 부과하려 했다면 그것은 전쟁 행위로 간주할 만한 일이었을 것이다. 그런데 우리는 그런 상황을 스스로 자초했다."[3]

대중의 반응은 뜨거웠고 레이건 대통령은 이런 견해를 밝혔다.

"이런 반응은 진작에 이뤄져야 했을 대중적 인식이며, 바라건대 대중적 행동도 함께 이어지길 기대한다. …… 미국은 교육에 대한 존중을 기반으로 세워졌다. …… 국가의 역사를 상징하는 교육에 대한 갈망을 부활시켜야 한다. 그것이 현재 우리가 직면한 도전이다."[4]

그후 수년간 미국 학교의 학업 표준을 끌어올리기 위한 정책에 수억 달러가 들어갔다. 한편 클린턴 대통령은 당선 후에 다시 교육 문제를 쟁점화시키면서 이른바 'Goals 2000'이라는 개혁 전략의 주요 특징을 발표했다. 짧게 요약하면 학교에서 어떤 학과를 어떤 연령대에 어떤 내용으로 가르쳐야 하는가를 일치시키기 위한 국가적 정책을 시행하겠다는 얘기였다. 교육부장관 리처드 라일리(Richard Riley)의 지휘 하에 주에서 자유재량에 따라 채택할 수 있는 국가적 표준을 개발하기 위한 프로그램이 펼쳐졌다. 하지만 그렇게 대단한 포부와 의미 있는 일부 성과에도 불구하고 'Goals 2000'은 상당수의 주에서 연방 정부가 자신들의 학교에 이래라저래라 명령할 자격이 없다며 저항하는 바람에 제대로 빛을 발하지 못했다.

2000년에 당선된 조지 W. 부시는 낙오아동방지법을 통과시켰다. 이 법이 시행되면서 돈, 시간, 노력이 막대하게 들어갔고 전국 규모의 시험과 표준화라는 문화가 만연해졌다. 이 전략은 오바마 행정부에서도 대부분 그대로 채택됐다. 그러나 전반적으로 보면 결과는 대체로 암울하다. 이 글을 쓰는 현재 미국은 여전히 미졸업률이 당혹스러울 정도로 높고 읽기와 쓰기와 산술의 수준도 대체로 제자리걸음이며 학생, 교사, 학부모, 비즈니스 리더, 정책 입안자 등 모든 관련자들 사이에 불만이 확산돼 있다. 미국의 개혁 정책 대다수는 그 의도가 아무리 좋았다 하더라도 애초의 생각대로 효과를 발휘하지 못했다. 이는 잘못된 이야기에 뿌리를 두는 한, 앞으로도 마찬가지일 것이다.

표준 중심의 개혁 운동에는 어떤 생각이 깔려 있을까? 기존의 학업 표준이 너무 낮으니 끌어올려야 한다는 것이다. 그렇다면 비전은? 학업 표준이 아주 높아서 최대한 많은 사람이 대학 학위를 취득하게 되면 결과적으로 완전고용에 이를 것이라는 논리다. 변화론은? 이런 변화를 행할 최선의 방법은 표준을 엄밀히 정해놓고 지속적인 표준화시험을 통해 그 표준에 엄격히 초점을 맞추는 것이다.

이번엔 달라도 너무 다른 핀란드의 이야기를 해보자. 핀란드는 PISA의 수학, 읽기, 과학 부문에서 항상 상위권을 차지하거나 상위권에 근접하고 있다. PISA 테스트가 처음 시행된 2000년 이후 한 번도 예외 없이 말이다. 원래 이렇게 좋았던 것은 아니다. 40년 전만 해도 핀란드의 교육제도 역시 위기에 처해 있었다. 하지만 핀란드는 표준화와 시험을 선택하지 않았다. 오히려 완전히 다른 원칙을 개혁의 기반으로 삼았다.

핀란드의 모든 학교는 의무적으로 예술, 과학, 수학, 언어, 인문과학, 체육 등을 포괄하는 광범위하고 균형 잡힌 커리큘럼을 따라야 하지만 그 수행 방법에 관해서는 학교와 교육구에 상당한 재량권이 주어진다. 핀란드에서는 학교들이 실용적 프로그램, 직업훈련 프로그램, 창의성 양성에 높은 우선순위를 둔다. 또한 교사들의 훈련과 발전을 위해 그동안 막대한 투자를 해왔고 덕분에 교직은 위상이 높고 안정적인 직업으로 자리잡고 있다. 학교 교장들은 학교 운영에 폭넓은 재량권을 갖는 한편 전문적인 지원도 받는다. 핀란드는 학교와 교사들에게 경쟁보다는 협력을 장려하면서 자원, 아이디어, 전문 지식을 서로 공유하도록 권장하고 있다. 뿐만 아니라 학교들이 지역 공동체와 학부모를 비롯한 학생의 다른 가족들과 긴밀한 유대를 맺도록 장려한다.[5]

핀란드는 모든 국제적 평가에서 꾸준히 높은 표준 성취도를 보이고 있지만 고등학교 말에 딱 한 번 실시되는 시험 말고는 표준화된 시험이 없다. 핀란드의 학교는 높은 표준 성취도를 올리면서도 표준화시험은 실시하지 않는다. 아니, 정확히 말해 그런 식의 시험을 보지 않기 때문에 높은 표준 성취도를 올리고 있다. 제도가 워낙 성공적이다 보니 세계 곳곳에서 성지 순례하듯 핀란드를 찾아온다. 기적이 일어난 것 같은 핀란드의 뛰어난 교육을 한 수 배워보려는 마음에서다. 그러면 핀란드의 제도가 완벽할까? 당연히 아니다. 유기적 제도들이 으레 그렇듯 핀란드의 제도는 진화 중이다. 하지만 전반적으로 핀란드의 교육은 다른 수많은 교육제도의 참담하도록 부족한 부분에서 성공을 거두고 있다.

핀란드와 미국은 현실적으로 비교가 불가능하다고? 핀란드는 인구가 550만 명이고 미국은 3억 1,400만 명인데다, 면적도 핀란드는 33만 8,145제곱킬로미터이고 미국은 980만 제곱킬로미터나 되지 않느냐고? 맞는 얘기다. 하지만 그럼에도 비교는 유효하다.

　미국에서는 교육이 주로 주 단위로 구성된다. 미국의 50개 주 가운데 30개 주는 핀란드와 인구가 엇비슷하거나 더 적다. 오클라호마 주는 현재 400만 명까지 줄어들었고 버몬트 주는 60만 명이 약간 넘는다. 내가 최근에 방문한 와이오밍 주는 미국에서 인구가 가장 적다. 좀 과장해서 말하면 정말 사람 구경하기도 힘들었다. 인구가 비교적 많은 주에서도 실질적 교육의 실행은 교육구별로 이뤄진다. 미국에는 1만 6,000개가량의 교육구가 있으며 취학연령 아동은 대략 5,000만 명이다. 교육구당 취학연령 아동은 평균 3,000명이 좀 넘는다. 다시 말해 핀란드의 학생에 비해 훨씬 적다.

　나는 지금 미국의 정책 입안자들이 핀란드어를 배워서 주도의 명칭을 뉴헬싱키로 개명해야 한다는 식으로 괜한 딴지를 걸려는 것이 아니다. 핀란드와 미국은 여러 면에서 차이가 크다. 먼저 문화적으로 보더라도 핀란드는 미국의 일부 주와 비교해서 훨씬 단일민족적 구성을 이룬다. 두 나라는 정치 문화의 차이가 아주 크며 세금과 사회복지에 대한 태도에서도 차이가 있다. 그럼에도 핀란드가 교육을 혁신시키기 위해 끌어안았던 원칙들은 미국을 비롯한 다른 문화적 배경에도 대입이 가능하며, 실제로도 대입되고 있다. 전 세계의 성취도 높은 교육제도들에 대한 여러 연구에서 확실히 입증되듯 이런 원칙들은 실제로 효과가 있는 유일한 원칙들이다.

┃ 복잡성 받아들이기

앞에서도 설명했듯이 교육은 산업적 제도가 아니라 유기적 제도의 관점에서 바라보는 것이 가장 바람직하다. 구체적으로 말하자면 교육은 복잡하고 적응성을 지닌 이른바 '복잡적응계'다. 그러면 우선 이 개념부터 짚고 넘어가자.

시스템(제도)은 결합 효과를 갖는 일련의 연관 과정이다. 시스템에는 단순한 것에서부터 복합적인 것까지 여러 종류가 있다. 예를 들어 지렛대는 단순 시스템이다. 축이 한쪽 끝으로 쏠려 있는 단단한 막대로서 축을 중심으로 막대의 긴 쪽에 가해진 힘이 짧은 쪽에서 더 큰 힘으로 변환되는 원리다. 스위치도 전기의 흐름을 이어주거나 끊어주는 식의 단순 시스템이다. 마이크로프로세서 역시 마찬가지다.

반면에 복합 시스템은 여러 가지 단순 시스템들이 조종을 통해 서로 협력하도록 구성되어 있는 구조다. 컴퓨터, 자동차, TV, 원자로 등이 수백, 아니 어쩌면 수천 개의 단순 시스템으로 구성된 복합 시스템의 사례다.

식물, 동물, 사람 같은 살아 있는 생명 시스템은 단순히 복합적일 뿐만 아니라 복잡하기도 하다. 살아 있는 유기체에서는 유기체를 구성하는 개별적으로 보이는 모든 시스템이 유기체의 전반적인 건강을 위해 서로 밀접히 얽혀 상호의존한다. 뿌리에 병이 생긴 식물은 잘 자라지 못하고 결함 없이 건강한 꽃이나 열매를 맺지 못한다. 뿌리에 문제가 생기면 식물 전체에 탈이 생긴다. 동물은 일부분이라도 장기가 제 기능을 못하면 오래 지탱하지 못한다. 제대로 살기 위해서는 모든 장기가 어느 정도는 정상적으로 작동해야 한다.

살아 있는 시스템은 적응을 하면서 진화하기도 한다. 물리적 환경과 역동적이고 시너지적인 관계를 형성한다. 유기체는 잠재력이 무궁무진해서 이 잠재력이 환경에 따라 모습을 드러낸다. 그에 따라 환경이 불리하게 변하면 유기체는 고통에 시달리다가 최악의 경우엔 죽어버리거나, 아니면 오랫동안 변화에 적응하면서 심지어 다른 뭔가로 진화하기도 한다.

당신은 복잡하고 적응성을 지닌 시스템이다. 당신의 몸에는 물리적 작용들이 거미줄처럼 얽혀 있으며, 이런 물리적 작용 하나하나가 당신의 건강과 생존에 극히 중요하다. 다른 생명들과 마찬가지로 우리 인간도 생존에 필요한 영양분을 얻기 위해 주변 세계에 의존한다. 물리적 환경이 급속도로 변하거나 나쁜 방향으로 변하면 우리는 위험에 처한다. 아니면 변화에 적응해서 삶의 방식을 변화시킬 수도 있다. 인간의 생명이 비교적 물리적이라면 우리의 적응 능력은 비교적 변태적이다. 우리 인간은 의식을 가진 존재로서 태도를 바꿔 다르게 행동하기로 결정할 수 있다.

교육제도는 복잡하고 적응적이다. 교육제도는 정말 여러 면에서 복잡하다. 구조만 해도 학생, 학부모, 교육자, 고용주, 전문가 단체, 출판업자, 시험기관, 정치인 등 수많은 이익집단으로 구성돼 있다. 제도 내에서 다양한 내부 시스템이 서로 끊임없이 상호작용을 주고받기도 한다. 사회복지 사업, 개인 상담, 심리 치료, 보건 관리, 시험기관 등의 내부 제도는 저마다 특유의 이해관계를 가지는데 이런 이해관계들이 서로 일치하거나 충돌하면서 서로 다양한 영향을 주고받는다. 한편 교육제도 내에서는 고용주와 정치인이 학부모의 입장을 겸할 수도, 또 학부모가 교육자나 학생의 입장을 겸할 수도 있다.

하나의 교육제도 내부나, 여러 교육제도 간에는 상당한 다양성이 존재한다. 수많은 국가적 교육제도들은 서로 유사한 산업적 특징을 띠면서도 규정과 통제의 정도에서는 다양한 차이를 나타낸다. 학교의 종류도 신뢰 중심의 독립적이고 선택적인 학교, 특정 학과를 전문으로 다루는 학교 등 여러 가지다. 또 어떤 국가는 사립학교가 드문 반면 어떤 국가는 사립학교가 수두룩하다.

어디에 있고 어떤 형태든, 모든 학교는 독특한 관계, 내력, 감성을 지닌 사람들로 이뤄진 살아 있는 공동체다. 각각의 학교는 저마다 독특한 '느낌', 의식과 일과, 성향, 통념, 일화, 농담, 행동 규범이 있으며 친구나 무리별로 이뤄진 다수의 하위문화가 있게 마련이다. 학교들은 일상생활의 혼란과 동떨어진 성역이 아니다. 모든 측면에서 주변 세계와 뒤얽혀 있다. 활기찬 학교는 희망과 창의적 에너지의 근원으로서 지역 공동체 전체에 양분을 공급해줄 수도 있다. 활기를 불어넣어주는 뛰어난 학교 덕분에 지역 공동체가 잘되는 사례를 내 눈으로 직접 목격한 적도 있다. 형편없는 학교는 성장과 발전의 기회를 고갈시키면서 그 학교에 의존하는 모든 학생과 가정에 절망감을 안길 소지가 있다.

또한 학교 문화는 교육과 관련된 전반적 풍토에 따라, 즉 국법이나 연방법, 경제 상황, 지배적 문화와 전통 등에 따라 영향을 받는다.

지금까지 살펴본 바와 같이 교육은 사람들과 단체들의 행동에 따라 날마다 무수한 모습을 띠는 살아 있는 제도다. 교육제도가 워낙 복잡하고 다양해서 변할 가능성이 높고 실제로 변하기 때문에 그것은 당연하다.

살아 있는 제도는 변화하는 환경에 대응해 새로운 특성을 발전시키는 경향이 있다. 이때 '더 큰 요소를 이루기 위한 작은 요소들 간의 상호작용'을 통해 '창발적 특성(emergent feature: 형태의 각 부분에서는 관찰할 수 없으나 전체 배열에서는 드러나는 특성-옮긴이)'이 나타나기도 한다.[6] 현재 교육 분야에는 학교의 작동 환경과 학교 내의 문화를 변화시키는 창발적 특성이 넘칠 만큼 많다.

예를 들면 디지털 기술의 확산으로 이미 수많은 학교에서 지도법과 학습법이 혁신돼가고 있다.[7] 2014년 기준으로 지구상에 네트워크로 연결된 기구는 대략 70억 개에 달했다. 이것도 세계 인구와 비슷한 수준이었는데 2015년에는 그 수가 2배로 늘었다. 2014년도의 추산에 따르면 인터넷에서 단 1분 동안 이메일 발송 건수는 2억 400만 건, 앱 다운로드 건수는 4만 7,000건, 페이스북 방문 건수는 600만 건, 구글 검색 건수는 200만 건, 사진 업로드 건수는 3,000건, 유튜브 동영상 시청 건수는 130만 건에 이르며, 30시간 분량의 신규 동영상이 업로드된다.[8] 매 1분마다 이렇다는 말이다. 모두 시청하는 데 5년은 걸릴 법한 분량의 동영상이 1초마다 올라오고 있다.

데이브 프라이스가 포괄적이고 흥미로운 저서 『오픈(Open)』에서 잘 보여줬듯이 디지털 기술의 유용성과 정교함은 학생들의 학습 세계와 학습 방법 모두를 혁신시키고 있다.[9] 사실상 하루가 멀다 하고 모든 학과마다 새로운 학습 도구와 창작 활동이 나오는가 하면 학습자별 맞춤형 교육을 지원하는 새로운 프로그램이 쏟아지고 있다. 이런 기술은 학생, 교사, 다른 수많은 분야의 전문가들 사이에 새로운 파트너십을 촉진시키고 있다.

마크 프렌스키, 제인 맥고니걸 등이 설득력 있게 설명했던 것처럼 디지털 게임의 역동성과 미학을 효과적으로 잘 이용하면 전 커리큘럼에 걸쳐 학습에 열의와 활기를 불어넣을 수 있다.[10] 한편 모바일 기술은 아프리카, 오스트랄라시아(오스트레일리아와 그 부근 남양 군도의 총칭-옮긴이), 남미의 시골 지역을 비롯해 그동안 교육에 접근할 수단이 없었던 집단에게 교육의 기회를 열어주고 있다. 뒤에서도 설명하겠지만, 한 예로 실비나 지비르츠(Silvina Gvirtz)는 미니 노트북 컴퓨터를 활용해서 부에노스아이레스의 가난에 찌든 아이들이 학습에 재미를 붙이도록 도와줬다.

변화는 기술적인 영역에만 그치지 않는다. 표준화시험의 무기력한 효과에 대한 불만이 확산되면서 학교와 지역 공동체들이 하나둘씩 거부의 움직임을 보이고 있다. 산업적 교육이 아이들에게 미치는 영향에 대해 걱정스러워하다 직접 자녀의 교육에 뛰어드는 학부모도 점점 늘고 있다. 이런 홈스쿨링과 언스쿨링 운동은 아직 규모는 작지만 의미 있는 추세를 보이고 있다. 나중에 뒷부분에서는 로건 라플란테(Logan LaPlante)가 홈스쿨링으로 어떤 도움을 얻었는지 이야기하겠다.

막상 대학을 졸업해도 대학 학위가 생각만큼 쓸모가 없다는 사실이 알려지면서 학생들은 대학 진학을 고민하며 다른 진로로 관심을 돌리고 있다. 한편 대학들은 잠재적 학생들에게 외면을 받으면서 이제는 예전 방식대로 학생을 유치해봐야 효과가 별로 없다는 점을 깨닫고 새로운 모델을 개발 중이다. 뒤쪽에 그런 예로서 매사추세츠 주 클라크대학교의 성공적 도전 사례도 제시하겠다.

지금까지 열거한 사례는 기술과 문화적 가치가 끊임없이 상호작용하는 환경에서 교육이 어떻게 변하고 적응하는지를 보여주는 몇 가지 예에 불과하다. 하나하나 열거하면 그 외에도 아주 많다. 이 모든 이유들을 종합해보면 교육의 변화를 고민할 만한 최상의 시작점은 바로 당신이 지금 속해 있는 곳이다. 더불어 지내는 사람들을 위해 교육의 경험을 변화시키면 그들의 세계를 변화시키고 그 과정에서 더 넓고 복잡한 전반적 교육의 변화에 동참할 수 있다. 그것이 바로 켄 댄퍼가 노스 스타를 창설할 영감을 얻었던 원칙이었고, 이 책에서 소개하는 다른 모든 사례들에 적용된 원칙이기도 하다. 또한 내가 영국에서 주도했던 '학교에서의 예술(Arts in Schools)' 프로젝트가 성공하기까지 그 배경에 자리잡고 있던 원칙이었다. 이 프로젝트에 대해서는 그 진행 과정을 짧게 설명하고 넘어가고 싶다. 읽어보면 아마 학교제도나 지역제도의 변화를 이해하는 데 도움이 될 것이다.

▌두 가지 프로젝트 이야기

교육 분야에서 일을 시작한
초창기에 서로 목표는 비슷하지만 영향력은 크게 다른 두 개의 프
로젝트에 참여한 적이 있다.

1970년대 중반 그 프로젝트는 교육과 관련해서 내가 얻은 최초
의 버젓한 일자리면서 유급 일자리였다. 당시 나는 일명 '드라마
10-16(Drama 10-16)'이라는 프로젝트를 이끌어갈 핵심 팀에 합류
하면서 연극의 역할에 대해 영국 전역에서 조사를 벌이게 되었다.
그 무렵 내 박사 학위의 주제가 바로 그와 관련된 것이어서 나로선
꿈의 일자리였다. 내 연구에 도움이 되는 것만도 좋은데 돈까지 받
았다. 돈 얘기가 나왔으니 말이지만 참고로 이 프로젝트는 당시 영
국에서 커리큘럼 개발을 담당하던 국가기관인 학교위원회(Schools
Council)에서 기금을 지원받고 있었다.

그 이전의 20년간 학교에서 연극이 급속도로 확대되었다. 많은
학교가 연극과를 두고 전문 교사와 전용 연습실 그리고 공연장까지
두었다. 대다수 교육구가 연극 자문을 두었고 그중에는 자문 교사
들로 아예 팀까지 짜는 경우도 있었다. 대학에서도 연극 전문 학부
에서 연극 연습 프로그램을 가르치는 교사를 두었다. 연극 교육의
진정한 가치에 대해, 가장 바람직한 훈련에 대해 많은 논쟁이 오가
기도 했다. 우리에게 맡겨진 일은 연극 교사들이 학교에서 실제로
어떻게 하고 있는지 실태를 면밀히 조사하고 앞으로의 발전을 위해
권고안을 내놓는 것이었다.

우리는 연극 프로그램이 잘 개발돼 있는 여섯 개의 교육구를 선

별한 후 교육구별로 세 개 학교와 연극 자문가들로부터 긴밀한 협력을 끌어냈다. 프로젝트 첫해에 우리는 선별된 학교들을 정기적으로 방문하며 연극 교사들과 학생들의 수업에 대한 상세한 사례 연구를 벌였다. 연극 교육을 주제로 지역 및 전국 단위의 회의를 주최했고 연습과 관점에 대해 서로 의견을 교환해보기 위해 프로젝트에 참여한 모든 자문가와 교사를 대상으로 워크숍을 잇달아 열기도 했다.

2년째에는 『연극을 통한 교육(Learning Through Drama)』이라는 책을 쓰면서 학교 연극에 대한 개념적 틀과 일련의 실용적 조언을 정리했다. 3년째에는 학교위원회의 기금을 지원받아 전국적 규모의 워크숍, 강좌, 회의 프로그램을 통해 발견한 점들을 널리 알렸다. 그러다 3년 뒤에 기금 지원이 중단되면서 우리는 각자 흩어졌고 프로젝트 활동은 막을 내렸다.

이 연극 프로젝트는 조사, 개발, 보급이라는 전형적 과정을 따랐다. 즉 학교에 직접 찾아가 현재의 상황을 파악하고 제안 사항을 구상한 다음 책을 출간해 보급시켰다. 우리의 활동은 영국 전역의 학교에 큰 영향을 주었고 그 영향은 우리가 사무실을 정리한 후에도 지속적으로 퍼져나갔다. 우리는 연극 교사를 지원하는 여러 전문 단체가 설립되도록 도왔지만 프로젝트 자체의 활동을 지속시키기 위한 특별한 기관 같은 것은 없었다. 프로젝트는 한시적으로 끝났고 그 결과 한시적인 영향을 미쳤다.

'학교에서의 예술' 프로젝트는 달랐다.

1980년대 말에 마거릿 대처의 보수 정권은 영국의 학교들에 국가적 커리큘럼을 도입하는 법을 통과시켰다. 1988년의 교육개혁법(Education Reform Act, ERA)은 영국 교육계에 지진을 일으켰다. 그 이전까지 학교들은 가르치고 싶은 대로 가르칠 수 있었다. 실제로는 대개의 학교가 비슷한 커리큘럼을 두었지만 이론상으로 학교는 자유로운 기관이었다. ERA는 그런 자유를 제한했다. 국가적 커리큘럼은 새로운 안이 아니라 이전의 노동당 정부 때부터 논의되던 문제였다. 1984년 석유파동으로 서구 경제에 충격의 여파가 몰려온데다 실업률까지 치솟자 총리 제임스 캘러헌(James Callaghan)은 학교를 더 이상 자율에 맡겨선 안 된다면서 교육 문제에서 국가적 우선순위를 철저히 논의해야 한다고 주장했었다.

준비 기간인 1988년 많은 사람이 새로 짜여지는 국가적 커리큘럼이 너무 편협하고 실용성 위주가 될까봐 걱정했다. 일각에서는 특히 예술 분야가 변방으로 밀려날까봐 우려를 표했다. 독립 기관인 칼루스트 굴벤키안 재단(Calouste Gulbenkian Foundation)은 선제공격 차원에서 전국 규모의 위원회를 소집해 교육에서 예술이 차지하는 입지를 검토했다. 나는 다른 사람들과 함께 그 위원회의 보고서를 작성하게 됐다. 보고서의 제목은 〈학교에서의 예술: 원칙, 실천, 규정(The Arts in Schools: Principles, Practice and Provision)〉이었다.

우리는 보고서를 작성하면서 네 가지 목표를 염두에 두었다. 첫 번째 목표는 영국에서 교육의 미래를 두고 고조되는 논쟁의 중요한 부분으로 예술을 부상시키는 것이었다. 국가적 커리큘럼의 틀이 잡히고 있는 과정에서 예술은 제대로 논의조차 되고 있지 않았다. 두 번째 목표는 모든 단계의 정책 입안자들에게 예술에 대한 옹호론을 최대한 분명하게 부각시키는 일이었다. 세 번째 목표는 학교에서 예술의 발전에 걸림돌이 되는 실질적 문제 등을 파악하는 것이었다. 네 번째 목표는 학교와 정책 입안자들에게 실행 가능한 활동안을 제안하는 것이었다.

〈학교에서의 예술〉이 발표되자 협의회, 시범 프로그램, 현직자 대상 강의 등 다양한 프로젝트들이 촉발됐다. 이 보고서는 특히 청소년에게 사회정책으로서 예술의 중요성에 대한 인식을 새롭게 키워주기도 했다. 보고서의 영향에 힘입어 나에게 프로젝트를 맡아달라는 요청이 들어오기도 했다. 학교들이 보고서의 권고 사항을 실행할 수 있도록 국가적 프로젝트를 설계하고 지휘해달라는 것이었다.

나는 이 프로젝트를 맡으면서 의미 있었지만 한시적이었던 '드라마 10-16' 프로젝트의 영향을 떠올렸다. 그래서 이번 '학교에서의 예술' 프로젝트는 완전히 다른 변화 모델에 바탕을 두었다. 보고서의 권고안을 널리 알리는 것에 그치지 않고 학교들이 학생, 교직원, 지역 공동체에 대해 교실에서 그동안 해왔던 방식을 혁신시키면서 그 권고안을 실행에 옮기도록 해주는 것으로 목표를 잡았다. 그뒤 4년 동안 이 프로젝트는 60개 이상의 교육구, 300개의 학교, 2,000명의 교사와 전문가들이 동참한 학교 중심의 전국적 혁신망을 조성했다. 그 결과 학교들은 즉각적이고 포괄적이며 무엇보다 지속적인 혜택을 누리게 되었다. 30년이 지난 지금도 이 프로젝트의 영향에 대해 얘기하는 사람들이 있을 정도다.

'드라마 10-16'이 한시적 변화에 영향을 주었던 좋은 프로그램이었다면 '학교에서의 예술' 프로젝트는 보다 포괄적이고 지속적인 변화를 이끌었다. 어째서 '학교에서의 예술'이 '드라마 10-16'보다 큰 효과를 발휘했을까? 그 이유는 프로그램의 설계 방식과 실행 방법에 관련돼 있다. '학교에서의 예술' 프로젝트에서는 학교들을 복잡하고 적응적인 시스템으로 다뤘다. 다시 말해 시스템의 다양하고 상호의존적인 요소에 초점을 맞췄다는 얘기다.

'학교에서의 예술' 프로젝트에서는 학교들을 혁신의 중심 현장으로 인정했다. 각 교육구가 자문단을 구성해서 학교의 활동을 지원하고 인도해주는 한편 현지에서 그 프로젝트가 자리잡도록 지지해주며 프로젝트의 성공을 위한 최적의 풍토를 조성해나갔다. 이런 자문단은 교육 관련 정책 입안가, 지역의 문화단체 회원, 기금 제공 기관, 비즈니스 리더 등으로 꾸려졌다.

'학교에서의 예술' 프로젝트는 예술 교육의 변방화 문제를 해소하지는 못했다. 예술 교육은 여전히 표준화운동 속에서 포화세례를 받고 있다. 영국도 미국과 마찬가지인 셈이다. 하지만 이 프로젝트는 교육제도의 복잡성을 이해하고 다각도에서 동시에 교육제도에 접근함으로써 동참 학교와 교육구 다수에서 지속적인 변화를 일으켰다. 교육 시스템을 혁신시키기 위한 어떤 시도든 모두 이와 비슷한 접근법을 취해야 한다고 나는 확신한다.

변화를 주도할 때는 가장 먼저 당신에게 변화를 만들어낼 힘이 있다는 사실부터 인정해야 한다. '학교에서의 예술' 프로젝트에서 내가 가장 보람을 느꼈던 부분은 학교들이 우리의 제안을 받아들여 특유의 상황에 적절한 조치를 만들어냈던 것이다. 프로젝트 실시후 시간이 지나는 사이에 우리의 권고를 독자적인 방식으로 실행에 옮겨나가는 영국의 학교들이 수백 개에 이르렀다.

학생이나 지역 공동체의 수요에 맞춘 맞춤형 접근법을 바탕으로 학생들을 위해 교육을 혁신시키고 있는 학교들에 대해서는 앞으로도 할 이야기가 많다. 많은 학교에서 따르고 있는 의례적 구성 형식(나이별로 가르치기, 고정된 수업 시간, 엄격한 과목 구분, 선형적 평가 패턴)을 넘어서고 있는 학교들의 얘기다. 또한 학교의 근본적 임무가 시험 성적을 높이는 것이 아니라 학습을 촉진시키는 일이라는 사실을 잘 아는 학교들의 얘기다.

문제의 근원

『내 안의 창의력을 깨우는 일곱 가지 법칙』에서 나는 연극 연출가 피터 브룩의 저서를 인용한 적이 있다. 그는 평생 작품 활동을 펼치며 연극을 최대한 혁신적인 체험이 되도록 연출해왔다.[1] 그는 많은 연극이 이런 식의 효과를 갖지 못한다고 인정한다. 어쨌든 흘러가는 시간을 때워주는 용이라는 것이다. 그는 효과를 높이려면 연극의 본질을 이해하는 것이 중요하다고 말한다. 그래서 그는 전형적 연극에서 제거해도 여전히 연극으로 남을 만한 요소가 무엇인지 묻는다고 한다.

그의 말을 그대로 옮기면 의상과 함께 커튼과 조명은 빼도 괜찮다. 이것들은 본질적인 요소가 아니라는 것이다. 대본도 뺄 수 있다. 대본이 없는 연극도 많으니까. 감독도 빼도 되고 무대, 스태프, 건물 역시 없어도 된다. 예나 지금이나 많은 연극이 이런 것들 없이

도 공연돼왔다.

없어서는 안 되는 유일한 요소는 배우와 관객뿐이다. 설령 단 한 명의 배우와 단 한 명의 관객이라 해도 이 둘은 없어서는 안 되는 연극의 최소한의 구성 요소다. 배우는 연극을 공연하고 관객은 그 연극을 체험한다. '연극'은 전적으로 관객과 극 사이의 관계다. 연극이 가장 혁신적인 효과를 내기 위해서는 이 관계에 집중해 최대한 설득력 있게 연출해야 한다. 브룩은 이런 효과를 더욱 높여주는 것이 아니라면 무엇이든지 더 보태지 말아야 한다고 주장한다. 실제로 그는 획기적이고 국제적 찬사를 받은 일련의 작품을 통해 이런 신념을 몸소 보여줬다.

나는 그의 신념이 교육에도 딱 들어맞는다고 본다. '들어가는 글'에서도 얘기했듯이 학습과 교육은 다르다. 교육의 근본 목적은 학생들의 학습을 돕는 것이다. 그것이 교사의 역할이다. 하지만 현대의 교육제도는 온갖 방해 요소들로 뒤죽박죽 엉켜 있다. 정치적 어젠다, 국가적 우선순위, 노조의 입장, 건축 법규, 고용계약, 부모들의 열망, 또래 간의 경쟁 등 다 열거하기도 힘든 방해 요소들로 어지럽혀져 있다. 하지만 교육의 핵심은 학생과 교사의 관계다. 다른 모든 것은 이 관계가 얼마나 생산적이고 성공적인가에 좌우된다. 이 관계가 잘되지 않으면 제도가 제대로 돌아가지 않는다. 학생들이 학습을 하지 않으면 교육도 없다. 무엇인가 다른 활동이 일어날 수는 있겠지만 그렇게 되면 그것은 더 이상 교육이 아니다.

학습 그리고 교육 역시 대체로 학교와 국가적 커리큘럼이라는 형식적 무대 밖에서 일어난다. 의욕적인 학습자와 적극적인 교사가 있다면 그곳이 어디든 학습은 일어난다. 학교 내에 이런 체험의 장을 마련해 지속시켜야 한다. 본질적 과제는 학생과 교사의 관계가 원활히 이어질 수 있는 환경을 조성하는 것이다. 이것이 내가 말하는 아래로부터의 교육 혁명이다. 이런 환경의 조성에는 다음과 같이 책무의 자연스러운 생태 체계가 필요하다.

- 가장 근본적 단계로서 교육의 초점을 학생이 학습을 하고 싶은 의지가 생기고 실제로 학습을 할 수 있는 환경을 만드는 방향으로 맞춰야 한다. 그 외 모든 것은 이런 초점을 바탕으로 정해져야 한다.
- 다음으로 학생들의 학습을 촉진하는 교사의 역할이다. 이 역할을 제대로 하는 것은 그 자체로 하나의 예술이며, 이 부분에 대해서는 제5장에서 구체적으로 설명하겠다.
- 교장의 역할은 학교 내에 교사들이 이런 역할을 수행할 수 있도록 환경을 만들어주는 것이다. 교장의 이런 역할 수행에는 리더십과 학교 문화가 밀접히 관련된다.
- 정책 입안자들의 역할은 지역과 주 차원에서든, 국가적 차원에서든 간에 교장과 학교들이 위의 책무를 수행할 수 있도록 환경을 조성해주는 것이다.

공공 자금으로 운영되는 교육제도에서는 학생들의 학습 내용과 학습 이유에 대해 그리고 교사와 학교에 직무를 맡기는 방식에 대해 어느 정도 합의가 있어야 한다. 이 문제에 대해서도 앞으로 자세히 살펴보도록 하자. 하지만 우선은 학습에 대해 살펴보며 문제의 핵심으로 들어가보자. 학교를 개선하기 위해서는 학습 자체의 본질을 이해해야 한다. 가장 효과적인 학습법부터 잘 알아야 한다. 학교와 교육 정책이 여기에 대해 그릇된 판단을 한다면 다른 모든 것은 무의미해진다.

제4장

아이는
타고난 학습자다

갓난아기들은 주변 세계에 대한 학습 욕구가 왕성하다. 언어를 예로 들어보자. 보통의 환경에서는 대다수 아기들이 2, 3세쯤이면 아주 유창하게 말을 한다. 당신이 아이를 키워본 부모라면 알겠지만 말하는 법을 가르친 적도 없는데 말이다. 당신에게는 시간이 없고 아이들에게는 끈기가 없었을 테니, 사실 가르칠 수도 없었을 것이다. 아무튼 어린아이들은 언어에 노출되는 것만으로 언어를 흡수한다. 아이가 말을 배우는 중에 부모가 잘못된 것을 바로잡아주고 응원해주고 기특해할 수는 있지만 그렇다고 아이를 앉혀놓고 이런 식으로 가르치지는 않는다.

"자, 사람은 말을 할 줄 알아야 해. 아니, 더 구체적으로 말하면 너도 말을 잘할 줄 알아야 해."

제2장에서 리처드 거버가 영국의 그레인지초등학교에서 일으킨 혁신을 소개했다. 그 아이디어가 성공적이긴 했지만 리처드는 전세계의 교육구들이 학교를 마을처럼 바꿔야 한다고 얘기하지는 않는다. 그보다는 그레인지턴의 창설을 이끌었던 기본으로 돌아가는 접근법을 제안한다.

"우선은 대학이든 학교든, 아니면 전문 능력 개발 분야든 모든 교육자에게 각 지역에서 가장 뛰어난 유년기 교육 시설을 찾아보고 그곳의 교육 패턴을 배우게 해야 합니다. 그리고 그곳의 패턴 일부를 담당 학생들에게 잘 맞을 만한 수준으로 전환시킬 방법을 찾아야 합니다. 그것이야말로 실용적이고 확실하면서도 자연스러운 학습에 대한 최고의 찬사입니다."

▌능력의 부족인가,
   방법의 잘못인가

아이들의 타고난 학습 능력은 얼마나 대단할까? 수가타 미트라는 1999년에 이 의문을 풀기 위해 뉴델리 빈민가에서 실험을 실시했다. 그는 벽에 컴퓨터를 설치하고 전원을 켜서 인터넷을 연결해놓은 다음 아이들이 이 컴퓨터에 어떻게 반응하는지 지켜봤다. 그곳 아이들은 모두 컴퓨터를 한 번도 본 적이 없었을 뿐만 아니라 웹브라우저는 아이들이 알지도 못하는 언어인 영어로 되어 있었다. 그런데도 컴퓨터 다루는 법을 아주 금세 뚝딱 배우더니 자기들끼리 서로 가르쳐주기 시작했다. 불과 몇 시간도 지나지 않아 아이들은 게임을 하고 자기들만의 음악을 녹음하고 능숙하게 인터넷 서핑을 즐겼다.[1] 당시에 트위터가 있었다면 그 달 말쯤에는 아이들에게 50만 명의 팔로워가 생겼을지도 모를 일이다.

수가타는 더 야심찬 실험을 시도했다. 이번엔 컴퓨터에 음성-문자 변환 프로그램을 설치한 후 텔루구족 억양이 강한 영어를 구사하는 인도 아이들에게 주었다. 아이들은 컴퓨터에게 자신들의 말을 해독시키려면 어떻게 해야 할지 요령을 몰랐다. 수가타는 자기도 잘 모르겠다고 말한 뒤 아이들에게 컴퓨터를 주고 떠났다가 두 달 뒤에 다시 찾아갔다. 그랬더니 아이들이 컴퓨터가 이해하도록 프로그램돼 있던 영국의 억양에 맞춰 자기들의 억양을 교정한 상태였다.

얼마 후에 수가타는 인도 타밀어를 말하는 12세의 아이들이 영어로 생물공학을 독학할 수 있을지 궁금해졌다. 이번에도 그는 두 달의 시간을 주었고 그 자신조차 결과에 별 기대를 하지 않았다.

"저는 이렇게 생각했죠. '가서 시험을 보게 하면 당연히 0점을 받겠지. 교재를 주고 나중에 다시 가서 시험을 봐도 똑같이 0점이 나올 거야. 그러면 나는 다시 돌아와서 이렇게 생각하겠지. 경우에 따라서는 교사가 필요하다고.'

두 달 후에 다시 가봤더니 26명의 아이들이 아주 아주 얌전한 표정으로 걸어왔어요. 제가 먼저 물었어요. '그래, 좀 봤니?' 아이들은 이렇게 대답했죠. '네, 봤어요.' '무슨 말인지 이해가 되었니?' '아니요, 전혀요.' '그랬구나, 얼마나 연습하다가 정말 모르겠다는 생각이 들었는데?' '매일 봤어요.' '두 달 동안 이해도 안 되는 내용을 계속 봤다고?' 그 말에 한 여자아이가 손을 들더니 'DNA 분자의 부적절한 복제가 유전병을 유발한다는 것 말고는 아무것도 이해를 못했어요.'라고 말하더군요."[2]

수가타는 정말로 많은 아이들이 효율적인 도구만 주어지면 혼자서도 학습할 수 있다는 증거를 그뒤로도 계속 발견하게 되었다. 최근에는 스카이프를 통해 학생들의 학습과 탐구를 도와주는 퇴임 교사들의 모임인 '그래니 클라우드(granny cloud)'를 출범시켰고[3] 2013년 말에는 "아이들이 온라인상에서 정보와 멘토링을 얻음으로써 지적 모험에 나서는" 스쿨 인 더 클라우드를 개시했다.[4]

그의 실험은 아이들의 어마어마한 학습 능력을 새로이 조명해줬다.[5] 그런데 아이들이 이처럼 타고난 학습자라면 학교에서 잘 따라오지 못하고 쩔쩔매는 아이들이 왜 그렇게 많은 걸까? 학교 공부에 지루해하기만 하는 아이들은 왜 또 그렇게 많을까? 여러 면에서 볼 때 학교에 만연된 제도와 관습이 문제다.

전통적 고등학교 교실에서는 학생들이 책상에 앉아 앞쪽을 쳐다보는 동안 교사는 가르치고 설명하고 숙제를 내준다. 이런 학습 양식은 대체로 구두적이거나 수리적이다. 다시 말해 학생들이 교사와 함께 주로 필기를 하거나 계산을 하거나 토론을 나누는 식이다. 배울 내용의 체계를 구성하는 커리큘럼은 여러 과목으로 짜여 있고, 대개 과목별로 가르치는 교사들이 다르다. 또한 시험을 자주 봐서 시험 준비에 많은 시간을 할애하게 된다. 학생들은 어쩔 수 없이 과목별로 이해 속도에 차이를 보이게 마련이지만 수업은 똑같은 시간 동안 똑같은 속도로 진도가 나가도록 짜여 있다. 개개인이 따라오든 따라오지 못하든 상관없이 전체 학급을 대상으로 일제 수업이 진행된다.

보통 40분 정도의 단위로 나뉜 수업 시간은 각각 다른 활동에 배정돼 매주 같은 시간표가 반복된다. 각각의 수업 시간 마지막마다 종소리 같은 신호가 울리면 다들 하던 일을 멈추고 다른 교실에서 다른 선생님과 다음 활동으로 옮겨간다.

학교들이 으레 이런 식으로 운영되는 이유는 뭘까? 주된 이유는 대중 교육의 토대를 이루는 두 개의 기둥 때문이다. 과거에 세워졌으나 현대에도 여전히 존재감이 두드러지는 이 두 기둥은, 바로 학교의 조직적 문화와 지적 문화다. 제2장에서도 주장했듯이 대중 교육의 조직적 문화는 산업주의의 제조 과정으로 뿌리가 거슬러 올라간다. 지적 문화는 뿌리가 더 깊어서 플라톤 학파의 학원(Plato's Academy)까지 거슬러 올라간다.

앞에서도 얘기했지만 교육은 학문 능력(academic ability)이라는 개념에 지배당하고 있다. 대다수 사람들은 '학문(academic)'을 '지적'인 것과 동의어로, 또 '학문적 성공(academic success)'을 '교육적 성취'의 동의어로 여긴다. 개념대로 제대로 따지면, '학문'은 더 좁은 의미를 지닌다. 즉 실용적이거나 응용적이기보다는 주로 이론적이거나 학구적인 지적 노동을 가리킨다. 이 때문에 비실용적이거나 순전히 이론적으로 여겨지는 아이디어 그리고 그런 사람들을 가리킬 때 종종 '아카데믹'이라는 단어를 쓰는 것이다.

현재의 학업은 크게 세 요소로 구성돼 있다. 첫 번째는 철학자들 사이에서 이른바 '명제적 지식'으로 통하는 지식, 이른바 있는 그대로의 사실을 강조하는 것이다. 미국의 독립선언서가 1776년에 서명됐던 사실이 이런 명제적 지식의 예에 해당된다. 두 번째 요소는 개념, 절차, 가정, 추측 등의 이론적 분석의 강조다. 예를 들어 민주주의와 자유의 본질, 운동의 법칙, 소네트의 구조 등이 여기에 해당된다. 세 번째 요소는 손재주, 신체적 기술, 눈과 손의 협응 능력, 도구의 사용 등이 수반되는 기술적이고 실용적이며 응용적인 공부보다는 주로 읽기, 쓰기, 수리가 수반되는 책상머리 공부의 강조다.

명제적 지식은 때때로 '노잉 댓(knowing that : 사실을 아는 것-옮긴이)'이라고 일컬어지며 절차적 지식인 '노잉 하우(knowing how : 방법을 아는 것-옮긴이)'와 구별된다. 절차적 지식은 뭔가를 만들고 실질적 일을 할 때 활용하는 것이다. 그림을 그릴 줄 몰라도 미술사를 학문적으로 공부하고, 악기를 연주할 줄 몰라도 음악 이론을 학문적으로 공부할 수는 있다. 미술 활동이나 음악 활동도 사실상 공부해야 할 부분이 있으므로, 방법을 아는 것뿐만 아니라 사실을 아는 것도 필요하다. 절차적 지식은 공학에서부터 의학과 무용에 이르기까지 모든 실용적 분야에서 필수적이다. 사람에 따라 학문적 활동에서 두각을 나타내고 특정 분야의 학문에 열정을 느끼기도 하며 아이디어와 기술의 실용적 응용에 흥미를 느끼면서 특정 실용 분야에 열정을 갖기도 한다.

물론 학업은 그 자체로 중요하다. 또한 이론은 삶의 어떤 분야에서든 실용과 관련된 지식을 제공할 수 있으며, 또 마땅히 그래야 한다. 하지만 전통적인 학문적 커리큘럼에서는 실용보다는 이론을 철저히 중요시한다. 학문적 공부는 두말할 것 없이 중요하며 모든 학생의 교육과정에 포함돼야 한다. 하지만 학문적 공부만으로는 부족하다. 현재 모든 학생에게는 학문적 공부가 필요하지만 그것만으로는 충분하지 못하다.

인간의 지능은 학문적 능력 그 이상을 포괄한다. 예술, 스포츠, 기술, 비즈니스, 공학 등 그 분야에 재주 있는 사람들이 자신의 시간과 삶을 바칠 만한 수많은 직업에서의 모든 성취를 두루 아우른다. 우리 모두의 삶과 미래는 다양한 실용적 능력과 역량에 능통한 사람들에게 의존하며 영위되고 있다. 학교가 모든 학생에게 이런 다양한 실용적 능력과 역량을 모두 다 가르치길 기대한다면 무리겠지만, 적어도 교육 전반에서 이런 다양한 능력과 역량들에 대해 공평한 지위와 입지를 부여함으로써 여러 능력과 역량이 골고루 육성될 만한 토대를 마련해줘야 한다.

인간 지능이 이처럼 포괄적임에도 우리 학교들은 어째서 지능의 특정 측면에만 초점을 맞추게 됐을까? 『내 안의 창의력을 깨우는 일곱 가지 법칙』에서 내가 주장했던 것처럼 그 이유는 유럽의 계몽운동이 고등교육, 과학적 방법, 산업주의에 대해 미친 영향과 관련이 있다. 간략히 요점만 말하자면, 현재 우리의 학교제도를 떠받치는 조직적 의식과 지적 습관이 학생들의 다양한 재능을 적절히 반영해주지 못하는 탓이다.

단지 이런 식의 제도에 잘 맞지 않을 뿐인데도 자신에게 문제가 있다거나, 자신이 별로 똑똑하지 못하다거나, 학습에 결함이 있다고 생각하는 학생들이 너무 많다. 실제로 학습 능력에 문제가 있어서 특별한 도움이 필요한 학생들이 일부 있긴 하다. 하지만 이 일부를 제외한 대다수 학생들은 학습 능력이 부족한 것이 아니라 의무적으로 따라야 하는 학습 방법에 잘 맞지 않을 뿐이다.

수많은 문제는
제도 때문이다

　　　　　　　　　　　　　　　　앞에서도 얘기했지만 교육
은 세계적 문제이자 지극히 개인적인 문제다. 누구에게나 다 그렇
다. 나는 영국 리버풀에서 노동자 계층의 대가족에서 태어났다. 다
섯 형제와 한 명의 누이가 있다. 우리는 그 지역 최고의 축구팀 에
버튼의 경기장 근처인 스펠로 레인의 테라스 딸린 작은 집에서 부
모님과 함께 살았다. 아이러니한 일이지만 나는 어릴 때 소아마비
에 걸려 특수학교에 들어갔던 덕분에 교육에서 행운을 누렸다.

　그곳에 다니면서 나는 여러 명의 좋은 멘토들을 만난 덕분에 마
침내 일레븐플러스(11＋: 영국에서 약 11세 정도의 학생을 대상으로 초등학
교에서 중등학교로 진학할 때 치르는 경쟁 시험-옮긴이)에 합격해서 위상이
낮은 편인 '모던스쿨'이 아닌 위상이 높고 학문적인 '그래머스쿨'에
진학하게 되었다. 그래머스쿨 진학은 대학 입학을 준비하는 과정이
었고 그만큼 서비스직이나 노동직이 아닌 비즈니스 분야나 전문직
일자리를 갖게 될 가능성이 높았다. 그래머스쿨에 들어가지 않았다
면 나는 다른 삶을 살았을 테고 지금과 같은 일을 하지도 못했을 것
이다. 다른 형제 두 명도 시험에 합격해 그래머스쿨에 들어갔다. 나
머지 형제들과 누이 레나는 모든 면에서 우리 세 사람만큼 재능이
있었지만 시험에는 합격하지 못해 그래머스쿨에 들어가지 못했다.

　1950년대 초반이던 당시에 레나는 글라디스스트리트초등학교에
다니는 것을 너무 좋아했다. 느긋한 학교 분위기도 좋았을 뿐만 아
니라, 읽고 쓰기도 하고 미술과 공작 활동과 체육은 물론 그냥 맘껏

노는 시간도 있는 그런 학교 생활도 신나했다. 일레븐플러스 시험에는 별 열의가 없었다. 당시의 그 또래 아이들은 일레븐플러스 시험이 중요하다는 것만 알았지 왜 중요한지는 잘 몰랐으니 그럴 만도 했다. 시험 당일이 되면 버스를 타고 낯선 학교에 가서 다른 학교에서 온 잘 모르는 아이들과 복도에서 따닥따닥 떼지어 섞여 있었다.

그러다 시험 시간이 되면 아이들은 각자 책상에 가서 앉은 후 지시에 따라 조용히 있었다. 그리고 문제들이 적힌 시험지를 받고 정해진 시간 안에 다 풀어야 했다. 시험이 끝나면 시험지를 다 걷어갔고 이제 학생들은 각자의 학교로 돌려보내졌다. 그렇게 시험이 끝나고 몇 주 후에 우리 집의 우편함에는 리버풀 교육위원회에서 보내온 마닐라지 봉투가 들어 있었다. 부모님은 그 봉투를 열어보더니 레나에게 시험에 떨어졌다고 나직이 알려줬다. 레나는 예상했다는 듯한 반응이었다. 준비를 아예 하지 않은 채 무턱대고 본 시험이었으니까. 그후에 집에 편지 한 통이 또 왔는데 레나가 스탠리파크 모던스쿨이라는 여학교에 배정받았다는 내용이었다.

레나는 열한 살에 입학해 열다섯 살에 졸업할 때까지 그 학교에 4년간 다녔다. 그리고 그 4년 동안 학교를 거의 마지못해 다녔다. 그 학교는 선택의 여지없이 정해진 커리큘럼을 따라야 했다. 레나도 같은 반의 또래 여학생들도 교실에서 40분의 수업 시간 내내 거의 정면만 바라보고 있었다. 그런 식으로 역사, 지리, 수학, 영어, 과학의 수업을 들었다. 레나는 별말없이 지침을 잘 따르며 그럭저럭 학교생활을 버텨냈다. 천성적으로 수줍음이 많아서 수업 시간에는 주의를 끌까봐 손을 절대로 들지도 않았다.

레나가 가장 좋아했던 수업은 몸을 움직이면서 뭔가를 만드는 시간이었다. 실제로 음식을 만드는 가정 시간, 실험을 해보는 화학 시간, 천을 자르고 꿰매는 바느질 수업, 맘껏 숨을 쉬며 뛰어다니는 체육 시간을 제일 신나했다. 하지만 이렇게 신나는 시간은 책상 앞에 앉아서 필기를 하며 입을 꾹 다물고 있어야 하는 시간들 사이사이에 어쩌다 가끔씩뿐이었다.

그러다 졸업 학년이 되었을 때 반 학생들이 단체로 진로지도 교사와 면담을 갖게 되었다. 진로지도 교사는 자신의 적성에 따라 비서, 간호사, 미용사, 공장 근로자 같은 직업을 고를 수 있다고 얘기해줬고 학생들은 그중에서 맘에 드는 직업을 선택했다. 레나를 비롯한 네다섯 명의 다른 학생들에게는 미용사가 가장 괜찮아 보였다. 미용사가 되려면 미용실에서 3년간 견습생으로 일하고, 일주일에 하루씩 대학에서 예술, 화학, 커팅, 스타일링을 공부해야 했다. 레나는 자신의 선택에 만족스러워했고 그건 우리 부모님도 마찬가지였다. 사실 당시에 부모님은 레나의 장래 진로에만 온전히 신경을 써줄 형편이 못됐다. 아버지가 산업재해를 당해 목이 부러지는 바람에 전신이 마비된 상태였으니까. 그래서 레나는 가족의 지지는 받았지만, 온전한 관심은 받지 못한 채 선택을 했다.

학교 수업 마지막 날, 여자 교장 선생님이 각 반마다 돌아다니며 몇 마디 조언을 해줬다. 그러면서 여러 가지 선택 직업을 하나씩 지명하며 그 직업을 고른 학생들을 일어나게 했다. 교장은 장래의 간호사, 비서, 공장 근로자들에게 칭찬을 해주다가 이번엔 미용사가 되려는 학생이 있느냐고 물었다. 레나를 포함해 다섯 명의 여학생이 자리에서 일어났다.

"그래, 내가 이럴 줄 알았지. 게으른 애들이 꼭 게으른 일자리를 고른다니까."

다섯 여학생은 자랑스럽고 기대에 들뜬 마음으로 일어났다가 기가 죽고 창피한 마음으로 자리에 앉았다. 레나는 항상 열심히 학교에 다녔고 누구한테도 게으르다는 소리를 들은 적이 없었다. 열한 살 때 패배감을 안고 들어갔던 스탠리파크모던스쿨에서 열다섯 살이 되어 졸업하면서 또다시 패배감을 떠안게 된 셈이었다. 하지만 그때 처음으로 꼭 미용사가 되고야 말겠다는 의지가 강하게 들었다.

이제 레나는 자신의 사업장을 둔 잘나가는 미용사가 되었다. 하지만 훗날에야 깨달았다. 학교에서 자신을 더 관심 있게 봐줬다면 다른 진로를 택하도록 유도해줬을지 모른다고. 아무튼 레나는 자신이 상당히 조직적이라 사람들과 어울리는 재능이 남다르다는 점을 알게 되었고, 그런 재능을 잘 살릴 만한 직업을 선택했다고 생각하고 있다.

하지만 레나가 모던스쿨을 졸업하던 1960년대 당시에는 그런 아이들에게 큰 기대를 걸지 않았다. 특히 여학생에게는 더더욱 그랬다. 레나는 말했다.

"학교에서 여러 학생과 섞어놓고 똑같은 방식으로 판단하면, 그 학생이 어떤 앤지, 또 그 학생이 정말로 잘하는 게 뭔지를 어떻게 알아보겠어?"

정말 맞는 말이다. 그때나 지금이나 청소년들이 겪는 동기와 학습상의 수많은 문제들은 제도 자체로 인한 것이다. 따라서 제도를 변화시키면 이런 문제 상당수를 해소하는 데 도움이 된다. 지금부터 또 하나의 사례를 통해 학습에 통상적으로 부여되는 틀을 제거할 경우 실제로 무슨 일이 일어나는지 들여다보자.

▌학교에 자유를

애드리안 패커(Adrian Packer)는 BRIT 공연예술 및 기술 전문학교(BRIT School for the Performing Arts & Technology)의 선임 예술감독으로 오래 재직하다가 에버튼프리스쿨의 첫 번째 교장이 될 기회를 얻게 되었다. 에버튼프리스쿨은 영국에서 가장 인기 있는 축구팀 중 한 곳인 에버튼 풋볼클럽이 십대들을 위해 세운 대안교육기관이었다. 적어도 내게는 정말 우연의 일치지만, 에버튼프리스쿨은 내가 어린 시절을 보냈던 그 동네, 그것도 우리가 살던 집 거의 맞은편에 지어졌다. 지리적 친밀성과 이런저런 이유 때문에 호감이 생겼다. 저마다의 환경을 불문하고 모든 학생에게 저마다의 특성에 따른 '개인 맞춤형 교육의 기회'를 주려는 에버튼프리스쿨의 교육 목표가 내게는 더욱 감격스럽게 다가왔다.

프리스쿨은 영국에서 새로운 형태의 학교다. 미국의 차터스쿨과 마찬가지로 정부의 기금을 받지만 국가적 커리큘럼에 구속받지 않고 운영할 수 있다. 수업 시간의 기준, 교직원 채용, 예산의 측면에서도 더 자유롭다.[6] 에버튼프리스쿨은 전통적 교육이 잘 맞지 않을 뿐인 십대들에게 개인 맞춤형 교육 기회를 제공해주기 위해 설립됐다.

캘럼 마인스(Callum Mains)도 그런 십대였다. 캘럼은 유년기에는 학교에 다니는 것이 재미있었지만 십대가 되면서부터 학교가 너무 버겁고 너무 비인간적으로 느껴져서 걸핏하면 결석했다. 그러다 열세 살 때 아버지가 돌아가신 후로 집안 사정이 어려워지고 학교마저 별 도움이 되어주지 못하면서 방황을 했다. 여러 교육 프로그램에 배정받았지만 그 모든 프로그램은 그의 관심사와 잘 맞지도 않을뿐더러 새로운 흥미를 불러일으키지도 못했다. 캘럼에게는 에버튼프리스쿨이 구명줄이었다. 드디어 자신과 자신의 꿈에 정말로 관심을 보여줄 만한 곳을 만난 것이다.

캘럼이 털어놓은 이야기다.

"이 학교에서는 선생님들에게 반발심이 드는 게 아니라 선생님들과 함께 공부하는 기분이 들어요. 여긴 선생님들이 학생에게 관심을 가져주고 학생이 무슨 생각을 하는지 배려해주는 그런 곳이에요. 이곳이 아니었다면 저는 마리화나나 피워대는 불량아로 전락했을 거예요. 이 학교 덕분에 그런 나쁜 길로 빠지지 않았어요. 저는 여기에서 원하는 마음만 있으면 뭐든 할 수 있다는 것을 배웠어요."

에버튼프리스쿨을 비롯해 우리가 살펴봤던 그 외의 모든 프리스쿨은 두 가지 중대한 핵심을 증명해주고 있다. 첫째, 모든 학생이 천성적으로 뛰어난 재능을 지니고 있다는 것, 둘째, 모든 학생들을 발전시키기 위한 열쇠는 형식주의와 획일성의 좁은 경계를 넘어서서 학생 각자의 진정한 재능에 맞춰주는 제도로 나아가는 것이라는 점이다.

▍교육에 맞춤 옷을

몇 년 전에 나는 새 차를 사면서 한참이나 애를 먹었다. 기본 모델을 정하고 났더니 내 개인적 취향과 욕구에 맞는 고객 맞춤 선택 사항들을 끝도 없이 고르라고 했다. 컬러, 마감 처리, 패브릭, 사운드 시스템, 문짝의 개수, 엔진 사이즈 등등 고를 게 왜 그리도 많던지. 소득 신고서를 작성하는 기분이었다. 나는 자동차 판매원에게 그 차의 버전이 도대체 몇 가지나 되느냐고 물었다. 그는 자신도 모르겠다면서 덧붙이길, 내 차가 자신이 팔았던 다른 모든 차들처럼 나만의 독특한 차가 될 거라고 했다. 내가 첫 차를 샀던 스물세 살 때와는 대조적이었다. 그 당시만 해도 차를 살 때는 딱 한 가지만 물었다.

"사시겠습니까, 안 사시겠습니까?"

요즘엔 스마트폰의 앱에서부터 입고 다니는 옷과 페이스북의 페이지에 이르기까지 거의 뭐든 다 개인 맞춤을 당연시한다. 건강관리도 마찬가지다. 기술과 생물학에 대한 이해가 끊임없이 발전하면서 처방 약들도 점점 더 개인별 신체 타입에 따라 맞춤형이 되어갈 것이다.

이런 개인 맞춤 과정은 도처에서 나타나고 있지만 아직 교육에서는 뿌리를 내리지 못하고 있다. 개인 맞춤이 가장 시급히 요구되는 분야가 바로 교육이라는 점에서 보면 참으로 아이러니다. 그렇다면 개인 맞춤형 교육이란 어떤 교육일까? 다음과 같은 교육이 되어야 한다.

- 인간의 지능이 다양하고 다각적이라는 사실을 인정하기.
- 학생들이 자신만의 특별한 관심사와 장점을 살릴 수 있게 해주기.
- 시간표를 학생들의 저마다 다른 학습 속도에 맞춰주기.
- 개인별 진도와 성취도를 격려해주는 방식으로 학생들을 평가하기.

▌아이의 지능은 다양하다

앞에서도 말했지만 아이들은 타고난 학습자다. 유아기 동안 세상과 주변 사람들에 대해 엄청난 속도로 학습하며 가장 뛰어난 재능 몇 가지를 키우기 시작한다. 물론 다른 종 역시 학습 속도가 빠르다. 다른 수많은 동물들이 지닌 뛰어난 지능에 대해서나, 그들의 행동, 재능, 관계에 내재된 미묘함에 대해서 점점 더 많은 사실이 밝혀지고 있다.

다른 동물들이 정말로 우리가 정의하는 방식의 학습을 하는가에 대해서는 상당한 논란이 있기도 하지만 나름 설득력 있는 사례들 또한 많다. 예를 들어 『달을 보고 노래하는 돼지』에서 저자 제프리 무사예프 매슨은 어떤 새끼 돼지를 소개했다. 이 돼지는 아침마다 수영하러 가고, 아이들이 배를 문질러주면 아이들과 어울려 놀아주기도 하고, 보름달이 뜨면 하늘을 보고 노래하듯 운다고 한다.[7]

문제 해결 능력이 있는 '까마귀 007'의 이야기도 빼놓을 수 없다. 알렉스 테일러(Alex Taylor) 박사의 실험에서 이 까마귀는 특별한 방식으로 처리해야만 하는 여덟 개의 장애물을 모두 다 통과하고 용기 안쪽 깊은 곳에 놓인 먹이를 꺼내 먹었다.[8] 이런 이야기들 가운데 가장 유명한 사례라면 아마도 고릴라재단(Gorilla Foundation)에서 미국 수화를 가르쳤던 고릴라 '코코'일 것이다. 코코는 수화동작을 1,000개 이상 배웠고 새로운 정보를 전달하기 위해 배운 동작을 조합해내기도 했으며 영어를 상당 부분 알아듣는 능력까지 보여줬다.[9]

몇몇 동물은 일시적이긴 하지만 몇 가지 면에서 인간 아기들을 능가하기도 한다. 실제로 코코는 자기 말을 전달하는 면에서 대다수 아기들보다 확실히 뛰어난 능력을 보여줬다. 하지만 인간은 빠른 속도로 다른 생물과 차별화되는 능력을 보여준다. 바로 언어 같은 상징적 사고력이다. 적어도 한 가지 근본적 측면에서 인간은 지구상의 다른 생물과는 다르다. 우리 인간은 다른 종들처럼 세상을 직접적으로 살지 않는다. 즉 인간은 세상을 개념과 가치라는 틀을 통해 바라본다. 세상에 대한 개념과 이론을 세우고 그에 따라 세상을 해석하며 그에 따라 스스로나 서로를 바라본다. 이런 상상과 창의성은 지구상의 다른 생물과 인간을 구별짓는 몇 가지 안 되는 특징이지만, 바로 그 특징이 큰 차이를 만들어낸다.

우리 모두가 그렇듯 아이들은 자라면서 자신이 하나의 세계가 아닌 두 개의 세계에서 산다는 것을 터득한다. 앞에서도 지적했듯이 당신의 존재 여부와 관계없이 존재하는 세계가 있다. 다른 사람들의 세계이자 사물과 사건의 세계다. 오로지 당신이 존재하기 때문에 존재하는 세계도 있다. 당신의 사적 의식의 세계다. 살아 있기 위해서는 이 두 세계를 알고 두 세계 사이의 관계를 이해해야 한다.

우리는 다른 사람들과 친밀하게 살아가면서 서로의 사고방식에 영향을 준다. 함께 어울려 지내면서 가치관과 행동을 공유하는 공통의 방식을 발전시킨다. 아이들은 자라면서 자신이 말하는 언어나 소속 공동체의 가치관과 라이프스타일에 내재된 관점과 사고방식을 흡수한다. 우리는 집단적으로 정교한 언어는 물론이고 체계적 사고 체계, 추상적 이론, 실용적 기술, 복잡한 예술 양식, 다양한 문화 관습을 만들어왔다. 우리는 이런 식으로 우리가 살아가는 세계를 만들어가면서 대체로 문화권별로 뚜렷한 대비를 이루고 있다.

내가 『내 안의 창의력을 깨우는 일곱 가지 법칙』에서 우리 인간이 가진 다섯 가지 이상의 감각에 대해 살펴보면서 인간과 다른 종의 감각을 비교해봤듯이, 어떤 종은 우리 인간이 주변 세계에서 감지하지 못하는 것을 감지해내는 능력이 있다. 그럼에도 우리는 주변의 다른 생물과는 차원이 다른 세계에 대해 생각하고, 그 세계에서 행동할 수 있는 대단한 능력을 부여받은 존재다. 우리는 우리가 경험하는 온갖 방식으로 세계에 대해 생각하고 서로 소통한다. 소리와 이미지를 통해 생각하는가 하면, 동작을 통해, 단어와 숫자를 통해, 또 이런 여러 가지 양식이 가능하게 해주는 온갖 방식을 통해 생각한다. 비유와 유추를 통해 생각하고 추론하며 공감하고 추측하며 가정하고 상상하며 창조한다.

인간의 삶에 내재된 특이성의 한 가지는 저마다 재능, 관심사, 기질이 다양하다는 것이다. 심리학을 비롯해 인간 과학을 연구하는 분야에서는 본질적으로 인간을 정의하고 분류하려는 시도에 흥미를 갖게 마련이다. 지난 수백 년 동안 이런 시도의 결과로서 나온 가장 영향력 있는 지능 이론이 바로 IQ다. IQ는 우리 각자가 태어나면서 이미 지능이 정해져 있고 이 지능은 간단한 테스트를 통해 수치화가 가능하다는 개념이다. 나는 다른 글을 통해 이런 개념의 단점을 지적했지만 이 자리에서 다시 살펴보지는 않겠다.[10] 다만 이 말만은 하고 싶다. IQ가 인간의 지능이 실제로 얼마나 풍부하고 다양한지에 대해 편협하고 그릇된 개념을 제시하고 있다는 점이다.

지능을 더 폭넓게 바라보려는 시도들도 있는데 그중 가장 유력한 이론은 하워드 가드너(Howard Gardner)의 다중지능(MI, multiple intelligence) 이론이다. 그는 MI를 설명하면서 이렇게 말했다.

"MI는 심리측정적 관점의 지능에 대한 비평이다. IQ나 그 외 단답형 테스트를 통해 적절히 측정되는 지능은 단 하나의 지능에 불과하다."

그는 다양한 증거를 바탕으로 인간에게는 비교적 별개의 여러 가지 지능이 있다고 주장했다. 즉 인간의 지능을 여덟 가지로 분류하면서 우리는 누구나 이 여덟 가지 지능이 저마다 독특하게 조합돼 있다는 것이었다.[11]

그동안 MI 이론이 폭넓게 논의되면서 대안적 개념들이 제시돼왔다. 모든 이론이 대체로 그렇지만 지능의 다양성을 다룬 여러 이론들 역시 비난을 면치 못했다. 일각에서는 이 이론의 틀에 이의를 제기한다. 지능이 세 가지 형태, 네 가지 형태, 여덟 가지 형태, 열 가지 형태가 되어야 맞는 것이 아니냐는 식이다. 그런가 하면 과학적 증거 없이 단순히 이론에 불과하므로 과학적 증거가 나오기 전까지는 추론적이고 잠정적인 이론으로 다뤄야 한다는 주장도 있다. 두 형태의 비난 모두 타당하고 적절하다. 칼 포퍼의 주장처럼 과학의 진행은 선형적이지 않다.[12] 과학은 '추측과 반박'을 바탕 삼아 진행된다. 다시 말해 모든 이론은 제아무리 호소력이 있더라도 어느 때든 그 이론을 지지하거나 의심하거나 반박하는 증거가 제시되기 마련이다. 아예 그보다 나은 이론이 등장할 수도 있다.

내가 여기에서 특히 흥미를 느끼는 부분은 다중지능과 관련된 이론들은 과학적으로 증명되지 않았으므로 실체 없는 설명이라고 결론지은 일부 비평가들의 주장이다. 과연 그럴까? 실체는 분명히 있다. 몇 년 전에 나는 북유럽의 고위 관리와 그의 사무실에서 면담을 나눴다. 그는 지능이 다양하다는 주장에 회의적 반응을 보이면서 그 증거가 어디에 있느냐고 물었다. 그날 우리는 17세기에 지어진 건물의 오크 패널을 두른 방에 앉아 있었다. 우리 앞에는 아름다운 조각이 새겨진 마호가니 탁자가 놓여 있었다. 벽에는 인상적인 모더니즘 그림 몇 점이 걸려 있었고 대형 평면 TV는 24시간 뉴스 채널에 맞춰져 있었으며 그의 유리 깔린 철제 책상 위에는 두 대의 애플 컴퓨터가 놓여 있었고 바닥에는 손으로 정교하게 짠 전통 카펫이 깔려 있었다. 그의 뒤쪽으로는 소설, 시집 등 가죽 장정의 서적이 꽂힌 선반도 보였고 방안에는 모차르트의 곡이 잔잔히 흐르고 있었다. 이 모두가 인간의 지능과 능력의 놀라운 다양성을 보여주는 산물이자 증거가 아닌가. 마침내 나는 입을 뗐다.

"주위를 둘러보며 귀를 기울여보세요. 지능의 다양성이 이렇게 사방에 펼쳐져 있지 않습니까."

그는 미처 생각도 못했다는 듯 놀란 표정을 지었다.

그 증거는 지상에서 인간 특유의 삶을 보여주는 다양한 문화와 성취들 속에 있고, 과학과 예술 속에, 철학과 종교 속에, 기술과 공학 속에, 스포츠와 운동경기 속에, 그리고 이런 인간 활동들이 서로를 매개 삼아 풍성함을 일구는 수많은 방식 속에 있다.

진정으로 교육의 4대 목적에 부응하고 싶다면 우리의 지능이 주변 세계 속에서 능력을 펼치며 우리 내면의 세계를 헤아려보게 해줄 새로운 방식을 마련해야 한다. 모든 학생이 학교에서 자신의 다양한 재능과 감성을 탐험할 적절한 기회를 가져야 한다. 전통적 학업의 재능을 포함하되, 그 재능의 범위를 넘어서까지 탐험해보게 해줘야 한다. 그러려면 근본적으로 모든 학생에게 적합할 커리큘럼의 구성과 균형의 문제를 함께 살펴봐야 한다.

아이들의 관심사와 장점을 살려주기

우리 모두는 타고난 소질을 가지고 있으며 이 소질은 저마다 다르다. 따라서 개인 맞춤형 교육이 필요하다. 교사들은 서로 다른 학생들을 가르치면서 이런 소질의 차이를 고려해야 한다. 또한 커리큘럼 내에 유연성을 둠으로써 모든 학생에게 필요한 공통 학습 과정 외에 학생 개개인이 관심사와 장점을 살릴 기회도 함께 마련해 줘야 한다.

내가 『엘리먼트』 시리즈에서도 주장했듯이 누구에게나 재능과 열정이 만나는 지점, 즉 엘리먼트가 있다. 우리 모두는 서로 다른 장점과 약점을 지니고 있고 재능도 각자 다르다. 내 경우만 해도 내게는 자연스럽게 느껴지는 일들이 있다. 예를 들어 말로 내 생각을 조리 있게 표현하는 일을 잘하는데 전부터 쭉 그래왔다. 그런데 아무리 노력해도 숫자에는 젬병이다. 학창 시절 수학 수업을 좋아하던 친구들이 있었다. 그 친구들은 수학을 술술 잘 이해했다. 나는 그런대로 공부를 잘해서 시험을 통과하긴 했지만, 다른 애들에게는 쉬워 보이는 일부 개념과 풀이법을 이해하느라 애먹을 때가 많았다. 물론 소질이란 아무리 빈약하더라도 연습을 통해 키울 수 있다. 또 아무리 재능이 뛰어나더라도 연습을 통해 연마가 필요하기도 하다. 하지만 소질의 정도가 다른 두 사람이 똑같은 양의 연습을 하면 십중팔구는 성취도에서 차이가 나타나게 마련이다. 이런 차이는 집 안에서도 곧잘 나타나곤 한다.

집에 새 가전기기를 들여놓고 모든 가족에게 작동법을 알아내보라고 하자. 당신의 배우자는 바로 제품 사용설명서부터 들여다보고, 한 아이는 온라인에 접속해 그 기기와 관련된 유튜브 동영상을 검색하고, 또 다른 아이는 기기를 켜서 무작정 조작해볼지 모른다. 이처럼 새로운 물건을 터득하는 방식이 제각각인 것은 각자가 다른 사람이기 때문이다. 그러니 이렇게 제각각인 모든 사람을 똑같은 방법으로 가르친다면 그것은 아무리 좋게 표현해도 비효율적이다.

엘리먼트를 찾는다는 것은 단순히 당신의 재능을 발견하는 문제만은 아니다. 어떤 사람들은 정말 관심도 없는 일을 잘한다. 엘리먼트를 찾기 위해서는 그 일을 좋아해야 한다. 말하자면 엘리먼트는 열정에 대한 문제이기도 하다. 우리가 외부 세계를 바라보는 관점은 어느 정도 신체적 특징과 문화적 특징에 따라 형성된다. 하지만 우리는 각자 자신만의 개성, 재능, 관심사, 희망, 동기, 걱정, 기질을 가지고 있다. 학생들에게 자신의 관심사와 재능을 탐험해볼 여지를 마련해주면 굉장한 일들이 일어날 수 있다. 로리 배런이 학생들에게서 진전을 이끌어낸 것도 학생들 자신이 가장 중요하게 여기는 것이 가장 중요하다는 점을 인정한 이후에야 가능했다. 풋볼이나 미술이나 음악 그리고 경우에 따라서는 과학이나 문학이나 역사 역시 학생들에게 학교생활을 헤쳐 나가도록 의욕을 북돋아줘 즐겁지 않은 수업도 견딜 만하게 해줬던 것이다.

모든 학습은 어느 정도 정보와 개념의 암기에 의존한다. 학교에서는 기억력이 좋으냐 나쁘냐를 기준으로 기억력이 나쁘면 머리가 별로 좋지 않은 학생이니 더 열심히 공부해야 한다고 추정하는 듯하다. 하지만 역사적 자료나 구구단을 외우느라 쩔쩔매는 학생들 가운데는 수백 개의 노래 가사를 외우거나 10년 전 스포츠 게임의 특정 장면까지 막힘없이 기억해내는 아이들이 많다. 이런 학생들의 경우 학교에서의 '나쁜' 기억력은 재능 부족이 아니라 몰입도 부족 탓일 가능성이 높다.[13]

시간표를 아이들 각자의 속도에 맞추기

사람마다 가장 좋은 학습법이 서로 다르듯 학습의 속도에서도 저마다 차이가 있다. 전체 학급 단위의 수업과 미리 정해진 교육 프로그램은 교사들이 이런 차이를 인정하고 조정하는 데 걸림돌이 되기 십상이다. 그 결과 일부 학생은 자신의 능력을 제대로 발휘하지 못한다. 또 낮은 학업성취도는 낮은 기대로 이어져서 학생의 전체 학력을 떨어뜨릴 수도 있다. 개개인의 학업성취도를 높이려면 학생들을 개개인으로서 수업에 참여시켜야 한다. 장애물 경주하듯 동시에 똑같은 방식으로 모두를 경쟁시킨다고 해서 해결될 일이 아니다.

교육에서 좀처럼 바뀌지 않는 전통 한 가지는 학생들을 나이별로 모아놓는 것이다. 아이가 아직 학교에 들어갈 준비가 안 되었다는 학부모의 판단에 따라 1년간 입학을 미루는 경우도 더러 있지만 아이들은 일단 제도 안으로 들어오면 같은 나이의 또래들과 계속 같이 진학하게 된다. 여덟 살짜리는 다른 여덟 살짜리들과 같은 교실에서 수업을 받는다. 열네 살 아이가 열일곱 살 아이와 선택과목 수업을 들을 수는 있지만, 그래도 언어 과목은 다른 열네 살 아이들과 함께 받는 것이 보통이다.

1학년 수업에 들어가 보면 몇몇 아이는 글자를 막힘없이 읽고, 또 몇몇 아이는 한 자 한 자 더듬더듬 읽으며, 두어 명은 글자를 이해하지 못해 쩔쩔매고, 한두 아이는 이미 글을 다 떼고 혼자서 책을 읽는다. 나중엔 대다수 아이들이 유창하게 글을 읽게 되겠지만 어쨌든 이 시점에 아이들은 서로 다른 경주 트랙에 서 있다. 어떤 아이는 수학의 이해력이 빨라 3학년 때 대수학 입문도 척척 공부할지도 모른다. 반면에 또 어떤 아이는 초대받지 않은 파티에 와 있는 것처럼 수학 수업이 거북하기만 해서 9학년 때 분수 보충수업을 받게 될 수도 있다.

그런데다 학교들은 잘 어울리지도 않는, 전통적인 컨베이어벨트식 시간표로 운영된다. 사업의 세계에 이런 방식을 적용했다고 가정해보자. 40분마다 전체 근로자가 일을 멈추고 다른 방으로 옮겨가 완전히 다른 일을 하면서 하루에 이런 과정을 여섯 번씩 반복한다면 그 사업장은 급속도로 침체돼 몇 달 내에 파산할 것이 뻔하다. 학습 활동별로 필요한 시간이 다른 활동에 비해 더 길기도 하고 더 짧기도 하다. 그룹 프로젝트라면 중간에 끊김 없이 연속적으로 몇 시간이 필요할 수 있고, 개인적인 글쓰기 활동은 비교적 짧은 시간에 여러 차례 시행되는 것이 더 효과적일 수도 있다. 시간표가 보다 유연하고 개인화된다면 지금 학생들에게 필요한 그런 역동적인 커리큘럼이 마련될 가능성이 그만큼 높아진다. 특히 컨베이어벨트식 시간표에서 가장 신경 거슬리는 점은 하던 것을 제대로 끝마치기도 전에 활동을 중단해야 하는 부분이다. 조 해리슨 같은 이들도 바로 이 부분에 분통을 터뜨린다.

조는 교사 생활의 현실을 잘 모르는 채로 영국 맨체스터 소재의 학교에서 음악 교육 프로그램을 짜게 되었다. 그런데 정규 수업 시간의 속도가 어떤 프로젝트나 주제에 학생들을 제대로 몰입시키기에는 어림도 없을 만큼 말도 안 되게 짜여 있다고 느껴졌다. 그가 맨체스터에서의 그 일에 대해 털어놓은 얘기를 그대로 옮겨보겠다.

"수업은 정말 재미있었어요. 즐겁고 신났어요. 아이들도 좋아했고 교사들도 좋아했어요. 다 같이 몇 가지 흥미로운 아이디어도 냈죠. 하지만 이 음악 프로젝트에서 어떤 아이디어를 상상해내든 간에 매주 월요일 아침 한 시간의 한정된 시간 안에 마쳐야 했어요. 그렇게 시간에 쫓기다 보면 제대로 된 교육이 불가능합니다. 학생들을 다음 수업에 보내줘야 한다는 이유 때문에 교육적 가능성이 뒤로 밀려나는 겁니다. 정말 학생들에게는 제대로 몰입할 수 있는 선택권이 없었어요. 그때 교육제도의 결함을 절감하게 되었죠."

조는 그후에 크리에이티브 파트너십(Creative Partnerships) 프로그램에 참여하게 되었다. 참고로 크리에이티브 파트너십은 내가 의장을 맡았던 〈우리 모두의 미래(All Our Futures)〉라는 보고서에서 권고했던 대로 창의성을 육성하기 위해 영국 정부에서 만든 프로그램이다. 그는 이 프로그램에 참여하면서 맨체스터의 그 학교에서 느꼈던 문제점을 다루는 일이야말로 최우선 과제라는 생각을 했다.

"저는 청소년들이 자신만의 창의적 방법을 찾아볼 여지와 시간을 마련해주려고 시도했어요. 제가 그 학교에서 프로젝트를 진행하면서 느꼈던 것이 수업 시간표가 소모적이기 짝이 없다는 점이었으니까요."

그는 크리에이티브 파트너십에서 일하던 중에 칼 오너리의 『시간 자결권』을 접하게 되었다.[14] 이 책은 적절한 속도로 느긋하게 일하는 가치를 찬미하면서 전세계적으로 느리게 살기 운동을 촉발했는데, 조가 느꼈던 교육제도의 문제점과 관련해서도 직접적인 시사점이 있었다. 그런데 느리게 살기 운동에 대해 조사해보니 정작 그 자신에게 가장 중요한 분야인 교육에 대한 논의가 전혀 없었다. 그는 독자적으로 느린 교육 운동을 개시하면서 국제적 논의와 지역 차원의 지원을 위해 웹사이트를 열었다. 또한 새로운 모델을 토대로 여러 학교와 협력도 펼쳤다. 그중 한 학교가 랭커셔의 다웬에 있는 홀리트리니티초등학교였다.

"다웬은 낙후 지역입니다. 상당수 아이들이 행동장애나 정서장애가 있고 무상급식 비율이 영국 평균보다 크게 높죠. 아이들의 학업 성적도 그다지 좋지 않았습니다. 이 문제를 해결하기 위해 논의를 거치는 과정에서 바로 느린 교육 운동이 도입됐어요. 이 학교에서는 오랜 시간을 기울여 지역 공동체와 아이들에 대해 이해하기 위해 애썼습니다. 아이들의 성적을 올리려고 무턱대고 무모한 조치를 취하기보다는 아침식사 클럽부터 시작했죠. 변화가 수반되는 프로젝트도 실시했습니다. 차츰 많은 지역 주민의 동참도 이끌어냈습니다. 한편 교수와 학습이 보다 개인적 차원에서 훨씬 균형 잡혀가면서 현재 적어도 한 학기에 한 번씩은 교사들이 모든 아이들과 일대일 수업을 갖고 있습니다."

조는 학교와 지역 공동체가 시간을 할애해 학생 개개인이 어떤 아이이고 어떤 생각을 하는지 알아주고 특정 관심사와 능력에 맞춘 프로그램을 만들어주면 어떤 성취가 가능한지를 홀리트리니티초등학교를 통해 똑똑히 목격했다. 홀리트리니티초등학교에서는 성적을 덜 강조하는 동시에 학생, 교사, 지역 공동체 사이의 상호작용을 더욱 중시했다. 그 결과는 놀라웠다. 학생들의 학교생활에 대한 평가가 크게 높아졌던 것이다. 학생들은 홀리트리니티초등학교를 제2의 집으로 여기기 시작했고 문제 행동을 일으키는 사례도 줄었다. 동시에 성적까지 향상돼 교육표준화국(Office for Standards in Education : 영국의 학교 평가 전담 기구-옮긴이)으로부터 더 높은 등급을 받았다.[15]

조는 느린 교육의 이상적인 모델은 단 하나만이 아니라고 지적한다. 느린 교육 운동의 핵심은 어떤 방식이건 학습 과정을 개별화시키고 학습자에게 자신의 열정과 장점을 발견할 여지와 시간을 허용해주는 것이라면서 이렇게 말했다.

"느린 교육 운동에서는 의미 있는 결과를 끌어내기 위한 진심 어린 학습이 중요합니다. 교사와 학습자의 참여의 질이 학생을 재능과 시험 성적만으로 판단하는 것보다 더 중요하다는 점이 포인트예요."

아이의 발전과 성취를 격려해주는 평가하기

제7장에서 부담스러운 시험으로 인한 압박에 대해 다루면서 자세히 얘기할 테지만, 표준화된 시험의 편재와 한계는 대다수 교육제도의 평가 방법 전반에 의문을 품게 한다. 공정하고 열린 시험을 위한 전국 센터(National Center for Fair and Open Testing, 이하 페어테스트)의 소장 몬티 닐은 평가에 대해 다음과 같은 견해를 밝힌 바 있다.

"평가에는 객관식 시험에서부터 에세이와 프로젝트, 교사의 관찰과 학생의 자기평가에 이르기까지 다양한 기준을 포함시켜야 한다."

몬티는 《루트앤드브랜치》지에 다음과 같은 글을 기고하기도 했다.

"훌륭한 교사들은 폭넓은 범위에서 평가법에 대해 잘 알고 있고 마찬가지로 다양한 도구를 통해 지식을 평가할 수 있다는 점도 잘 안다. 안타깝게도 표준화시험에 대한 압박으로 인해 교사들이 활용하는 평가 범위가 위축돼왔다. 한 예로 낙오아동방지법을 다룬 페어 테스트의 보고서에서 한 여교사는 시험 준비 때문에 독후감 숙제를 얼마나 줄여야 했는지 모른다며 하소연했다. 이런 식의 불만이 미국 전역에 확산돼 있다."[16]

놀이를 통해 스스로 배우게 하기

교육의 표준화와 현재 이뤄지는 교육의 양은 모든 연령의 사람들에 잘 맞지 않는다. 특히 청소년들이 놀이를 통해 배우는 가장 자연스러운 학습법과 본질적으로 어울리지 않는다.

여러 형태의 놀이는 삶의 모든 측면에서 중요한 역할을 한다. 아이들의 육체적, 사회적, 정서적, 지능적 발전의 측면에서 특별히 중요하다. 놀이의 중요성은 모든 문화에서 인정받아왔다. 그동안 인간과학 분야에서 폭넓게 연구되며 지지받아왔을 뿐만 아니라 전 세계의 계몽적인 학교들을 통해 실제로 증명돼왔다. 하지만 여러 나라에서 벌어지고 있는 표준화운동은 학교에서 놀이의 역할을 하찮게 취급하고 있다. 놀이를 공부와 시험 통과라는 중요한 본업을 방해하는 요소쯤으로 치부한다. 놀이의 추방은 표준화교육이 빚은 대비극 중 하나다.

생물 진화적 관점에서 놀이를 연구해온 보스턴대학교의 심리학

연구교수 피터 그레이에 따르면 아이들은 다른 책임들에 얽매이지 않으면 다른 포유동물과 비교해 훨씬 많이 놀며, 이런 놀이로부터 엄청난 혜택을 얻는다. 그레이 박사는 몇 년 전에 수렵 채집 문화를 연구해온 인류학자들의 견해를 조사해봤다. 그런데 이들 인류학자들이 한목소리로 지적한 사실이 하나 있었다. 이런 문화권의 아이들은 하루 종일 어른의 간섭 없이 놀았고 이곳 어른들은 간섭 없는 놀이를 중요한 학습 기술로 바라보면서 놀이가 책임감 있는 성인으로 성장시켜준다고 여겼다는 사실이다. 다음은 그레이 박사의 말이다.

"일부 인류학자들이 밝힌 바에 따르면, 자신들이 관찰했던 이 문화권의 아이들은 그동안 관찰했던 지역을 통틀어 가장 똑똑하고 행복하며 가장 협력적이고 적응력이 좋으며 가장 유연했다고 한다. 따라서 생물 진화적 관점에서 보면 놀이는 인간 아이들을 포함한 어린 포유동물이 획득해야 하는 기술을 습득하게 해주는 자연적 수단이다."[17]

이것을 대다수 선진국 문화의 교육 체계와 비교해보자. 그레이 박사가 『자유로운 학습』에서 지적한 것처럼 아이들은 과거에 비해 더 어린 나이에 학교에 들어간다.

"현재는 유치원만 있는 게 아니라 예비유치원 과정까지 운영되고 있다. 게다가 유치원과 예비유치원 과정보다 앞서 들어가게 되는, 취학 전의 보육원들은 구조가 점점 초등학교처럼 바뀌면서 놀이 대신 어른의 지시대로 따르는 식이 되어가고 있다."

한편 수업 시간이 점점 늘어나기도 했고, 현재는 학년을 늘리자는 요구까지 새롭게 제기되고 있다. 그 과정에서 수업 시간 중의 자유놀이 시간은 크게 줄어들었다.

"수업 시간이 점점 길어지고 더 재미없어진 것도 모자라 학교가 가정과 가족생활을 점점 더 침입해오고 있다. 늘어난 숙제가 놀 만한 시간을 점점 갉아먹고 있어서 하는 말이다."[18]

피터 그레이는 이런 현상이 우리 아이들에게는 비극적인 손실이라고 여긴다.

"아이들은 본래부터 어른의 간섭 없이 혼자 힘으로 놀고 탐험하도록 태어난 존재다. 아이들이 성장하려면 자유가 필요하다. 자유가 없으면 괴로워한다. 자유롭게 놀고 싶은 충동은 기본적이고 생물학적인 충동이다."

이는 여러 심리학자, 철학자, 인류학자, 교육자들이 오래전부터 주장해온 견해다.

그레이 박사의 말마따나 자유로운 놀이의 결핍은 음식, 공기, 물의 결핍처럼 육체를 죽이지는 않는다 해도 영혼을 죽이고 정신적 성장을 방해한다.

"자유로운 놀이는 아이들에게 학습 수단이다. 자유로운 놀이를 통해 아이들은 친구를 사귀고 두려움을 극복하고 자신만의 문제를 해결하고 자신의 삶을 전반적으로 통제하는 요령을 배운다. 또한 놀이를 통해 자신이 자라는 문화에서 성공을 위해 필수적인 신체적, 지능적 기술을 연습하고 습득하기도 한다. 그 무엇을 해준다 해도 빼앗은 자유를 보상해줄 수는 없다. 아이들에게 아무리 많은 장난감을 사준다고 해도, 또 '부모와 자녀 간의 대화 시간'을 아무리 많이 가져주거나 특별 훈련을 잔뜩 시켜준다 해도 다 소용없다. 아이들이 자유로운 놀이 속에서 스스로 터득하는 것들은 다른 식으로는 가르칠 수 없는 것들이다."

나는 그레이 박사의 주장에 격하게 공감한다. 아이들에게는 효과적이고 타고난 학습 능력이 있다. 아이들은 자기 생각대로 하게 내버려두면 우리가 해줄 수도 없고, 해줘서도 안 되는 식으로 여러 선택들을 탐험해 선택을 한다. 놀이는 학습에서 절대적으로 중요하다. 놀이는 호기심과 상상력의 자연스러운 산물이다. 하지만 표준화운동은 학교에서 놀 기회를 아주 발 벗고 나서서 없애고 있다.

내가 어렸을 때는 학교에 가면 쉬는 시간에 혼자서 또는 아이들과 놀면서 상상에 빠지고 이런저런 실용적 기술과 사회적 역할을 실험해볼 여유가 있었다. 현재는 겨우 15분 정도의 쉬는 시간이 초등학교 시간표에 끼워져 있는데 이마저도 어쩌다 시간표가 꼬이면 가장 먼저 생략된다. 이런 와중에 정치인들은 수업일과 학년을 더 늘리기 위해 로비를 벌이고 있다.

학교에서의 학업성취도를 높이는 과정에서 나타나는 문제들은 상당수가 학교의 운영 방식이 자연스러운 학습의 리듬이나 전통과 충돌하면서 발생한다. 구두가 잘 맞지 않아 발이 아프면 구두를 닦거나 발을 탓하는 대신 그 구두를 벗고 다른 신을 신는다. 마찬가지로 제도가 제대로 작동되지 않는다고 해서 그 제도 안의 사람들을 탓할 일은 아니다. 제도가 효과적으로 작동되도록 함께 제도를 변화시켜야 한다. 그렇다면 변화를 주도하기에 가장 좋은 위치에 있는 사람들은 누굴까? 적절한 환경이 갖춰진다면 학습의 질에 가장 큰 영향을 미칠 수 있는 사람, 바로 교사들이다.

제5장

교사는
일종의 예술가다

레이프 에스퀴스는 LA에 인접한 코리아타운의 호바트초등학교에서 30년 동안 똑같은 교실인 56호실에서 수업을 했다. 호바트초등학교의 학생들은 대부분 아시아계나 라틴계의 이민자 가정 출신이며 입학 당시 영어를 하지 못하는 아이들이 많다. 이 지역은 저소득층 지역으로 전반적 학업성취도와 졸업률이 낮은 편이다. 하지만 레이프의 교실에 들어와 수업을 받았던 학생들은 대다수가 고등학교를 졸업했고 영어도 완벽하게 구사했다. 그중엔 아이비리그 등 상위권 명문 대학에 진학해 전문가로 성공한 학생도 많았다. 몇몇 졸업생은 그를 따랐던 여러 세대의 학생들과 힘을 모아 그의 활동을 지원하는 재단을 창설하기도 했다.

정말 감격적이고 놀랍지 않은가? 하지만 훨씬 놀라운 부분은 따로 있다. 이 모든 일이 레이프가 학생들에게 셰익스피어를 가르침으로써 이뤄낸 성과라는 사실이다. 그는 매년 셰익스피어의 희곡 한 편을 골라 스토리, 인물, 언어, 역사, 연기 등의 전면적 관점에서 학생들과 수업을 한다. 이곳의 '호바트 셰익스피어 학도들'은 거의 모두 레이프의 교실에 들어오기 전까지만 해도 셰익스피어라는 이름은 들어보지도 못했다. 하지만 나중에는 자기들보다 나이가 3배는 많은 사람들마저 놀라게 할 만큼 셰익스피어에 대해 박사가 되었다.

나는 지난 30년 동안 전세계에서 찾아온 관중들이 빽빽이 들어찼던 56호 교실에서 〈템페스트(The Tempest)〉 공연을 보는 영광을 누렸다. 그날 35명의 들뜨고 재간 있는 9, 10세의 아이들은 수많은 비평가들에게 셰익스피어의 명작으로 꼽히는 그 작품을 탁월한 앙상블을 연출하며 공연해냈다. 아이들은 대사를 멋지게 소화했을 뿐만 아니라 10개가 넘는 악기로 음악을 연주하며 그해 내내 갈고닦았던 실력을 뽐냈고, 3중주와 4중주로 합창까지 했다. 나는 아리엘 역을 맡은 한국계 여학생에게 특히 눈길이 갔다. 그 여학생은 무대에서 내려와 있는 동안 다른 등장인물의 모든 대사를 소리 내지 않고 입모양으로 따라 하고 있었다. 막간에 나는 레이프에게 가서 그 여학생이 작품 전체를 암기하고 있는 것 같다고 말을 걸었다. 레이프는 싱긋 웃으며 이렇게 말했다.

"맞습니다. 아이들 모두가 다 외우고 있죠."

제2막이 시작되기 전에 그는 꼬마 배우들에게 내가 했던 말을 전해주며 정말로 작품 전체를 외우고 있는지 물었다. 아이들 역시 싱긋 웃더니 고개를 끄덕거렸다. 이어서 레이프가 다 같이 미란다의 첫 대사를 말해보라고 하자 아이들은 한 글자도 틀리지 않고 낭송했다.

이 아이들은 암기술을 잘못 이해한 경우가 아니었다. 아이들은 그 작품을 확실하게 이해했고, 또 좋아했다. 호바트 셰익스피어 학도들의 공연을 자주 관람하는 사람 중에는 세계 최고의 고전 배우 이언 맥켈런(Ian McKellen) 경도 있었다. 그는 아이들에 대해 이렇게 말했다.

"아이들은 단어 하나하나까지 다 이해하고 있어요. 셰익스피어의 작품을 연기하는 배우들이 모두 그렇지는 못한데 말이에요."[1]

하지만 셰익스피어는 호바트초등학교 56호 교실의 커리큘럼에서 작은 일부분에 불과하다. 사실 희곡 공부는 정규 수업이 끝난 다음에야 시작하는 방과 후 수업이다. 다른 수업 시간에는 자기 학년보다 훨씬 높은 수준의 글을 읽고 대부분이 고등학교 수준에나 맞을 만한 수학 문제를 푼다. 56호 교실의 벽에는 예일, 스탠퍼드, 노트르담 같은 대학교 펜던트들이 덮여 있는데, 모두 레이프가 가르쳤던 학생들이 들어간 대학의 펜던트다. 그리고 이 명문대 진학생들 가운데 대다수는 집안에서 처음으로 대학에 들어간 경우다.

레이프는 학생들의 학습열을 잘 유도해왔다. 그것도 학생들이 학교에 일찍 등교하고 방학에도 학교에 나오는가 하면, 그의 수업을 듣는 1년 동안 TV를 끊겠다고 약속할 정도로. 그가 내세우는 수업 모토는 '지름길은 없다'이며 아이들은 말도 안 될 만큼 열심히 공부한다. 하지만 그는 그런 노력을 아이들에게 일방적으로 강요하지 않는다.

"제가 아이들에게 열심히 공부하길 바란다면 저 자신이 가장 열심히 하는 모습을 보여주는 편이 좋습니다."

〈CBS 이브닝 뉴스(CBS Evening News)〉와의 인터뷰에서 그가 했던 말이다.[2] 그는 실제로 일주일에 6일씩 일하면서 토요일에도 학교에 나와 졸업생들의 SAT 준비까지 봐주는 식으로 모범을 보였다.

그는 자신의 책 『에스퀴스 선생님의 위대한 수업』에서 자신의 혁신적 순간에 대해 털어놓았다.

"항상 무리에서 가장 인기 없는 축에 들었고 자기 스스로도 자신은 절대 특별한 사람이 될 수 없다고 포기한 듯한, 말수가 없는 어느 여학생이 계기가 되었습니다."

어느 날 화학 수업 중에 알코올램프로 실험을 하고 있었다. 이날도 그 여자아이의 램프에는 불이 켜지지 않았고 아이는 눈물을 터뜨리고 말았다. 아이는 레이프에게 다른 아이들과 수업을 계속 진행하라고 했지만 그는 그 아이를 그냥 내버려두고 딴 데로 가지 않았다. 그렇게 옆에서 살펴보니 램프 자체가 문제여서 램프를 고쳐줬다.

어떻게 된 일인지 알코올램프의 심지가 너무 짧았다. 심지가 있기나 한 건지 잘 보이지도 않았다. 나는 최대한 허리를 바짝 숙여 길쭉한 성냥으로 불을 붙여보려고 했다. 어찌나 성냥에 몸을 바짝 붙였던지 램프에 불을 붙이려고 할 때는 불꽃이 다 느껴질 정도였다. 그때는 어떻게든 램프에 불을 붙여야겠다는 마음뿐이었다. 그리고 드디어 램프에 불이 붙었다! 심지에 불이 붙는 순간 나는 의기양양하게 고개를 들었다. 환한 미소가 번져 있을 아이의 얼굴을 기대하면서.

그런데 아이는 나를 보더니 겁먹은 얼굴로 비명을 질렀다. 다른 아이들까지 덩달아 소리를 지르기 시작했다. 나를 가리키고 있는 모든 아이들을 보면서 나는 무슨 영문인지 어리둥절하기만 했다. 램프에 불을 붙이던 중에 내 머리에 불이 붙었다는 사실을 깨닫기 전까지는. 어느새 불이 붙은 머리에서는 연기가 피어올랐고 아이들은 완전히 겁에 질려버렸다.[3]

레이프는 별 어려움 없이 불을 껐다. 아이들이 그의 머리를 마구 때리면서 불을 끄게 도와준 덕분에 말이다. 그뒤로 그날의 실험은 더 이상의 사건 없이 원활히 진행됐다. 하지만 그 일은 그의 마음에 깊은 울림을 일으켰다.

그 몇 주 사이에 처음으로 선생님이 되길 잘했다는 뿌듯함을 느꼈다. 어떻게 생각하면 그런 일쯤이야 현장의 모든 교사들이 겪는 일이라고 대수롭지 않게 흘려 넘길 만도 했다. 하지만 나는 누군가를 도와주기 위해 최선을 다했다. 특별히 잘하지는 않았지만 노력했다는 사실이 중요했다. 머리에 불이 붙은 줄도 모를 만큼 학생을 가르치는 일에 몰두할 수 있다면 나는 지금 옳은 방향으로 가고 있다는 생각이 들었다. 그리고 그 순간 결심했다. 머리에 불이 붙은 듯한 열정으로 아이들을 가르치겠다고.

레이프 에스퀴스는 학생을 가르치는 일이 단순히 일이나 직업이 아님을 아는 교사다. 제대로 이해하고 보면 교직도 일종의 예술이다. 이 점은 레이프가 교사로는 처음으로 백악관에서 수여하는 미국

예술상(National Medal of the Arts)을 수상하면서 부각됐고, 나로선 현장의 훌륭한 교사들을 볼 때마다 그 확신이 더욱 굳어지고 있다.

▎교사의 진정한 역할

정규 교육의 3대 요소는 커리큘럼, 지도, 평가다. 대체로 표준화운동은 커리큘럼과 평가에 초점이 집중돼 있다. 지도는 표준을 전하는 역할쯤으로 치부되고 있다. 우선순위가 완전히 거꾸로 뒤집힌 것이다. 커리큘럼이 얼마나 상세한지, 시험에 얼마나 비용을 들이는지는 중요하지 않다. 교육 혁신에서 열쇠를 쥐고 있는 것은 지도의 질이다. 교육 개선의 핵심은 학급 단위, 사회적 계급, 신체적 환경 등의 요소를 뛰어넘어 학생들에게 학습 의욕을 북돋워주는 것이며, 이는 훌륭한 교사들이 실제로 수행하는 역할이다.

뉴질랜드 오클랜드대학교의 교육학 교수 존 해티는 학생 성취도에 영향을 주는 요소들을 다룬 전세계의 연구들을 비교해왔다. 그가 이런 요소들 140개를 정리해놓은 리스트에 따르면[4] 그중 최상위 요소는 학생들의 스스로에 대한 기대이며, 가장 중요한 요소 가운데는 교사의 학생들에 대한 기대도 들어간다.[5]

교사의 핵심 역할은 학습의 촉진이다. 군이 말할 필요도 없지만 교사들에게 기대되는 역할의 상당 부분은 지도 외적인 것이다. 교사들은 시험 관리, 행정 업무, 회의 참석, 보고서 작성, 훈육 조치

따위에 많은 시간을 빼앗기고 있다. 이런 일들 모두 업무의 일부라고 말하는 사람도 있을지 모른다. 맞는 말이지만 학생들의 학습을 도와주는 것이야말로 교사로서 반드시 수행해야 할 업무다. 다른 업무들이 그 업무에 집중하지 못하게 방해한다면 교직의 정체성은 흐려지고 만다.

표준화운동은 교사들에게 서비스직 종사자의 역할을 맡기는 경우가 비일비재하다. 교사들이 택배기사나 되는 듯이 표준을 '배달' 하는 역할에 치중돼 있다. 이런 개념이 교육에 슬금슬금 발을 들여놓기 시작한 것이 언제부터인지는 확실치 않지만 교사와 교직의 품위를 손상시키는 것은 분명하다. 안타깝게도 모든 교육 관료들이 교사들을 격려하는 태도로 대하는 것은 아니다. 일부 관료는 교사들에게 강경한 태도를 취하며 교사들의 일자리가 학업성취도에 달려 있다는 식으로 대한다. 아이들이 치르는 시험의 특성 외에 수많은 요소들이 아이들의 실력에 영향을 미치는 것이 확실한데도 말이다. 영국의 전 교육부장관 마이클 고브(Michael Gove)는 대학의 교육학부와 교사 양성 강좌를 운영하는 대학 교수들을 "장래성을 해치는 새로운 적"으로 칭하며[6] 그런 교수들이 좌익 이론을 주입받아 교직의 실무에 적합하지 않은 교사들을 배출하고 있다는 언급을 하기도 했다.[7]

당연하겠지만 영국의 교사들은 이런 말을 선의로 해석하지 않았다. 영국교원노조(National Union of Teachers, NUT)는 2013년 연례회의에서 교육부장관 불신임 투표를 유례없는 만장일치로 통과시키며 "고브는 물러나라"고 외쳤다.[8] NUT 사무총장 크리스틴 블로어

(Christine Blower)는 "고브가 이제는 교직의 사기가 위태로울 지경으로 떨어져 있다는 사실을 인식해야 한다"고 밝혔다. 한 달 후에는 영국학교장협회(National Association of Head Teachers)에서도 자체적인 불신임 투표를 실시하면서 협회장이 교사와 학생들은 "거북한 심정"이라는 촌평을 내놓았다.[9]

반면 적어도 PISA 기준에 따라 세계에서 성취도가 우수한 교육제도들은 잘 훈련되고 의욕적이며 적절한 보수를 받는 교사들의 중요성을 높이 평가하고 있다. 싱가포르, 한국, 핀란드는 교직 진입의 장벽이 높다. 교사가 되기 위해서는 아주 엄격한 과정을 거쳐서 교사로서의 특별 훈련뿐만 아니라 학생들과의 소통, 멘토링, 학급 관리, 적성 평가 등 다각적 훈련을 받아야 한다.[10]

그런데 아이들이 타고난 학습자라면 굳이 교사들이 필요할까?

▌지도의 힘

앞에서도 말했듯이 교육은 살아 있는 과정으로서 농업이 가장 적절한 비유가 된다. 농부들은 자신들이 식물을 자라게 해주는 것이 아님을 안다. 농부들이 식물에 뿌리나 잎사귀를 붙여주거나 꽃잎에 색을 칠해주는 것이 아니지 않은가. 식물은 스스로 자란다. 농부가 할 일은 식물이 스스로 자랄 최적의 환경을 만들어주는 것이다. 훌륭한 농부는 그런 환경을 만들어주지만 서툰 농부는 그러지 못한다. 가르치는 일도 마찬가지다. 훌륭한 교사는 학습 환경을 만들어주지만 서툰 교사는 그러지 못한다. 또한 훌륭한 교사는 이런 학습 환경이 항상 통제 가능한 것이 아니라는 사실도 알고 있다.

교육계에서는 지도법과 학습법에 대해 전통적 방법과 진보적 방법을 놓고 끊임없이 논쟁이 이어지고 있으며 때로는 논쟁이 적대적 양상으로 치닫기도 한다. 풍자 속에서 으레 드러나는 특징이기도 하지만 전통적 지도법은 학급 전체를 대상으로 직접적으로 지도하는 방식을 통해 사실과 정보를 가르치는 방향으로 초점이 맞춰져 있다. 그러나 진보적 지도법은 발견, 자기표현, 소그룹별 활동을 통한 학습을 기반으로 삼는다. 그런데 내 경험에 비춰보면 진보적 지도법과 전통적 지도법 사이의 이런 첨예한 경계는 일선의 대다수 학교에서 현실적이라기보다 이론적일 뿐이다. 실제로는 모든 학과의 교사들이 대체로 (그러는 것이 올바른 일이지만) 다양한 지도법을 두루 활용한다. 때로는 직접적 지도를 통해 사실과 정보를 가르치기도 하고, 또 때로는 그룹별 탐구 활동과 프로젝트를 장려하기도 한다. 이 지도법 사이의 균형을 적절히 맞추는 것이 바로 지도의 예술에서 가장 중요한 핵심이다.

내가 학교에서의 창의성을 지지하다 보니, 일부 비평가들은 내가 철저히 진보 진영의 입장에 서서 전통적 지도법을 무조건 반대하는 사람이려니 생각한다. 심지어 내가 학생들이 사실을 배우는 것조차 반대한다고 여긴다. 이것은 오해다. 그것이 확실한 내 생각이라면 어떤 경우든 기꺼이 변호하겠지만, 내 생각도 아닌 왜곡 해석된 생각 때문에 비난을 받을 때는 당연히 분통이 터질 수밖에 없다. 그동안의 활동을 통해서도 끊임없이 주장해왔듯이, 어떤 분야에서든 창의적 활동을 펼치려면 그 분야의 틀을 형성해온 지식, 개념, 실천을 숙지하면서 그 분야의 바탕이 되는 전통과 성과를 깊이 있게 이해해야 한다는 것이 내 생각이다.

한 예로서 1977년에 나는 다른 팀원들과 함께 학교위원회에서 지원한 프로젝트 '드라마 10-16'을 진행하면서 그 성과물로서 『연극을 통한 교육』을 출간했다. 우리는 이 간행물에서 조목조목 주장하길, 연극을 통한 아이들의 탐구적, 즉흥적 활동에 깊이를 더하려면 연극계의 전통, 실천, 문학에 대한 이해를 높여야 한다고 밝혔다.

한편 '학교에서의 예술' 프로젝트 보고서에서는 학생들을 예술에 참여시킬 때는 두 가지의 상호 보완적 방법이 필요하다고 주장했다. 바로 '만들기'(자신만의 작품 제작)와 '평가'(다른 사람들의 작품 이해와 감상)의 두 방법이다. 역동적이고 균형 잡힌 예술 교육을 위해서는 두 방법 모두 중요하다. '만들기'에는 개개인의 창의적 목소리와 그 목소리를 표현할 기교를 상호 보완적으로 발전시키는 과정이 필요하다. '평가'는 다른 사람들의 작품에 대한 맥락적 지식, 즉 그 작품이 어떻게, 언제, 어떤 이유로 만들어졌는가를 헤아리는 능력을 키우는 동시에 이 능력에 상응하는 (예술적 측면과 심미적 측면에서의) 비평적 판단 능력을 기르는 과정이 필요하다.

이 네 가지의 창의적, 기교적, 맥락적, 비평적 측면의 육성은 과학, 인문, 체육 교육을 비롯한 커리큘럼의 다른 모든 학과에 적용시켜도 무방한 관점이다. 학교 커리큘럼의 균형과 역동성에 대해 살펴봤던 1999년 보고서 〈우리 모두의 미래 : 창의성, 문화, 교육〉

에서도 바로 이 점을 강조하고 있다. 지도를 전통적 관점에서나 진보적 관점에서 생각할 때 나타나는 고질적 문제는 이 모든 요소들 사이의 균형에 대한 본질적 필요성을 제대로 이해하지 못하는 것이다.

훌륭한 교사들은 이런 균형을 맞추기 위해 네 가지 중요한 역할을 수행한다. 몰입의 유도, 학습 능력 일깨우기, 기대 걸어주기, 주도성 키워주기다.

몰입의 유도

훌륭한 교사라면 다들 알고 있겠지만 교사는 담당 학과에 대한 지식을 갖추는 것만으론 부족하다. 교사의 역할은 과목을 가르치는 것이 아니라 학생들을 가르치는 일이다. 학생들이 배우고 싶은 의지가 생길 만한 환경을 만들어 학생들을 몰입시키고 분발시키고 집중시켜야 한다. 그런 환경을 만들어주면 십중팔구 학생들은 자신의 기대뿐만 아니라 다른 모든 사람들의 기대까지 넘어서게 마련이다. 훌륭한 교사는 학생들이 재능을 최대한 발휘하도록 이끌어주기 위해 여러 가지 방법을 활용한다. 가령 호바트초등학교의 셰익스피어 학도들에게 노력하는 모습을 보여주는 레이프 에스퀴스나 토머스 프리드먼을 가르쳤던 저널리즘 교사의 지도법이 그런 사례다.

프리드먼은 미네소타 주 미니애폴리스 외곽에서 자라며 세인트루이스파크고등학교에 다녔다. 그리고 그 학교 313호 교실에서 해티 스타인버그(Hattie Steinberg)의 저널리즘 수업을 들었다. 그 자신의 말을 그대로 옮기면, 그 수업이 《뉴욕타임스》의 세계적 명성을 지닌 칼럼니스트이자 베스트셀러 작가인 프리드먼이 유일하게 선택했던 수업이자 유일하게 필요했던 수업이었다고 한다. 프리드먼은 《뉴욕타임스》 기사에서 스타인버그를 자신이 가장 좋아하는 선생님으로 꼽으며 그 여선생님의 격려, 기본에 대한 충실함, 거친 사랑(그는 그녀를 자신이 만난 가장 거친 선생님이라고 말한다) 덕분에 자신이 헤아릴 수도 없는 여러 가지 혜택을 누렸다고 밝혔다. 다음은 스타인버그가 프리드먼 자신이나 학보의 동료 기자들에게 미친 막대한 영향에 대해 프리드먼이 묘사한 글이다.

> 우리 학보 동기들은 선생님이 감독했던 연감을 붙잡고 해티 선생님의 교실에서 거의 살다시피 했다. 우리는 수업 시간 전부터 수업이 끝난 이후까지도 교실에 들러붙어 있었다. 어떻게 그럴 수 있었을까? 그때는 그 이유를 우리 중 누구도 설명할 수 없었지만 돌이켜 보면 이유는 확실하다. 우리가 선생님에게 질책을 듣고 훈련을 받고 가르침을 듣는 그 순간들을 즐겼기 때문이었다.[11]

프리드먼은 이런 말도 덧붙였다.

"이런 기본들은 인터넷에서 다운로드받듯 한번에 머릿속에 주입할 수 있는 것이 아니다. 옛날 방식대로 하나씩 하나씩 업로드만 가능하다."

토머스 프리드먼이 해티 스타인버그를 만나지 않았더라도 이 시대의 기수가 되었을까? 프리드먼은 워낙 재능이 넘쳐서 노련한 지도가 없었다 해도 언젠가 기회를 만나 재능을 발휘했을 것이다. 어쩌면 타고난 자원을 최대한 활용하지 못한 채 발표된 지 10년이 더 지난 후에도 회자되는 기사와 책을 쓰는 대신 지역 시청에서 기사를 취재하는 것으로 그쳤을지도 모른다. 아무튼 어떻게 되었을지는 모를 일이다. 토머스 프리드먼이 뛰어난 스승을 만나 감화를 받는 행운이 없었다면.

학습 능력 일깨우기

종종 직접적 지도가 교사의 주된 역할로 여겨지기도 한다. 물론 직접적 지도가 필요한 부분이 있긴 하다. 직접적 지도는 학급 전체를 대상으로 하거나 더 작은 그룹을 대상으로 하기도 하고, 때로는 학생 개개인과 일대일 방식으로 이뤄진다. 하지만 노련한 교사는 여러 가지 기술과 기교를 축적하고 있다. 직접적 지도는 그런 기술과 기교 중 하나일 뿐이며 경우에 따라 적절한 기교를 어떤 식으로 활용할지 아는 것이야말로 훌륭한 지도의 본질이다. 모든 전문직이 그렇듯 교직에서도 지금 당장 가장 효과적인 것이 뭔지를 파악하기 위한 판단력과 감식안이 필요하다.

병원에 가면 당신은 담당 의사가 특정 분야의 전문 지식뿐만 아니라 전반적 의학에 대한 지식까지 풍부하길 기대한다. 그리고 그 지식을 당신에게 특별히 맞춰 당신의 개인적 필요에 따라 치료해주길 기대하기도 한다. 가르침도 마찬가지다. 노련한 교사는 그 순간의 필요성과 기회에 맞춰 전략을 끊임없이 조정한다. 효과적인 지도가 되려면 조정과 판단을 통해 학생들의 열의와 몰입도에 따라 적절히 응해줘야 한다.

힐러리 오스틴은 자신의 저서 『예술성의 해방』을 통해 일과 삶에서 뛰어난 성취를 이룬 사례들을 살펴봤다. 그녀가 소개한 사례 가운데는 버클리대학교의 철학도였다가 현재는 승마술을 가르치고 있는 에릭 토머스도 있었다. 그가 말하길, 기수의 핵심은 자신만의 열정과 기분을 가진 살아 있는 동물인 말과 하나가 되는 것이라고 했다. 오스틴 박사는 자꾸만 고삐를 당겨서 말을 세우고 잘 따라오지 못하던 강습생에 대해 에릭이 들려준 얘기도 소개했다.

에릭은 그 수강생에게 말의 방향을 바꾸려고 정말 애쓰는 것 같은데 왜 자꾸 실패하느냐면서 뭐가 문제냐고 묻는다. 그러자 수강생이 이렇게 대답한다.

"고삐를 너무 빨리 당기거나 너무 늦게 당겨도 말이 반응을 해서 도무지 감을 못 잡겠어요."

에릭은 잠깐 뜸을 들이다 이렇게 말해준다.

"너무 잘하려고 해서 그래요. 생각을 멈추고 말에 집중해보세요. 지금 이 순간 당신의 밑에서 무슨 일이 일어나고 있는지 느껴보세요. 당신이 탄 말은 어제 그 말이 아니에요. 전과 똑같은 그 말이 아닙니다. 말을 타는 사람은 누구나 똑같은 문제를 가지고 있어요. 어제 배웠던 것이 항상 통하길 바라는 거죠. 이루고 싶은 목표 때문에 조금 전에 가졌던 문제를 머릿속에 담고 말에 올라탈 때가 많아요. 하지만 그것은 비결이 아니에요. 비결은 매 순간 변합니다. 그러니 거기에 맞춰 변해야 합니다."[12]

훌륭한 교사는 과거에 자신이 얼마나 많은 것을 배웠든, 오늘 타는 말이 어제의 그 말이 아니라는 것을 안다. 이런 식의 반응은 수업 시간마다 교실 앞에 서서 25명이나 30명의 아이들을 한꺼번에 마주하면서 이야기하는 방식으로는 성취하기 힘들다. 그런 식으로는 진정한 몰입을 유도하는 것이 불가능에 가깝다. 특히 어린아이들을 상대하는 경우에는 더욱 불가능한 일이다. 그런 식의 지도는 본질상 학생 개개인과의 유대 가능성에 한계가 있다. 레이프 에스퀴스의 교실에는 교사 책상이 없다. 그래서 그는 책상 뒤에 앉아 수업을 하는 대신 학생들 사이를 돌아다니며 끊임없이 들여다보는 것이 자신의 역할이라고 생각한다.

아이들은 원래 호기심이 많다. 학습 의욕을 자극하려면 아이들의 호기심을 북돋워야 한다. 질문 중심의 실용적인 지도법이 큰 효과를 보이는 이유가 여기에 있다. 노련한 교사는 학생들이 묻지도 않은 질문에 답을 알려주는 것이 아니라 학생들이 의문을 품도록 자극해서 탐구 의욕을 부추긴다. 켄터키 주 루이빌의 재능 있는 과학 교사 제프리 라이트(Jeffrey Wright)가 모범적인 사례다. 그는 호박을 폭발시키고 학생들이 호버크라프트를 제작하도록 도와주고 긴 관을 이용한 발사 쇼로 학생들에게 오락거리를 선사하는 등 다양한 기교를 활용한다. 그중 압권은 학생들에게 과학에 대한 학습열을 북돋워주는 기교다.

"제 손안에서 커다란 불덩이가 피어올라 천장까지 타오르게 하면 아이들은 누구 하나 졸지 않고 신기해하면서 다들 어떻게 그게 가능한지 궁금해하죠. '어떻게 하는 거지?' '왜 저렇게 되는 걸까?' 이런 의문을 품게만 만들면 아이들의 호기심을 깨울 수 있습니다."[13]

라이트는 학생들에게 학습 능력과 호기심을 자극하는 과정에서 반드시 필요한 부분이 뭔지 간파하고 있다. 아이들의 배경과 더불어 아이들이 학교 밖에서 어떻게 지내는지를 헤아려주는 일이다.

"요즘 아이들은 방과 후에 집에서 보내는 시간이 제가 어렸을 때와는 크게 다릅니다. 어떤 아이들은 밤마다 총소리를 듣는다더군요."

학생들은 그에게 임신, 낙태, 학대 부모 등 자신들의 삶에 영향을 미치는 이런저런 얘기를 털어놓는다. 라이트는 아이들의 이야기를 들으면서 알게 된 것이 있다.

"한 가지로 다 해내려는 '만능 지도'로는 효과가 없다는 것을 발견했습니다. 그리고 아이들의 삶에 영향을 주고 싶다면 개인적으로 눈높이를 맞춰줘야 한다는 것을 깨달았습니다."

그의 학생인 데네즈 테일러는 이렇게 말했다.

"라이트 선생님은 모든 문을 열 수 있는 열쇠를 가지고 계세요. 한번은 이렇게 말씀하셨어요. '선생님도 제일 재미없는 게 뉴턴의 제3법칙이야. 선생님은 너에게 학교 밖에서도 써먹을 수 있는 그런 것을 가르쳐주고 싶어.' 그런 말을 들으면 선생님이 정말로 저에게 관심을 가져주시는구나 하고 느껴져요. 그리고 실제로 관심을 가져주신다는 것을 잘 알고 있고요."[14]

설마 제프리 라이트가 정말로 뉴턴에 대해 흥미가 없겠는가? 그의 교사로서의 재능은 다양한 그룹의 학생들도 자신처럼 뉴턴에게 흥미를 갖도록 유도해줄 만한 방법을 찾아내는 데 있다.

기대 걸어주기

교사들의 기대는 학생들의 성취도와 밀접히 연결돼 있다. 교사가 학생들에게 '넌 잘 해낼 거야'라는 기대감을 전해주면 학생들이 정말로 잘할 가능성이 훨씬 높아진다. 교사가 학생들에게 '넌 못할 거야'라는 기대를 가진다면 역시 그 기대대로 될 가능성이 높아진다.

리타 F. 피어슨은 40년이 넘도록 미국의 교육계에서 잔뼈가 굵은 교육 전문가다. 그녀의 어머니와 할머니도 교육자였다. 리타는 초등학교, 중학교, 특별학급에서 교사 생활을 했다. 카운슬러, 시험 책임자, 교감으로도 활동했다. 그녀는 모든 역할에 각별한 열정을 쏟으면서 학생들을 알고 싶고, 학생들 자신이 얼마나 중요한 존재인지 알려주고 싶고, 학생들의 성장을 도와주고 싶은 그런 바람을 실천해왔다. 또 지난 10년 동안 수천 명의 교육자들을 대상으로 '어려운 환경의 학습자 지원', '아프리카계 남학생들의 학습 욕구 채워주기', '중도 포기자 예방' 등의 주제로 전문성 개발 워크숍을 주관했다.

2013년 나는 영광스럽게도 PBS 방송의 특별 편성 프로그램인 '교육 문제 관련 TED 강연'에 참여해 뉴욕 시 브루클린 뮤직아카데미(Brooklyn Academy of Music)에서 피어슨 박사와 함께 연단에 섰다. 그녀는 자신이 평생을 "학교에 있거나 학교에서 일어나는 일에 대해 얘기하면서" 보냈다고 밝히며, 마음에 울림을 주는 발표를 이어갔다.[15] 그녀는 교육계에 몸담고 있으면서 중도 포기자 문제를 개선하려는 수많은 개혁을 지켜보며 이런 사실을 느꼈다고 밝혔다.

"우리는 아이들이 왜 중도에 포기하는지 알고 있습니다. 아이들이 공부하지 않는 이유를 알고 있습니다. 빈곤, 낮은 출석률, 부정

적 또래 영향이 그 이유라는 것을요. 이렇게 이유를 알고 있으면서
도 인간의 유대감이나 인간관계의 가치와 중요성에 대해서는 좀처
럼 논의하지 않습니다."

성취도를 높이는 열쇠는 지도와 학습이 하나의 관계로 이어져 있
다는 사실을 인정하는 것이다. 학생들은 유대감을 주는 교사를 필
요로 한다. 그리고 무엇보다도 자신을 믿어주는 교사를 필요로 한
다. 리타는 맞는 답보다 틀린 답이 더 많은 낙제점 시험지들을 채점
하던 이야기를 들려줬다. 가령 '-18점' 대신 '+2점'과 웃는 얼굴
을 같이 그려주는 식이었다. 그런 채점 시험지를 받은 학생들은 여
전히 자신이 기준 점수에 미달이라는 것을 알겠지만 리타는 긍정적
인 쪽에 집중함으로써 아이들에게 뭔가에 의지해 계속 노력할 동기
를 마련해줬다. 그리고 무엇보다도 자신이 아이들을 응원하고 있다
는 마음을 확실하게 전달했다.

주도성 키워주기

최고의 교사는 단순히 가르치기만 하는 사람이 아니다. 학생들의
자신감을 높여주고 방향감을 찾게 해주고 자기 자신을 믿게 해주는
멘토이자 가이드여야 한다. 세르지오 후아레스 코레아(Sergio Juárez
Correa)는 이 점을 누구보다 잘 이해하는 교사다.[16]

그는 멕시코 마타모로스의 호세우르비나로페스초등학교에서 5학
년을 가르치고 있다. 마타모로스는 미국 국경과 인접한 가난한 도
시로, 마약과의 전쟁이 벌어지는 단골 무대다. 후아레스 코레아

는 교사가 되고 처음 5년간은 학생들이 더 나은 삶의 기회를 얻기를 바라는 마음으로 교실 앞쪽에 서서 지식을 전달하기 위해 애썼다. 하지만 헛된 노력 같았고 별 성과도 나타나지 않았다. 호세우르비나로페스초등학교의 학생들은 멕시코의 학업 성적 평가시험인 ENLACE에서 낙제점을 받기가 일쑤였다.

지난 2011년 후아레스 코레아는 뭔가 변화가 필요하다고 결심했다. 지금처럼 학생들을 가르쳐봐야 앞으로도 별 성과가 없으리라는 확신이 들어서였다. 그는 그동안 아이들의 타고난 학습 능력에 관련된 책들을 읽어왔고 수가타 미트라를 비롯해 타고난 학습 능력을 증명하려 애쓰는 이들의 연구도 꼼꼼히 살펴봤다. 결국 후아레스 코레아는 진심으로 학생들의 성장을 돕고 싶다면 스스로 학습하게 도와주는 방법밖에 없다고 결론지었다.

그는 먼저 학생들을 그룹별로 공부시키면서 자신들의 놀라운 잠재력을 믿도록 격려했다. 또한 발견의 방식을 활용해 학생들을 지도했다. 예를 들어 학생들에게 분수의 개념이 실생활에서 어떻게 연계되는지 보여주고 기하학이 보다 실용적이고 현실적으로 다가오도록 가르치는 식이었다. 그는 개방형 질문을 바탕으로 수업을 진행하면서 학생들이 내용을 줄줄 암기했다가 시험에서 암기한 대로 뱉어내기보다는 추론에 따라 학습하도록 유도했다. 대화와 협력을 통한 주도적 학습을 장려하기도 했지만 그것 때문에 교실 분위기가 어수선해지는 문제는 없었다. 오히려 학생들은 주도권이 부여된 느낌을 받자 그때껏 겪어보지 못했던 뜨거운 학습열을 느꼈다.

이 학급의 여학생 팔로마 노욜라 부에노는 알고 보니 수학 신동이었다. 이 여학생은 대학원생들도 쩔쩔매는 수학적 개념을 본능적으로 이해했다. 후아레스 코레아가 팔로마에게 수학을 그렇게 재미있어하면서 왜 전에는 흥미를 나타내지 않았느냐고 묻자 팔로마는 후에레스 코레아처럼 수학에 흥미를 느끼게 해준 사람이 없어서였다고 대답했다. 또다시 ENLACE를 치를 시기가 다가오자 가난에 찌든 도시의 쓰레기더미 옆에 거주하는 어린 여자아이 팔로마가 멕시코를 통틀어 가장 높은 수학 점수를 받았다. 팔로마는 멕시코 전역으로 방송되는 TV 프로그램에 출연해 축하를 받았다.

팔로마의 시험 성적은 대단한 것이긴 했지만 혼자만 이런 독보적 성적을 낸 것은 아니었다. 후아레스 코레아의 학급에서 10명의 아이들이 ENLACE의 수학 시험에서 가장 최상위권 점수를 획득했으니 말이다. 후아레스 코레아는 이런 결과에 스스로도 어리둥절했다. 자신이 장려했던 발견 중심의 협력적이고 창의적인 학습이 기계적 암기식 지식을 평가하는 표준화시험에서 좋은 성과를 얻었으니 그럴 만도 했다. 그런 결과는 아이들에게 학습 주도권을 부여하면 아이들이 어떤 일을 해낼 수 있는지 분명하게 보여주는 사례였다.

지도와 학습의 관계에 대한 이런 식의 이해는 바로 '학습 파워(Learning Power : 한 사람이 여러 가지 학습적 도전에 잘 맞설 수 있게 해주는 심리적 특성과 기술을 통틀어서 가리킴-옮긴이)'라는 개념을 뒷받침해준다. 학습 파워의 창시자 가운데 한 명이자 핵심적 지지자인 가이 클랙스턴(Guy Claxton)의 주장에 따르면 학습 파워 육성(Building Learning Power, BLP)에서 가장 중요한 것은 다음과 같다.

"청소년이 학교 안에서나 밖에서 더 뛰어난 학습자가 되도록 도와주는 일이다. 청소년이 난관과 불확실성에 대해 침착하게, 자신감 있게 그리고 창의적으로 맞서게 해줄 만한 성향과 태도를 체계적으로 길러주는 교실 문화를 (그리고 더 나아가 학교 문화까지) 만드는 일이다."

자신의 학습 능력에 대해 자신감이 높은 학생일수록 더욱 뛰어나게 발전한다.

"더 빨리 배우고 더 잘 배운다. 더 높은 집중력을 발휘하고 더 열심히 생각하고 더 즐겁게 학습한다. 시험도 더 잘 본다. 게다가 가르치는 입장에서도 더 가르치기 쉽고 더 큰 보람을 얻는다."[17]

학습 파워 육성은 근본적으로 세 가지 신념에 바탕을 두고 있고 그 신념은 내가 이 책에서 틈날 때마다 주장하는 바로 그 점과 공감대를 이룬다.

- 교육의 핵심 목적은 청소년이 졸업 후 삶을 잘 꾸려가도록 준비시키는 것이다. 즉 정신적, 정서적, 사회적, 전략적 자원을 육성해 도전을 즐기고 불확실성과 복잡성을 잘 다루도록 도와주는 일이다.
- 이런 목적은 모든 청소년에게 중요하다. 이 목적을 이루기 위해서는 청소년들이 정말로 잘하고 싶어하는 꿈을 발견하도록, 또 그 꿈을 살리기 위한 의지와 역량을 키우도록 도와줘야 한다.
- 이런 자신감, 재능, 열정은 발전이 가능하다. 여기에 필요한 현실적 지능은 도움을 통해 육성할 수 있는 것이기 때문이다.

클랙스턴은 이 세 가지의 중심 신념을 귀중하게 여긴다.

"세 가지 중심 신념은 변화, 복잡성, 위험성, 기회, 독자적 결정의 기회로 가득 채워진 사회 속에서 특히 중요하다. 이 신념들을 실천하려면 점진적이면서도 때로는 도전적이지만 아주 가치 있는 과정, 다시 말해 학교에 의한 문화적 변화와 교사들에 의한 관습적 변화가 필요하다."

앞에서도 말했지만 리타 F. 피어슨의 어머니도 교사였다. 수년 동안 리타는 어머니가 휴식 시간을 활용해 학생들을 챙기던 모습을 지켜봤다. 리타의 어머니는 오후에 틈이 나면 가정 방문을 다녔다고 한다.

"먹을 것이 필요한 아이들을 위해 땅콩버터와 크래커를 사서 책상 서랍에 넣어두고, 몸에서 냄새가 나는 아이들을 위해 목욕수건과 비누를 사기도 했다."

어머니가 은퇴하고 몇 년 후에 리타는 그 아이들 가운데 몇 명이 성공해서 어머니에게 이렇게 감사하는 모습을 보게 되었다.

"선생님, 선생님 덕분에 제 삶이 달라졌어요. 선생님은 저에게 은인이세요. 제가 꼴찌에서 헤매며 저 자신이 별 볼일 없는 애라고 생각할 때 선생님은 제가 중요한 존재인 것처럼 느끼게 해주셨어요. 그래서 선생님께 성공한 모습을 보여드리고 싶었어요."

리타 피어슨 박사는 "아이들이 두려움 없이 모험하고, 거침없이 생각하며, 곁에 응원해줄 누군가가 있다면" 우리의 세계가 얼마나 강대해지겠느냐고 말한다.

"모든 아이들은 응원을 받아야 마땅하다. 아이들에게는 유대의 힘을 이해하고 자신을 절대 포기하지 않으면서 최고가 되도록 격려해줄 그런 어른이 필요하다."

┃거꾸로 교실

내가 일을 시작한 초반에 연극을 통한 지도에 크게 흥미를 갖게 되었다. 그 이유 가운데 하나는, 훌륭한 연극 교사들이 학생들에게 탐구해볼 만한 의문거리를 제시함으로써 깊이 있는 학습에서 통상 요구되는 복잡한 과정의 협력적 탐구와 개인적 탐구를 촉진시키는 방면으로 노련하다는 점 때문이다. 연극은 단체활동과 단체탐구에 의존하며 교사는 대개 학생들이 서로서로 배우며 탐구하는 의문들에 대해 코치, 조언, 지침을 해주는 식으로 옆에서 거들어준다. 최근 몇 년 사이에 이런 기교들이 일명 '거꾸로 교실(Flipped Classroom)' 운동을 통해 다른 학과에서도 폭넓게 채택되고 있다. 이 운동의 주창자인 살만 칸(Salman Khan)은 칸아카데미(Khan Academy : 비영리 교육 서비스로 인터넷을 통해 무료로 초 · 중 · 고교 수준의 수학, 화학, 물리학부터 컴퓨터공학, 금융, 역사, 예술까지 4000여 개의 동영상 강의를 제공하고 있음-옮긴이)의 창설자이기도 하다.

살만 칸이 처음부터 커리큘럼을 혁신하려 했던 것은 아니다. 그는 이미 헤지 펀드 분석가로서 아주 만족스러운 삶을 살고 있었다. 처음엔 단지 다른 지역에 사는 어린 사촌의 부탁을 들어주고 싶었던 의도뿐이었다. 이 여자아이는 살만에게는 능숙한 분야인 수학 때문에 애를 먹다가 그에게 도움을 구했고, 그는 평일 근무가 끝나면 개인교습을 해주겠다고 약속했다. 가르치다 보니 결과가 썩 괜찮았다. 다른 사촌들까지 자기들도 가르쳐달라고 조를 정도였다.

그렇게 얼마 후 살만은 취학연령의 친척들을 비롯한 몇 명의 아이들을 위해 '칸아카데미'를 운영하게 되었다.

"그때는 거의 농담처럼 나온 말이었어요. 2006년 당시 저는 매일 근무 후에 가족, 친구, 사촌 15명을 봐주고 있었는데 한 친구가 동영상을 만들어 스케일을 좀 키우면 어떻겠냐고 제안했죠. 그래서 유튜브를 기반 삼아 시도했던 게 여기까지 오게 된 겁니다."

살만이 유튜브에 동영상 강의를 올리기 시작하자 그가 알지도 못하는 사람들이 우연히 동영상을 보고는 학습의 보조수단으로 활용하기 시작했다. 그러더니 어느 순간부터는 전세계의 시청자들로부터 그의 동영상 덕분에 특정 주제를 이해하게 되었다거나, 심지어 처음으로 재미를 느꼈다는 게시글이 하나둘씩 올라왔다. 그가 동영상을 더 많이 만들어 올릴수록 더 많은 팔로워들이 생겼고 순전히 개인적 차원에서 시작했던 일이 어느새 글로벌 차원으로 대폭 확장돼갔다. 그렇게 2009년이 되자 매달 칸아카데미를 이용하는 사람의 수가 6만 명이 넘어섰다.

그해 말에는 빌 게이츠와 구글을 비롯한 유명인과 기업이 하나둘씩 칸 아카데미를 후원하고 나섰다.

"그들은 칸아카데미의 가능성을 어디까지 내다보느냐고 물었어요. 저는 팀을 꾸려서 초반에 구축했던 소프트웨어 플랫폼을 증축

하고 싶다고 얘기했죠. 누구나 자신의 페이스에 따라 학습하는 수단으로, 또 교사들이 개별화 수업을 위해 활용할 수 있는 수단으로 키워보고도 싶다고요. 그런 식으로 계획이 구체적으로 자리를 잡기 시작했어요."

살만과 현재 칸아카데미를 정기적으로 방문하는 700만 명 이상의 사람들이 점점 확신을 느끼고 있듯이 이 사이트는 학습을 새롭고도 놀라운 방향으로 유도하는 데 유용하다. 동영상을 비롯해 칸아카데미 사이트에 올라오는 그밖의 교육 자료는 학습자들에게 자신만의 속도에 맞춰 공부하고 자신의 흥미와 숙달도에 맞춰 주제의 심도를 따라가도록 짜여 있다. 살만이 강조하듯, 그가 장려하는 것은 어떤 지식이나 역량을 확실하게 터득하는 것이지, 수박겉핥기 식으로 아는 것이 아니다. 예를 들어 분수를 처음 배우는 어린 학습자는 두 개 정도의 동영상을 본 후에 다섯 개의 기본문제를 제대로 풀어야 그다음 동영상과 연습문제로 넘어가게 된다. 즉 수의 단위가 점점 높아지는 문제들을 이어서 차근차근 풀어나가면서 다음 단계로 넘어가는 것이다. 말하자면 이런 단계적 학습 장려를 통해 학습자에게 분수를 제대로 이해시켜줌으로써 주입식으로 암기해서 시험문제를 풀기보다는 진짜로 능숙해지도록 이끌어준다.

살만 칸에게는 이런 식의 학습이 집에서의 숙제 시간과 교실에서의 수업 시간 모두를 가장 효율적으로 활용하는 방법이다.

"교실은 수동적 태도 중심으로, 그러니까 누군가의 말을 일방적으로 들으며 필기나 하는 식으로 설계돼서는 안 됩니다. 페이스에 따른 학습이 중심이 되어야 합니다. 게다가 교실은 사람과 사람이 함께하는 공간인 만큼 상호작용의 공간이 되어야 합니다. 칸아카데미는 든든한 학업의 발판을 쌓게 해줄 수는 있지만 그럼에도 공부를 하다 보면 이런저런 문제에 부닥칠 수 있습니다. 바로 그럴 때 물리적 교실이 중요합니다. 질문을 하거나 다른 사람들의 질문에 답해주는 공간으로서나, 프로젝트 중심의 일을 더 많이 펼쳐보는 공간으로서나 교실의 역할은 중요합니다."

칸아카데미를 얘기할 때는 하버드대학교의 물리학 교수 에릭 마주르를 빼놓을 수 없다. 마주르 교수가 전통적인 대학 강의 대신 칸아카데미를 활용하기 시작하면서 차츰 추종자들이 생겨나며 칸아카데미가 지도법의 한 형태로 자리잡게 되었다. 마주르 교수가 학생들을 지도하면서 느낀 바에 따르면 학생들은 자신이 "강단에 선 현자"가 아닌 "곁에서 이끌어주는 가이드"로서 역할해줄 때 배운 것을 훨씬 더 잘 응용했다. 그는 학생들에게 강의에 들어오기 전에 교재를 읽어보거나, 온라인에서 자신의 강의를 보거나, 해당 주제와 관련된 그 밖의 자료를 살펴보게 한다. 그리고 본 강의 시간이 되면 짧게 개론을 설명하며 학생들에게 방금 전 자신의 설명을 생각해볼 시간을 준 뒤에 어떤 결론에 이르렀는지 확인해본다. 그러면 언제나 학생별로 다른 결론이 나오게 마련이며, 그중엔 다른 결론보다 정답에 더 가까운 것도 나온다. 이때 그는 옳은 답에 이른 학생들이 근처에 앉은 오답자들에게 그 결론을 납득시켜보게 한다.

"메리와 존이라는 두 학생이 옆에 나란히 앉아 있다고 가정해봅시다. 메리는 그것을 이해해서 맞는 답에 이르렀습니다. 그렇다면 메리는 강의실 앞에 있는 마주르 교수보다 존을 더 잘 납득시킬 가능성이 높습니다. 왜냐고요? 메리는 바로 조금 전에야 그것을 터득했기 때문이죠. 그래서 아직도 존이 어떤 난관에 막혀 있을지 이해하고 있을 겁니다. 반면에 마주르 교수로선 그것이 아주 오래전에 배운 내용이고 너무 당연한 것이라 초보 학습자가 어떤 난관에 처했는지 더 이상 헤아려주지 못합니다."[18]

거꾸로 교실에서는 교사가 학생들 앞에 서서 어떤 주제에 대해 설교를 늘어놓기보다는 학생들이 집에서 온라인으로 이런 설교식 지도를 받는다. 그런 뒤 수업 시간에는 교사가 동료지도법(바로 위에서 마주르 교수가 설명해준 방법)을 활용하면서 문제점에 막혀 쩔쩔매는 학생들에게 도움을 주고, 학생들을 해당 주제와 관련된 대화로 유도하며, 이미 해당 주제를 터득한 것으로 보이는 학생들을 테스트해보기도 한다. 본질적으로 말하자면 교실 수업은 숙제가 되고 숙제는 교실 수업이 되는 셈으로서 두 시간 모두 학생이 자신에게 맞는 속도로 진도를 나갈 수 있게 해준다는 점에서 유용하다.

거꾸로 교실의 뛰어난 효율성을 뒷받침해주는 설득력 있는 증거도 있다. 1990년대 말에 진행된 연구를 보자.

"동료지도법으로 배운 학생들은 전통적 수업 방식으로 배운 학생들보다 학습 성과에서 표준편차가 거의 2단계 더 높게 나타났다."[19]

이와 비슷한 극적 성과가 증명된 연구 결과들은 여러 건이 있다.

2013년에 40여 개의 아이다호 주 공립학교에서 일부 수업에 칸아카데미를 활용하는 프로그램을 시범 시행했다. 당시 이 프로그램에 참여했던 교사로, 쿠나중학교에서 7학년에게 수학을 가르쳤던 셀비 해리스(Shelby Harris)는 데이비스 구겐하임(Davis

Guggenheim) 감독의 다큐멘터리 〈가르치다(Teach)〉에 출연해 다음과 같이 말했다.

"저는 정말 걱정스러웠어요. 교사들을 밀어내고 그 자리를 컴퓨터가 대신하는 일이 생길까봐요. 아이들과의 거리가 멀어지는 건 아닐까 싶기도 했고요. 그런데 정반대였어요. 지금은 지난 13년 동안 해왔던 것보다 더 잘 가르치고 있어요. 아이들과 훨씬 더 친밀한 시간도 갖고 있고요. 이제는 아이들이 필요로 하는 것을, 아이들이 필요로 하는 시기에 가르쳐주게 되었어요."[20]

그녀는 교사가 필요에 맞춰 개인 맞춤형 지원을 해주는 점 외에도 칸아카데미 프로그램의 즉각적 피드백 역시 아주 유익하게 평했다. 다음은 그녀가 전통적 방식의 숙제에 대해 한 말이다.

"아이들은 자기들이 숙제를 제대로 잘했다고 생각하며 뿌듯하게 등교했다가 수업 시간에 잘못된 부분을 바로잡으면서 틀린 걸 알게 되죠. 그리고 그것으로 끝이에요. 칸아카데미 프로그램에서는 한 가지 문제를 풀면 맞았는지 틀렸는지 바로 알죠. 틀렸으면 해설을 클릭해서 어디에서 틀렸는지 이해하고 다음번에는 더 잘하는 요령을 터득하기도 하죠. 스스로 효과적인 학습을 할 수가 있어요. 그런 스스로 학습이 잘 안 풀릴 때 옆에서 거들어주는 것이 바로 제 역할이에요."

살만 칸은 셸비 해리스의 이런 얘기가 자신의 교육 체험을 반영한다는 점에 공감한다.

"저도 학교에 다니면서 체험한 바지만, 책상에 앉아 수동적으로 선생님 설교를 듣는 방식으로는 큰 학습 효과가 없어요. 그건 1학년이든 3학년이든 마찬가지예요. 학창 시절을 돌이켜보면 제가 정말로 인상적인 배움을 체험했던 것은 30명의 아이들이 팀을 짜서 서로서로 가르쳐주고 서로서로 배우는 수학 동아리 같은 활동을 할 때였어요. 선생님은 옆에서 우리를 이끌어줬지만 설교를 하지는 않으셨죠. 저널리즘 수업에서도 많은 것을 배웠어요. 그 수업도 여러 명의 학생들이 어떤 문제를 놓고 협력하며 공통의 목표를 위해 노력했던 수업이었어요. 고등학교 때는 레슬링 동아리에 들어갔는데 훈련이 고되긴 했지만 우리는 그 동아리가 좋았어요. 코치 선생님은 옆에서 멘토 역할을 해주고 아이들끼리 서로 도와주는 협력적 환경이라 재미있었어요.

교실 수업은 직접적 지도가 중심이 되어선 안 돼요. 제 학창 시절을 떠올려봐도 아이들 중 누구도 그런 수업을 좋아하지 않았고, 특별한 몰입감을 느끼지도 못했어요. 교사들 역시 그런 수업을 좋아하지 않아요. 허공에 대고 지식을 쏘아 던지는 기분만 들 뿐이죠. 인간은 수동적인 존재가 아닙니다. 함께 어울릴 때는 서로 상호작용을 해야 합니다. 인간은 능동적으로 문제를 풀거나 뭔가를 만들어야 직성이 풀리는 존재입니다."

▌창의성에 관하여

이번엔 창의성에 대해 간략히 얘기하고 싶다. 이 주제에 대해서는 내가 이미 다른 출판물에서도 수차례 밝힌 바가 있는 만큼, 창의성의 개념을 또다시 끄집어내 괜히 독자들의 인내심을 시험하고 싶지는 않다. 그래서 특별히 관심이 가는 독자들을 위해 다음과 같이 참고 사항만 언급하고 넘어가려 한다.

나는『내 안의 창의력을 깨우는 일곱 가지 법칙』에서 창의성의 본질에 대해, 또 예술과 과학 등 인간의 성취가 돋보이는 여러 분야에서 창의성이 지능의 개념과 어떤 연관성을 갖는지에 대해 자세히 짚어봤다. 1997년에는 영국 정부의 요청에 따라 전국적 단위의 위원회를 꾸려, 학교제도를 통해 5~18세 아동의 창의성을 육성시킬 방법에 대해 자문해주기도 했다. 과학자, 예술가, 교육자, 비즈니스 리더들로 구성된 이 위원회는 교육에서 창의성의 본질과 중요성을 설명하기 위해 함께 힘을 모았다. 바로 이 위원회의 활동을 통해 작성된 보고서가 〈우리 모두의 미래 : 창의성, 문화, 교육〉인데, 이 보고서는 실제로 창의성을 육성해줄 방법에 대한 구체적인 제안까지 담고 있었다. 이 보고서는 학교에서부터 정부에 이르기까지 교육관련 직무를 맡은 모든 사람들 앞으로 발송됐다.

창의성은 말로 정의할 수 없다고 주장하는 사람들도 종종 있지만 나는 정의 가능하다고 본다. '우리 모두의 미래' 위원회의 활동을 바탕으로 내가 정의 내리는 창의성이란 가치 있는 독창적 아이디어를 착상하는 과정이다.

창의성을 얘기할 때는 반드시 함께 다뤄야 할 두 가지 개념이 있다. 바로 상상력과 혁신이다. 상상력은 창의성의 뿌리로서 감각으로 인지되지 않는 뭔가를 생각해내는 능력이다. 창의성은 상상력을 가동시키며, 상상력의 적용이 바로 창의성이다. 혁신은 새로운 아이디어를 실천하는 것이다.

창의성과 관련해서는 잘못된 통념들이 많다. 창의성은 특별한 사람들에게만 있다거나, 단지 예술과 관련된 것이라거나, 가르쳐서 배울 수 있는 것이 아니라거나, 전적으로 거침없는 '자기표현'과 결부돼 있다는 등의 생각들이다. 모두 틀린 생각이다. 창의성은 누구나 인간이라는 이유로 지닌 여러 가지 능력을 통해 유도해낼 수 있다. 창의성은 과학, 예술, 수학, 기술, 요리, 지도, 정치, 비즈니스 등 인간 생활의 모든 분야에서 발휘될 수 있다. 또한 인간의 수많은 재능이 그렇듯 창의성도 육성과 연마가 가능하다. 이렇게 창의성을 키우고 연마하려면 역량과 지식과 아이디어를 길러야 한다.

창의성에서 가장 중요한 것은 참신한 생각이다. 그렇다고 인류 전체에게 새로운 생각이어야 하는 것은 아니며 창작 당사자에게 확실히 새로운 생각이면 된다. 물론 인류 전체에게 새로운 생각이라면 어떤 경우라도 더 좋을 것이다. 창의성은 원리든 디자인이든 시든 간에 지금 그것이 유용한지에 대한 비평적 판단도 수반돼야 한다. 창작은 대체로 전형적 단계를 거친다. 또한 때로는 그 결과물이 처음 구상했던 것이 아닌 경우도 있다. 창작은 새로운 연관성을 만들고 여러 규칙을 교차시키고 상징과 유추를 활용해야 할 때도 있는 역동적 과정이다.

창의적이 된다는 것은 상식 밖의 기발한 아이디어를 떠올리는 일만이 아니라 상상력을 자유롭게 펼치는 일이기도 하다. 경우에 따라 그 두 가지가 동시에 필요할 수도 있고, 현 상황을 개선하고 테스트해보고 주의를 집중해보는 과정이 필요하기도 하다. 또한 개인적 측면에서의 독창적 사고이기도 하고, 지금 진행 중인 일이 적어도 그것을 만들어낸 사람의 관점에서 바람직하게 진전되고 있고 가치 있는 것인지에 대해 비평적으로 판단해보는 과정이기도 하다.

창의성은 규율이나 통제와 정반대되는 것이 아니다. 오히려 어떠한 분야에서든 철저한 사실적 지식과 고도의 실용적 기술을 필요로 하는 경우도 있다. 창의성의 육성은 어떤 교사에게든 가장 흥미로운 도전이며, 창의성을 육성하려면 창작의 역동성을 이해해야 한다.[21]

창의성은 먼저 필요한 모든 기술부터 익혀야 하는 그런 선형적 과정이 아니다. 물론 어떤 분야든 창작에는 기술과 개념을 터득해나가는 과정이 수반돼야 한다. 하지만 그런 기술과 개념에 통달한 이후에야 창의적 활동을 시작할 수 있는 것은 아니다. 단지 기술에만 집중할 경우 어떤 학과든 흥미만 꺾어놓을 소지가 있다. 숫자의 매력을 일깨워주는 데는 아무 효과도 없는 기계적 수업만 주야장천 받는 바람에 평생 수학과 담 쌓고 지내는 사람들이 얼마나 많은가. 음악 시험을 치르기 위해 몇 년씩 마지못해 음계 연습을 하다가 시험에 합격하고 나면 악기는 아예 내팽개치는 사람들도 한둘이 아니다.

창의성의 동력은 발견 욕구와 그 일 자체에 대한 열정이다. 학생들은 학습에 흥미를 느끼게 되면 그 분야의 수행에 필요한 기술을 자연스럽게 터득한다. 창작 의욕이 커지면 그에 따라 기술도 더 많이 터득하게 된다. 실제로 그 증거가 풋볼에서부터 화학에 이르기까지 모든 학과에서 행해지고 있는 뛰어난 지도법의 사례들을 통해 나타나고 있기도 하다.[22]

▌음악을 교육의 돌파구로

교사가 아닌 다른 직업을 가지고 있으면서도 교사들과 협력해 교육 분야에서 자신의 에너지, 열정, 전문 지식을 발휘하는 사람들이 많다. 이것은 교사로서의 훈련을 받아야만 되는 일이 아니다. 단지 두 가지 열정만 있으면 된다. 특정 학과에 대한 열정과 그 열정을 아이들과 나누고 싶은 마음이다. 닐 존스턴(Neil Johnston)이 바로 이런 사람들의 예다. 그는 아직 대학생일 때 작곡과 음악 제작에 대한 열정을 발산하기 위해 스토어밴뮤직(Store Van Music)이라는 회사를 세웠다. 그러다 신생 벤처기업이 예외 없이 그렇듯 가외 수입이 필요해지자 돈을 벌기 위해 인근 학교에서 일주일에 이틀씩 음악을 가르치기 시작했다.

다음은 그가 내게 들려준 이야기다.

"상당히 낙후된 지역의 학교였어요. 학생 수가 600명인 학교에서 기타를 배우는 아이는 두 명뿐이었죠. 제가 맡은 프로그램이 그 학교에서는 유일한 일대일 음악 수업이었어요.

저는 디지털이 음악 산업에 불러온 변화를 정말 좋아하지만 그런 변화된 음악 산업에 대한 애정과 열정이 교실에 들어가 수업을 하는 동안에는 전혀 일어나지 않았어요. 제가 가르치는 데 가장 애를 먹었던 아이들이 쉬는 시간과 점심 시간에 휴대전화를 꺼내 음악을 듣는 그런 아이들이었거든요. 그 애들은 음악을 그렇게 좋아하면서도 음악 수업이라면 질색했어요."

제한된 시간과 자원 속에서 닐은 학생들이 음악에 보다 신선하고 보다 상관성 있는 방식으로 다가가게 해주려 노력했다. 광고 음악과 비디오게임 배경음악을 수업 소재로 활용해보기도 하고, 자신이 작업 중인 곡을 가져와 아이들을 곡 제작 과정에 참여시키기도 했다. 수백 년 전에 만들어진 구닥다리 음악작품을 배워서 뭐하냐는 듯 굴던 애들이 플레이스테이션이나 엑스박스에 배경음악으로 깔릴 만한 음악의 착상으로 유도하자 신나서 참여하기 시작했다.

한편 닐은 아이들이 쉬는 시간에 휴대전화로 듣는 음악들을 활용해서 아이들의 관점에서 음악 얘기를 해보기 시작했다.

"누구나 음악에 대해 견해가 있게 마련입니다. 그 음악을 좋아하든 싫어하든 나름의 견해를 갖습니다. 예를 들어 제가 교실에서 브리트니 스피어스의 노래를 튼다면 한 30명쯤은 아주 신나하겠죠. 그리고 몇 명이 되었든 간에 싫어하는 애들도 있을 테고요. 그 음악에 대해 뭔가 이야기할 만한 견해들을 가지고 있는 겁니다. 그런 견해가 대화의 물꼬가 되어줍니다. 아이들을 수업에 몰입시켜주죠. 수업 시간에 어서 빨리 휴대전화를 꺼내 페이스북을 하고 싶어 안달할 일이 없어집니다. 딴 데로 정신이 팔리지도 않고요."

닐은 아이들과 음악 교육 사이에 상관성을 갖게 해줬다는 느낌이 들자 밴드들을 학교에 초청해 일일 록음악 강습이나 팝음악 강습을 열었다. 말하지 않아도 짐작되겠지만 이 강습은 대단한 인기를 끌었다. 그러자 여러 기업이 그의 활동에 깊은 인상을 받았다. 애플에서도 스토어밴뮤직에 연락해 협력할 방법을 논의했다. 하지만 상호 이해관계는 맞았으나 이렇다 할 기회가 없었다.

그러던 차에 애플에서 아이패드를 출시하면서 모든 상황이 바뀌었다.

"아이패드가 나왔을 때 저는 정말 반했어요. 정말 멋진 제품이었어요. 음악을 가르치는 데 딱 필요한 그런 물건 같았죠. 아이들이 자신이 맡을 악기에 꼭 익숙할 필요가 없는 그런 뛰어난 앱들이 깔린 터치식 인터페이스였으니까요. 아이패드2 출시와 함께 애플에서 GarageBand 앱을 발표했을 때 저는 바로 애플에 전화해서 말했어요. '이 앱을 여러 명이 사용하게 해줄 수 없을까요? 뭔가 해보고 싶은 게 있어요'라고요."

닐은 단순히 곡을 공부시키기보다 곡을 연주하게 함으로써 깊이 있는 체험 중심으로 음악을 가르치는 프로그램을 짜보고 싶었다. 그 이전까지만 해도 그런 식의 프로그램은 악기가 있고 기초 과정을 배울 만큼의 흥미와 연습 의지가 있는 학생들에게나 가능했을 테지만 이제는 아이패드에 GarageBand를 깔면 그런 조건이 더 이상 필요하지 않았다. 태블릿과 앱만 있으면 학생들은 몇 번의 클릭만으로 기타리스트, 드러머, 색소폰 연주자 등으로 변신할 수 있었다.

"태블릿 활용의 좋은 점은 아이들에게 진입장벽이 없다는 겁니다. 악기를 다룰 줄 모르는 아이들에게도 밴드의 성공에 필수적인 듣는 기술을 연습시킬 수 있어요. 음계를 몰라도 상관없어요. 음계는 아이패드에 설정해놓으면 되니까요. 아이들은 단지 박자에 맞춰 트라이앵글을 톡톡 치는 것과 같은 수준의 기술만 있으면 됩니다. 그렇다고 음악 실력이 좋은 아이들이 배제되는 것도 아닙니다. 그런 아이들에겐 여러 가지 도전적인 과제를 부여할 수도 있어요."

학생들은 이 프로그램에 아주 열광적인 반응을 보였다. 닐 자신도 미처 예상 못했을 만큼 뜨거운 반응이었다. 얼마 후, 스토어밴뮤직은 영국 남부의 여러 학교에서 강습을 열게 되었다.

"저희는 2011년 6월에 이 프로그램을 교육 도구로 활용하는 모습을 담은 시연 동영상을 제작했어요. 그때까지만 해도 저희가 연계를 맺고 있던 학교는 특정 지역의 50~60개교에 불과했어요. 그런데 동영상이 올려지자 전세계에서 초청이 밀려들기 시작했어요. 현재는 저희 회사 사업에서 교육 부문이 60퍼센트를 차지하고 있을 정도입니다. 2012년에는 미국 투어까지 했어요."

어느 정도는 이 프로그램의 성공에 힘입어 스토어밴뮤직은 사업을 확장하게 되었지만, 사업의 확장을 떠나 주목할 만한 경이로운 일들도 일어났다. 특히 게이우드초등학교의 400명 학생들과 함께 녹음했던 곡이 아이튠즈 차트에서 1위를 차지한 일이야말로 그중에서도 가장 압권으로 꼽을 만하다. 한편 닐이 여러 명의 학생과 함께 '나를 짜릿하게 하는 너(You Make Me So Electric)'라는 곡을 만드는 모습이 담긴 동영상은 유튜브에서 수십만 건에 달하는 시청 건수를 기록했다.

닐은 바로 덧붙여 지적하길, 어떤 측면에서는 자신의 일일 강습이 날마다 학생들과 함께 보내는 교사들보다 유리한 입장에 있다고 했다. 아이를 일주일에 한 번씩 보며 원없이 놀아주는 이혼한 아빠의 입장과 조금은 비슷하다는 것이다. 아이들에게는 스토어밴뮤직이 오는 날은 언제나 노는 날이나 다름없다.

"저희는 학생들을 가르치는 분야와는 직접적 관련이 없지만 다른 사람들은 해주지 못할 만한 그런 일을 해주고 있다고 봐요. 아이들의 도전정신을 자극하고 있으니까요. 40분을 주며 TV 광고용 음악한 곡을 만들어보게 하는 식이죠."

하지만 그는 이런 지적도 덧붙였다.

"저희의 강습은 선생님들을 위한 일이기도 합니다. 그동안 느껴온 바지만, 저희 강습은 아이들에 대한 영향 못지않게 교사들에게도 자극을 주고 있습니다."

닐은 아이들에게 곡의 연주법, 광고용 멜로디 쓰는 법, 곡을 세상에 발표하는 법 등을 알려줌으로써 자신의 강습에 실용적 상관성을 부여한다. 이를 통해 직업으로서의 음악에 흥미를 갖든 갖지 않든 모든 학생을 강습에 몰입시키고 있다. 그것도 단순히 위대한 거장의 작품을 이해시키려 애썼던 때와 비교하면 여러 가지 전면적 차원에서의 몰입이다.

"산업과 교육의 연계는 학습에 상관성을 부여해줍니다. 그동안 학습은 교과서 위주로 이뤄졌습니다. 물론 지금 배우는 지식들이 예전 못지않게 현재도 상관성을 갖고 있긴 하지만 보다 최신의 방식으로 이해시킬 필요가 있습니다. 아이들에게 그런 지식을 실생활의 사례 속에서 이해시켜주면 학습 효과가 달라집니다."

▎오락으로서의 지도

닐 존스턴이 오락을 교육 도구로 활용하고 있다면 미치 모피트(Mitch Moffit)와 그렉 브라운(Greg Brown)은 교육을 오락 도구로 활용하고 있다. 두 사람은 지도를 공연 예술로 탈바꿈시킨 AsapSCIENCE라는 인기 유튜브 동영상 채널을 만든 장본인들이다. 닭이 먼저냐 달걀이 먼저냐? 사람이 잠을 안 자면 어떻게 될까? 사랑에 빠지면 뇌에서는 어떤 일이 일어날까? AsapSCIENCE는 실생활 속의 과학과 재치 있는 그래픽을 조합해서 이와 같은 질문에 대답을 해주며 대부분이 학생들인 수천만 명의 시청자를 거느리고 있다.

미치는 말한다.

"가끔 보면 교육제도에서는 항상 흥미로운 내용부터 먼저 배우질 않습니다. 교육제도는 상당히 지식 중심이고 후반부로 진도가 나가서야 흥미로운 내용을 배우게 됩니다. 우리는 여기에 착안해 거꾸로 뒤집어보자는 생각을 했어요. '자, 여러분이 벌써부터 재미있어 할 만한 내용을 얘기해줄 테니까 그 얘기를 통해서 원리를 배워봅시다. 지금까지와는 다르게 과학의 관점을 배워보는 거예요.' 이렇게 시작했죠."

전문 교사인 그렉은 전통적 교육 방식에 좌절감을 느낄 때가 한두 번이 아니었다.

"커리큘럼이 너무 표준화 위주였어요. 과학 수업에서 가르쳐야 할 내용에 대한 특정 교육과정이 정해져 있었어요. 교육제도가 아이들에게 전혀 효율적이지 못하다는 느낌이 들었죠. 특히 아이들의 흥미를 유도하기가 정말 힘들었어요. 그러다 제가 만든 유튜브 동영상을 틀어주면서 반응을 지켜봤는데 정말 신기했어요. 스크린에 유튜브 동영상을 틀어주자마자 아이들 모두 말똥말똥 집중을 하더군요. 자유 시간에 즐길 만한 유튜브를 수업 시간에 시청하니 흥미가 돋았던 겁니다. 아이들은 집중해서 들으면서 질문을 던지기도 했어요. 토론도 벌어졌어요. 제가 교육 지침에 따라 수행했던 수업 중에는 한 번도 없었던 일이었죠. 가볍게 시험 삼아 유튜브 동영상을 활용했을 때는 신기하고 신통하게도 아이들이 호기심을 느끼며 세상사에 의문을 품는 모습을 보였지만, 원자가 뭔지를 가르치는 것부터 수업을 시작하면 아이들의 눈빛이 따분해집니다. 그런 수업에는 흥미를 느끼지 못해요."

그렉은 덧붙여 말했다.

"제가 아이들을 가르치면서 제일 걸렸던 문제는 가르치려는 내용이 죄다 학생들과는 별 상관이 없는 것들이라는 점이었어요. 왜 그런 걸 배워야 하느냐, 그런 걸 배워서 뭐에 써먹느냐는 식의 의문을 가질 법한 내용이었죠. 저희 채널이 인기를 끄는 한 가지 이유는 연령, 취향, 배경을 막론하고 모든 사람들이 궁금해하는 질문에 답변해주고 있기 때문입니다. 자신들과 상관있는 내용을 알려줘서 좋아하는 겁니다."

AsapSCIENCE는 우리에게 두 가지 사실을 증명해 보여주고 있다. 교사들이 학습자들의 흥미를 자극하는 식으로 수업 소재를 설명해주면 '인기 만점'의 선생님이 될 수 있다는 것. 그리고 가정에서 먹을 것을 챙겨줄 때 디저트에 슬쩍 채소를 집어넣어 먹이는 것처럼 군침 도는 뭔가를 같이 끼워 넣어주는 식으로 지도하면 아이들에게 유익한 내용을 더 많이 습득시킬 수 있다는 것. 그렉은 또 이렇게 말했다.

"저희 동영상은 실질적인 교사의 역할을 대신하는 것이 아니라 촉매 역할을 해주고 있습니다. 이런 식이죠. '얘들아, 방귀 얘기를 해보면 재미있겠지? 우리 방귀 얘기 좀 해볼까? 그런 다음에 이어서 가스 공부를 해보자.' 한마디로 말해 저희 동영상은 해당 주제를 공부하는 누군가에게 흥미를 자극하는 스파크의 역할을 해주고 있습니다."

▎교사가 배워야 할 것들

정말로 훌륭한 교사가 되기 위해서는 어떤 훈련을 받아야 할까? 교사로서의 훈련 따위는 아예 필요 없을까? 앞에서도 살펴봤듯이 닐 존스턴은 악기를 잡아본 적도 없는 아이들에게 음악에 대한 열정을 불러일으키는 대단한 일을 해냈지만 사실 교사로서의 정식 훈련을 받은 적이 없다. 이것은 닐 존스턴에게만 해당되는 얘기가 아니다. 지금까지 살펴본 사람들만 봐도 교사 자격 없이 학생들의 몰입도를 놀라운 수준으로 끌어낸 이들이 여러 명 있었으니 말이다. 그런데 아마도 이들 누구나 다음의 사실을 인정할 것이다. 자신들이 그럴 수 있었던 이유는 달성하려는 범위를 좁게 잡았던 덕분이라고. 인기 유튜브 채널 Vsauce를 통해 수많은 아이들에게 과학에 대한 호기심을 자극하고 있는 마이클 스티븐스(Michael Stevens)도 선뜻 다음과 같이 인정했다.

"교직은 정말 어려운 직업입니다. 저는 무엇을 하고 싶든, 또 어떻게 하고 싶든 간에 일주일에 한 번씩 에피소드 하나를 다루지만 교사는 날마다 교실에 들어가 주에서 설정한 지침에 따라 교육을 시켜야 하고 그 외에도 아이들에게 훈육자와 친구 등의 역할까지 해줘야 합니다. 그에 비하면 제가 Vsauce에서 해주는 일은 자율학습 수준이죠."

일부 정치인들은 특정 학과의 적절한 학위를 소지하고 있으면 가르칠 자격이 갖춰지는 것이려니 여긴다. '분자화학 석사 학위를 가지고 있다고? 그러면 당신은 과학 교사가 될 자격이 충분해.' 말하자면 누구나 전문 지식을 가지고 있으면 그 전문 지식을 다른 사람들에게 잘 전달해줄 수 있다는 식의 발상이다. 전문 지식만 배우면 그만이며 나머지는 기교의 문제라는 얘기다. 그렇지 않다. 물론 가르치는 분야에 대한 지식은 대체로 중요하다. 여기에서 '대체로'라는 말을 붙인 이유는, 앞으로 차차 설명할 테지만 항상 그렇지만은 않기 때문이다. 어떤 분야에서는 전문 지식이 정말로 필수적이다. 내 경우를 예로 들면 나는 루마니아어를 말할 줄 모르니 루마니아어를 잘 가르칠 가능성이 없다. "그러지 말고 해봐요. 까짓거 얼마나 어렵겠어요?" 이런 격려도 소용없다. 나는 못한다. 훌륭한 지도를 위해서는 대체로 해당 과목에 대한 전문 지식이 필수적이지만 전문 지식만으로는 부족하다. 훌륭한 지도를 위해서는 나머지 절반도 갖춰야 한다. 즉 학생들이 그 학과의 내용을 적극적으로 원하고 수행하고 배우도록 흥미를 자극해주는 요령도 터득해야 한다. 성취도 높은 학교제도가 하나같이 교사들의 선발과 다각적 훈련에 그토록 많은 투자를 하는 이유도, 그런 제도에서 교직이 높은 존경과 보상을 받는 직업인 이유도 바로 여기에 있다.

효율적인 훈련과 계발의 필요성에 관해서라면 앤디 하그리브스와 마이클 풀란이 『교직과 교사의 전문적 자본 : 학교를 바꾸는 힘』에서 획기적 분석을 통해 아주 잘 설명해 놓았다. 두 사람의 결론에 따르면, 교사 채용과 훈련에 대해 단기적이고 비용 절감적인 접근법을 취할 경우 반드시 '미숙하고 값싸고 금세 바닥을 드러내는' 교사 인력으로 귀결되고 만다. 또한 그로써 학습의 저하와 아이들의 성공 기회 후퇴라는 대가를 치르게 된다.

교원양성과정에는 전문 실습교사의 지도에 따라 학교에서의 다각적인 실습 과정이 필요하다. 하지만 교육의 관행과 이념적 역사, 그동안 교육계에서 펼쳐진 여러 가지 운동과 그 동력으로 작용했던 신조에 대한 공부도 수반돼야 한다. 교직의 본업은 학습의 촉진인 만큼 학습 이론에 대한 진지한 연구를 비롯해, 심리학적 탐구 및 현재 시점에서 매우 중요해진 인지과학적 탐구 또한 필요하다. 여러 국가별 교육제도의 운영 방식과 그 결과 및 영향에 대해서도 어느 정도 숙지해야 한다. 교원양성과정도 중요하지만 일단 교직에 들어선 이후에도 교사로서의 성장을 위한 지속적인 기회가 마련돼야 한다. 창의적 교직 수행을 위한 마음가짐을 가다듬고 진전 중인 관련 정책의 실천과 연구에 보다 전반적으로 보조를 맞추기 위해서는 그런 기회가 필요하다.

훌륭한 교사는 훌륭한 학교의 심장이다. 훌륭한 교사가 되려면 다양한 역할을 통해 다음의 기본적인 세 가지 목적을 수행해야 한다.

자극 부여

학생들에게 담당 학과에 대한 자발적 열정을 자극해 잠재력을 최대한 끌어내주기.

자신감 격려

학생들이 자신감을 갖고 자율적 학습자로 거듭나 이해력과 지식을 계속 키워나갈 수 있도록 그에 필요한 기술과 지식의 습득을 도와주기.

창의성 장려

학생들이 실험을 해보고, 의문을 품고, 질문을 던지고, 독창적 사고의 기술과 기질을 키우도록 이끌어주기.

커리큘럼 전반에 걸친 모든 지도에서 이런 도움을 주어야 한다. 그렇다면 커리큘럼은 어떻게 구성돼야 할까?

제6장

무엇을
가르쳐야 하는가

캘리포니아 주 샌디에이고 인근의 하이테크하이(High Tech High)는 2000년 설립 당시 기술과 학문의 통합 교육을 목표로 삼은 차터스쿨형 고등학교였다. 현재는 고등학교 다섯 곳, 중학교 네 곳, 초등학교 세 곳을 아우르는 규모로 성장해 매년 5,000명 이상의 학생에게 도움을 주고 있다.[1] 하이테크하이의 수업 시간은 대다수 학교들과는 크게 다르다. 프로젝트 기반의 학습을 중심으로 커리큘럼이 구성돼 있다. 미술 교사 제프 로빈은 말한다.

"프로젝트 기반의 학습은 이런 식이다. 먼저 학생들이 배우길 바라는 주제를 생각해낸다. 그 주제는 표준적 내용이 될 수도 있고 당신이 생각해낸 내용이 될 수도 있다. 주제가 정해진 후에는 프로젝트를 개발하면 된다. 그 주제를 프로젝트로 역설계하는 것이다."[2]

하이테크하이를 설립한 래리 로젠스톡(Larry Rosenstock) 교장의 설명이다.

"그룹 수행식 지도, 팀티칭(team-teaching: 여러 명의 교사가 팀을 이뤄 학생의 학습지도를 담당하는 지도조직-옮긴이)식 지도, 실험적이고 응용적이며 탐험적인 지도 등의 교육기교를 동원하고 문학, 산술, 인문 등 아이들이 반드시 익혀야 하는 모든 학문적 내용을 선정해서 교육기교와 학문적 내용을 융합시키려는 시도다."

하이테크하이에서는 한 학과가 다른 학과와 통합돼 있는 덕분에 학생들은 전체 커리큘럼을 효과적으로 배운다. 예를 들어 미술과 생물이 통합되거나 인문과 수학이 통합되는 식이다. 학생들은 교재를 발행하고 다큐멘터리 영화를 찍는 등 다방면에 걸쳐 다양한 창작 프로젝트를 수행한다. 이를테면 샌디에이고만의 생태계에 대한 책을 펴내고 제작하면서 사진과 그래픽 디자인을 동원해 생태계를 배우기도 한다. 게다가 학생들은 지역 공동체나 그보다 더 넓은 지역에까지 이바지하는 창작 프로젝트를 수행하며 실제 세계로까지 활동 폭을 넓히기도 한다. 한 예로 최근에는 DNA 바코딩 프로젝트를 통해 아프리카 시장에서 밀렵 고기를 가려내는 도구를 개발하는 데도 참여했다.

대다수 학교들과는 달리 이곳 학생들은 40분마다 복도로 한꺼번에 몰려 나와 이리저리 교실을 옮겨 다니지 않는다. 하이테크하이는 수업 시간을 더 소수 단위로 나눈다. 여러 가지 프로젝트에 대해 보다 지속적이고 몰입된 체험이 가능하게 하려는 목표에 따른 것이다.

래리가 내게 말했다.

"저희 학교에는 수업종이 없어요. 화장실은 가고 싶을 때 가면 됩니다. 방송 설비도 없습니다. 실행 학습이 워낙 많다 보니 필요 없습니다. 저희 학교는 주제가 아니라 발견하는 방식을 가르칩니다.

생물학 용어를 암기하지 않고 현장 견학을 나갑니다. 아이들은 공공 부문과 민간 부문에 인턴 활동도 나갑니다. 느슨한 인턴 활동이지만 수행 면에서는 엄격합니다.

저희 학생들은 팀으로 짜여진 교사들과 공부합니다. 그래서 이 과목 저 과목으로 옮길 일이 별로 없죠. 수업에서는 이런저런 것을 만들고 창작합니다. 또 주기적으로 성적을 공개한다거나 자주 발표를 해야 한다는 부담도 없습니다. 그냥 즐기기만 하면 됩니다."

대다수 고등학교와는 달라도 아주 다른 이런 식의 커리큘럼 구성을 위해서는 학부모를 비롯한 여러 그룹의 수용이 필요하다. 학부모들은 처음엔 선뜻 하이테크하이의 방식에 동조하지 않았다.

"하이테크하이 설립 초반에는 학교의 운영 방식에 의문을 제기하는 학부모들이 있었어요. 하지만 그런 학부모들조차 아이가 학교를 너무 좋아해서 그만두라는 말을 못하겠다는 이야기를 자주 했죠. 그렇게 얼마쯤 시간이 지나면서부터 차츰 명문 대학에 진학하는 학생들이 나오기 시작했어요."

하이테크하이의 학생들은 거의 모두 대학에 진학하며 그중 70퍼센트가 4년제 대학에 들어간다.

"저희 학교의 대학 진학률은 대단히 높은 편입니다. 모두가 대학에 갈 필요는 없다고 말하는 사람들도 있는데 무슨 뜻인지 이해합니다. NBA 선수나 록 스타나 출중한 프로그래머라면 그럴 필요가 없겠죠. 다만 저희는 대학에 들어가지 않을 만한 아이들이라고 해도 대학 진학을 준비시키며 대학 진학을 준비하는 아이들과 똑같이 가르치면 결과적으로 그 아이들에게도 도움이 될 거라고 생각합니다."

이 학교의 대학 진학자 가운데 절반 이상은 가족 중에 고등교육을 받는 첫 세대다. 모두 하이테크하이가 사회 계층을 초월한 덕분에 나온 결과다. 하이테크하이에서는 눈을 가리고 추첨하는 방식으로 학생들을 뽑고 초등학교에서 중학교, 중학교에서 고등학교로 진학하는 과도기에 학생 수를 다시 채울 때는 우편번호상 소수 그룹에 해당되는 그룹에서 학생들을 선발한다.

래리는 이렇게 말했다.

"저희에게는 교육도 중요하지만, 따지자면 사회 계층의 통합이 간발의 차이로 교육보다 중요합니다. 우리 사회에는 예측오류가 체계적으로 퍼져 있습니다. 인종, 사회경제적 지위, 성별에 따른 기준으로 누가 할 수 있고 누가 할 수 없다는 식의 예측오류 말입니다. 현재의 표준화시험 역시 예측오류를 옹호하는 또 하나의 교육방법론입니다. 저희는 예측오류의 함정에 빠지지 않으려고, 그래서 아직 그 아이들을 잘 모르면서 함부로 속단하지 않으려고 노력하고 있습니다. 실제로 좀 지켜보다 보면 이 학교 아이들은 다들 아주 영리합니다. 저마다 다른 방식으로 도와주기만 하면 됩니다."

모든 학생을 두루 살펴주는 일은 교육 혁신의 성패를 좌우하는 중대한 문제다. 지금까지 살펴봤듯, 모든 학생을 두루 살펴주려면 학습과 지도의 질에 초점을 맞춰야 한다. 또한 그런 일을 가능하게 해줄 커리큘럼도 마련해야 한다.

▍커리큘럼의 목적

커리큘럼은 학생들이 반드시 터득하고 이해해야 하는 내용을 정해놓은 틀이다. 대다수 학교에서는 커리큘럼이 의무 과정과 선택 과정, 동아리나 방과 후 프로그램 같은 자발적 과정으로 짜여 있다. 커리큘럼은 정규 커리큘럼과 비정규 커리큘럼으로 구분되는데 정규 커리큘럼은 의무적인 과정인 만큼 시험을 치르고 평가받는 절차가 수반된다. 비정규 커리큘럼에는 모든 자발적 활동이 포함된다. 이런 정규 과정과 비정규 과정이 합해져서 전체 커리큘럼을 구성한다.

커리큘럼의 목적은 학생들이 배워야 할 내용들에 대해 일종의 지침을 제시하는 것이다. 하지만 커리큘럼에는 또 다른 목적도 있다. 학교들이 자원을 어떻게 활용할지, 모든 구성원의 시간과 공간의 이용을 어떻게 배열할지를 결정하는 데도 커리큘럼이 필요하다. 통상적으로 학교들은 수업일과를 시간 단위로 나눈 다음 과목별로 배치한다. 이것은 언뜻 상식적으로 보인다. 어쨌든 수업일과는 체계화가 필요하고 학생과 교사들로선 언제 어디에서 무엇을 할지 스케줄이 정해져 있어야 하니 말이다. 그런데 원칙상 스케줄을 잘 잡아줘야 할 커리큘럼이 실제로는 스케줄을 꼬이게 하는 경우가 많다.

우리 딸은 10학년 때 무용을 계속 배우고 싶었지만 그럴 수가 없었다. 시간표상 다른 수업과 겹쳤기 때문이다. 나도 열네 살 때 미술을 그만둬야 했다. 학교가 판단하기에 내게 더 중요한 공부인 독일어 수업과 시간이 겹쳐서였다. 그건 어디까지나 학교 측의 판단이었지만 따라야지 어쩌겠는가. 지금까지 수많은 고등학생들이 이와 비슷한 경험을 해왔다. 시간표가 보다 유연하고 개인 맞춤형이 된다면 학생들이 필요로 하는 역동적 커리큘럼도 가능하지 않을까?

┃ 끊임없는 논쟁거리,
   필수과목

교육에서 가장 거센 논쟁거리들은 '무엇을 가르치고 누가 결정을 내려야 하는가'와 관련된 문제다. 이 장에서 다룰 것은 커리큘럼의 내용이 아니다. 다시 말해 여러 학과가 다뤄야 할 사실, 개념, 기술 등을 꼬치꼬치 논하려는 것이 아니다. 그런 문제라면 여러 정부를 비롯해 E. D. 허쉬(E. D. Hirsch)[3]와 그 밖의 사람들이 책이나 자체적 자료를 통해 이미 다루어왔으니 굳이 논하고 싶지 않다.

내가 이 책을 쓰고 있는 현재 미국 교육계의 가장 뜨거운 논쟁거리는 '필수과목 표준(Common Core Standards)'의 도입이다. 필수과목 표준이란 읽고 쓰기, 산술, 과학에 대한 기본적 커리큘럼의 내용을 정해놓는다는 개념이다. 또한 표준의 설계자들에 따르면 "견습직, 대학 기초 과정, 인력 훈련 프로그램의 수준에 맞춰 제대로 준비된 상태로 고등학교를 졸업하도록 K-12(유치원에서부터 고등학교를 졸업할 때까지 미국의 정규교육-옮긴이) 과정 중에 학생들이 획득해야 하는 지식과 기술"이 설계의 개요이며, "미국과 전세계 국가에서 가장 높고 효율적인 표준"을 참고하고 있다고 한다.

필수과목 표준에 어떠한 장점이 있든 간에 현재 정책 입안자, 교사, 학부모, 지역 공동체 등이 연방 정부의 교육 개입이 너무 과도하다며 잇따라 반발하면서 나라가 분열되고 있다.

내가 얘기하려는 점은 커리큘럼의 내용만큼 거창하지는 않지만 중요도에서는 그에 못지않다. 적어도 내 생각에는 그렇다. 그러면 지금부터 전체적 커리큘럼이 앞에서 제시한 교육의 4대 목적과 관련해서 무엇을 지향해야 하는지 짚어보는 한편 어떤 식의 커리큘럼이 바람직할지 살펴보자. 이 역시 논란의 여지가 많은 문제다. 학교에서 어떤 과목들을 가르쳐야 하는가에 대한 논쟁은 초창기부터 지금까지 교육계의 시끄러운 논쟁거리였고 그런 논쟁에 따라 커리큘럼이 크게 바뀌어왔다.

고대 로마에서는 자유 7과목, 즉 문법(언어의 형식상의 구조), 수사(작문과 주장의 표현), 논리학(논증 형식), 산수, 기하, 음악, 천문을 교육의 기초 과정으로 삼았다. 이런 식의 커리큘럼이 중세까지 줄곧 유럽을 지배했다.

15세기와 16세기의 르네상스 시기에는 일부 학교가 철자법과 연극을 비롯한 그 외 과목을 도입하며 보다 실용적인 지도와 학습이 필요하다고 주장했다. 그런가 하면 음악, 무용, 데생은 물론 레슬링, 펜싱, 사격, 핸드볼, 축구 등의 스포츠를 가르치는 학교도 등장했다. 18세기에 이르러서는 일부 학교에서 커리큘럼에 역사, 지리, 수학, 외국어를 포함시켰다. 하지만 이런 움직임은 고전 교육만이 중요하다고 믿던 전통주의자들로부터 강한 저항을 받았다. 대체로 유럽에서는 19세기 중반까지도 고전적 커리큘럼의 지배력이 여전

히 꺾이지 않았다.[4]

그러다 사회적 대변동이 일어나면서 학교의 커리큘럼도 새롭게 개혁되었다. 이제는 과학과 기술의 영향력이 점점 커지면서 지적 풍토에 변화가 일어나고 산업주의의 확산으로 경제적 전망도 바뀌었다. 또한 새롭게 심리학이 등장하면서 지능과 학습에 대한 새로운 이론을 제시했다. 그리고 이런 발전들 모두가 철저한 고전 교육의 이점에 대한 기존 개념에 심각한 도전장을 던졌다.[5]

대중 교육이 확산되면서 새로운 유형의 커리큘럼이 차츰 자리를 잡아갔고, 현재까지 이 유형의 커리큘럼이 교육계를 지배하고 있다.[6] 그러면 이쯤에서 커리큘럼을 구조, 내용, 양식, 기풍의 관점에서 생각해보도록 하자.

여기서 커리큘럼의 구조란 전체 커리큘럼의 구상 방식뿐만 아니라 여러 요소들 간의 관계를 의미한다. 전국 단위의 커리큘럼은 보통 수학, 과학, 역사 등 별개의 과목을 중심으로 짜여진다. 이런 과목들은 대체로 서열화되는 것이 보통이며 이런 경향은 특히 고등학교에서 심하다. 이런 서열화는 할애되는 시간과 자원의 양에 따라, 또 의무적이냐 선택적이냐와 정식 평가 절차가 있느냐에 따라 이루어지곤 한다.

과목의 서열에서 최상층에는 수학, 언어, 과학이 자리 잡고 있다. 이어서 인문학인 역사, 지리, 때로는 사회와 종교까지 그다음 순위에 들어간다. 예체능 교육은 서열의 맨 밑바닥으로 밀려나 있다. 커리큘럼에 포함되는 '예술'은 대개 음악과 시각예술이다. 예술 과목에서 가장 천덕꾸러기는 대체로 연극이다. 아니, 연극은 소수나마 가르치는 곳이 있으니 대다수 교육제도에서 구경하기 힘든 무용을 빼고 가장 천덕꾸러기라고 말을 고쳐야 할 것 같다.

다음으로 커리큘럼의 내용이란 배워야 하는 세부 사항을 의미한다. 학문적 학습에 치중된 상황이다 보니 커리큘럼의 내용은 실용적 기술이나 직업적 기술보다 이론과 분석에 초점이 맞춰져 있다.

한편 커리큘럼의 양식이란 학생들이 커리큘럼에 참여하는 방식을 가리킨다. 이를테면 주로 이론적 학습 기반인지 프로젝트 기반인지, 또는 개별적인지 협력적인지와 관련된 문제다. 대다수 제도에서는 이론적 학습에 중점을 두면서 그룹 활동보다는 개별 활동을 중시한다.

마지막으로 기풍이란 학교교육의 전반적 분위기와 특징을 의미한다. 우선순위에 대한 암묵적 메시지와 커리큘럼에 내포된 가치관이 여기에 해당되는데 교육의 이런 측면들을 가리켜 잠재적 커리큘럼(hidden curriculum)이라고 부르기도 한다. 그렇다면 표준화운동의 잠재적 기풍은 무엇일까? 언제나 승자와 패자가 존재하는 시험과 평가에 상습적으로 방해가 되는 장애물을 정리하는 것이 그 목적이라는 점에서 학교는 일종의 장애물 경주가 되어버렸다. 지금까지 살펴봤듯이, 그 결과 수많은 학생들이 학교생활을 따분해하거나 괴로워하면서 즐기기보다는 견뎌내야 하는 일로 받아들인다. 그렇다면 어떤 커리큘럼이 바람직할까? 여기에 답하기 위해서는 제1장에서 얘기한 교육의 4대 기본 목적을 명심해야 한다. 바로 경제적, 문화적, 사회적, 개인적 목적이다.

▍어디에서부터
시작해야 할까

전통적 커리큘럼은 명백하게 중요하다고 판단되는 개별 과목들로 구성하는 방식이다. 바로 이 점이 전통적 커리큘럼이 지닌 문제점의 하나다. 커리큘럼을 구성하는 적절한 출발점은 교육의 결과로서 학생들이 '알아야 하는 것'과 '할 수 있는 것'이 '무엇이 되어야 할지'에 대해 질문을 제기하는 일이다. 실제로 이런 질문에서 출발해 능력의 관점에서 커리큘럼의 틀을 다시 짜려는 시도가 여러 차례 있었다. 나는 이런 시도가 훌륭한 아이디어라고 본다. 내 생각에 교육의 4대 기본 목적에 비추어 학교가 정말로 학생들의 성공적 삶을 돕고 싶다면 여덟 가지 핵심 능력을 개발해주어야 한다. 여덟 가지 능력은 교육의 4대 목적과 연관돼 있으며 모두 영어의 C로 시작된다. 이런 공통점에 중요한 의미가 내재돼 있는 것은 아니지만 어쨌든 내 개인적으로는 기억하기에 참 편리해서 좋다. 그러면 여러분도 그렇게 느끼길 바라며 지금부터 하나씩 소개해보겠다.

호기심(CURIOSITY)

질문을 던지며 세상의 작동 원리를 탐구하는 능력

모든 분야에서 인간이 이뤄낸 성취는 탐구하고 시험해보고 싶은 욕망, 무슨 일이 일어나는지 관찰하고 어떤 원리로 작동하는지 알고 싶은 욕망, '왜'라는 의문과 '만약'이라는 의문을 풀고 싶은 욕망이 그 동력이다.

어린아이들은 뭐든 흥미를 느끼면 즉시 탐구 욕구가 발동된다. 호기심이 발동되면 아이들은 스스로 배우고 서로서로 배우고 손에 잡히는 모든 것에서 배운다. 뛰어난 교사들은 예외 없이 학생들의 호기심을 키우고 끌어내는 요령을 잘 안다. 학생들에게 단순히 답을 알려주기보다는 문제를 내면서, 또 더 깊은 사고를 하도록 자극을 주면서 스스로 조사하고 질문하게 북돋워준다.

어떤 일에 대한 호기심이 금방 꺼지면서 이내 만족하는 사람들이 있다. 그런가 하면 어떤 사람들은 평생 동안 호기심을 연료로 삶과 일에서 꺼질 줄 모르는 열정을 불태우기도 한다. 어떠한 경우든 평생 꺼지지 않는 호기심이야말로 학교가 학생들에게 선사해줄 수 있는 가장 위대한 재능이다.

창의성(CREATIVITY)

새로운 아이디어를 떠올리고 실제로 적용하는 능력

우리는 누구나 개인으로서 자신이 키운 관점, 자신이 내린 선택, 자신이 스스로 일깨운 열정을 통해 자신만의 삶을 일군다. 청소년의 창의력 육성은 교육의 4대 목적 모두를 충족시키는 데 중요한 역할을 한다. 창의적이 된다는 것은 인간 존재는 물론 문화적 진보의 핵심이다. 아이러니하게도 우리의 창의력은 인류에게 파멸의 원인으로 작용할 수도 있다. 서로 다른 문화 사이의 충돌과 집단적 자연 파괴의 문제를 생각해보라. 이런 관점에서 보면 자신들의 삶의 방식을 선택함으로써 기후 위기를 불러온 주범은 상상력이 부족한 여우원숭이나 돌고래가 아니다. 훨씬 풍부한 상상력과 창의력을 가진 우리 인간이 그 주범이다.

현재로서 해결책은 창의성을 억제하는 것이 아니라 더 진지하고 더 고결한 목적의식을 가지고 창의성을 육성하는 것이다. 학생들 앞에 놓인 도전이 점점 복잡해짐에 따라 학교는 모든 학생에게 창의적 사고와 행동에 필요한 독자적 재능을 키워줘야 한다.

비평(CRITICISM)

정보와 아이디어를 분석하고 논리적인 주장과 판단을 펼치는 능력

명확하게 사고하고, 논리적으로 주장하고, 냉정히 증거를 평가하는 능력은 인간 지능의 우수성을 보여주는 특징이다. 그런데 역사가 가르쳐준 모든 교훈 가운데 이런 비평 능력과 관련된 교훈이 가장 실천하기 어려운 축에 속한다.

비평적 사고는 형식논리만으로 갖춰지는 능력이 아니다. 의도의

해석, 맥락의 이해, 감춰진 가치와 감정의 간파, 동기 판단, 편견 간파, 간결하고 타당한 결론 제시 등도 갖춰야 할 능력이며, 이 모두는 연습과 지도가 필요하다.

비평적 사고는 언제나 인간의 번영에 중요한 역할을 해왔고 현재는 그 역할이 더욱 중요해지고 있다. 지금 우리는 정보, 의견, 아이디어, 광고 등이 우리의 관심을 끌기 위해 전방위적 폭격을 가하는 시대에 살고 있다. 인류가 발명한 가장 유비쿼터스(사용자가 시간과 장소에 구애받지 않고 자유롭게 네트워크에 접속할 수 있는 정보통신 환경-옮긴이)적인 정보원인 인터넷만 해도 엄청난 폭격을 가하고 있고 그 강도가 날로 커지고 있다. 그만큼 혼란과 당혹감도 높아져가고 있다는 얘기다.

디지털 혁명은 청소년의 교육에 막대한 혜택을 가져다주고 있다. 하지만 그와 동시에 사실과 의견, 상식과 비상식, 진실과 거짓을 분간해야 한다는 필요성이 과거의 그 어느 때보다 절실해지기도 했다. 이제 비평적 사고는 필수 능력이다. 학교의 모든 학과에서 중심이 되게 하고, 학교 밖에서도 하나의 습관으로 활용되게 길러줘야 할 능력이다.

소통(COMMUNICATION)

생각과 감정을 분명하게 표현하고 다양한 미디어와 표현형식을 통해 자신 있게 표현하는 능력 우수한 읽기, 쓰기, 산술 능력은 교육의 당연한 의무이므로 마땅히 육성해야 한다. 이와 더불어 분명하고 자신 있게 말하는 능력, 일명 '구술 능력(oracy)'[7] 역시 중요하다. 그런데 안타깝고 부당하게도 현재 학교에서는 구술 능력의 육성을 등한시하고 있다.

언어적 의사소통은 말뜻 그대로 언어를 통한 소통만이 전부가 아니다. 상징, 비유, 암시 등 시와 문학의 표현형식도 이해해야 한다. 의사소통은 말과 숫자로만 이뤄지는 것이 아니다. 이런 말과 숫자만으로는 제대로 표현될 수 없는 생각도 있다. 우리는 소리와 이미지, 몸짓과 제스처로도 생각하며, 이를 통해 다양한 음악, 시각예술, 무용, 연극을 창조하는 능력을 얻는다. 이 모든 방법으로 생각과 감정을 형성하고 소통하는 능력은 개인의 행복과 집단적 성취에 중요한 요소다.

협력(COLLABORATION)

다른 사람들과 함께 건설적으로 협조하는 능력

인간은 사회적인 존재다. 우리는 다른 사람들과 함께 살아가고 함께 배운다. 학교 밖에서는 다른 사람들과의 협력 능력이 지역 공동체를 강화시키고 집단적 도전에 맞서는 데 중요한 요소다. 하지만 수많은 학교에서 청소년들은 어떻게 하고 있는가? 대체로 따로따로다. 단체로 모여 학습하지만 단체로 배우지는 않는다.

청소년에게 협력 능력을 키워주면 자존감이 높아지고 호기심이 자극되며 창의성과 성취도가 커지고 긍정적인 사회적 행동이 촉진된다.[8] 학생들은 그룹 활동을 통해 공통의 문제 해결과 목표 달성을 위해 다른 사람들과 협력하는 법을 배워야 한다. 서로의 강점은 이용하고 약점은 덜어내는 법과 서로 아이디어를 나누고 발전시키는 법도 배워야 한다. 협상하고, 갈등을 해결하고, 합의된 해결책을 지지하는 법도 배워야 한다.

청소년은 학교에서의 협력을 통해 헬렌 켈러의 명언에 담긴 근본적 진실을 깨달아야 한다.

"혼자서 할 수 있는 일은 작지만 함께하면 큰일을 할 수 있다."

연민(COMPASSION)

<u>다른 사람들에게 감정이입하며 그에 따라 행동하는 능력</u>

연민은 다른 사람, 특히 고통을 겪는 사람의 감정에 공감해주는 것이다. 연민의 뿌리는 감정이입이다. 다른 사람의 감정을 인정해주고 똑같은 상황에서 자신은 어떤 기분일지 헤아리는 것에서 시작된다. 한편 연민은 단순한 감정이입만은 아니다. '내가 대접받고 싶은 대로 남에게 대접하라'는 황금률을 실제로 표현하는 것이다. 감정이입의 실천이기도 하다.

청소년이 직면하는 문제의 대다수는 연민의 부족이 원인이다. 인종이나 문화 또는 성별에 따른 괴롭힘, 폭력, 정신적 학대, 따돌림, 편견은 모두가 감정이입의 실패에서 비롯된다. 더 넓은 성인들의 세상에서도 문화적 갈등과 해로운 사회 분열이 감정이입의 실패로 촉발되어 커지고 있다.

세상이 점점 상호의존적으로 변해감에 따라 이제 연민을 키우는 일은 도의적이고 실용적인 의무가 되었다. 또한 정신적 의무이기도 하다. 연민의 실천은 보편적 인간애의 가장 진실된 표현이자 우리 자신과 다른 사람들의 행복을 샘솟게 해주는 깊은 근원이다. 다른 곳도 마찬가지겠지만 학교에서의 바람직한 연민은 실천적 연민이지 설교적 연민이 아니다.

평정(COMPOSURE)

<u>내면의 감정과 연계된 개인적 조화와 균형의 감각을 키우는 능력</u>

우리는 두 개의 세계에서 살아간다. 내면의 세계와 주변의 세계다. 표준화 중심의 커리큘럼은 온통 외부 세계적이다. 청소년이 자신의 내면 세계를 들여다보게 해주는 부분이 거의 없다. 하지만 주변 세계에서 '어떻게 행동하느냐'는 스스로를 '어떻게 바라보고 느끼느냐'에 따라 크게 영향받는다. 작가 아나이스 닌(Anaïs Nin)도 말

하지 않았던가. "우리는 세계를 있는 그대로가 아니라 우리 방식대로 바라본다"라고.

현재 학교에서 스트레스, 불안, 우울증으로 고통받는 학생들이 수두룩하다. 청소년에 따라 이런 감정의 근원은 학교 자체일 수도, 외부 세계일 수도 있다. 그 근원이 어디에 있든 이런 감정은 따분함, 일탈, 분노는 물론 더 심한 결과까지 유발하기 쉽다. 학교는 지금껏 논의되어온 모든 방법을 동원해 학교 문화를 변화시킴으로써 이런 결과를 줄여나가야 한다. 또한 매일 명상의 시간을 마련해 학생들에게 내면 세계를 탐구할 시간을 주고 탐구 방법을 가르쳐주어야 한다. 현재 명상을 실천하는 학교들이 점점 늘고 있는 추세이며, 이런 학교들의 학생과 교사 모두 마음챙김(현재의 순간에 집중해서 늘 깨어 있는 상태를 의미 - 옮긴이)과 평정의 능력을 키우는 연습을 꾸준히 하면서 개인적으로나 공동체적으로 도움을 얻고 있다.

시민성(CITIZENSHIP)

<u>사회에 건설적으로 참여하며 사회를 지탱시키는 과정에 동참하는 능력</u>

민주주의 사회는 자신들이 다스려지고 통솔되는 방식에 적극 참여하는 교양 있는 시민들에게 의존한다. 시민의 적극적 참여가 일어나려면 학교를 졸업하는 청소년이 사회의 작동 방식을 잘 알고

있어야 한다. 특히 법적, 경제적, 정치적 제도가 어떻게 운영되고 그런 제도가 자신들에게 어떤 영향을 미치는지를 이해해야 한다.

적극적 시민이란 구체적으로 어떤 사람일까? 자신의 권리와 의무를 의식하고, 사회제도와 정치제도의 작동 방식을 이해하며, 다른 사람들의 행복에 관심을 가지고, 자신의 의견과 주장을 명확하게 표현하며, 세상에 영향을 미치는 능력이 있고, 지역 공동체의 일에 적극적이며, 자신의 행동에 책임을 지는 사람이다.[9]

시민성 교육에서 중요한 것은 획일성과 현상 유지가 아니다. 그보다는 평화롭게 살기 위해 동등한 권리, 의견 차이의 가치, 자신의 자유와 타인의 권리 사이에서 균형잡기 등을 장려해야 한다.

시민성의 기술은 배우고 연습해야 하는 것이다. 지속적인 갱신도 필요하다. 존 듀이(John Dewey)의 말도 바로 이 점을 염두에 두었을 것이다.

"민주주의는 세대마다 새롭게 태어나야 하며 교육은 그 산파가 되어야 한다."

이렇게 되려면 학교들이 시민성을 말로만 떠들어서는 안 된다. 지금까지 열거한 능력들도 모두 마찬가지지만 학교가 직접 모범을 보여야 한다.

지금까지 살펴본 능력들은 학업 중의 특정 단계에서 발휘되어야 하는 것이 아니다. 교육의 초반부터 차츰 개발해서 평생 연습하고 가다듬으며 자신감과 정교함을 늘려가야 하는 것이다. 이 여덟 가지 영역에서 자신감을 느끼며 학교를 졸업하는 학생들은 살면서 피하기 어려운 경제적, 문화적, 사회적, 개인적 도전에 나설 준비가 갖춰지게 된다. 그렇다면 학교들이 여덟 가지 능력을 북돋워주기 위해서는 어떤 식의 커리큘럼이 필요할까?

▎과목이 아니라 학과의 개념으로

제4장에서도 주장했듯이 인간의 지능은 학업 능력 이상을 아우른다. 제4장에서 그 이유를 밝혔듯, 나는 학문적 과목에 대한 전통적 개념이 학교의 커리큘럼 구상을 너무 제한한다고 본다. '과목'은 지식이 별개의 영역들로 나뉘어 명백하고 영구적인 경계에 에워싸여 있는 듯한 암시를 준다. 실제로는 그렇지 않다. 어떤 형태든 모든 지식은 계속해서 진화하며, 학교 밖에서는 과목들 간의 경계가 끊임없이 겹쳐진다. 문제는 이뿐만이 아니다.

어떤 의미에서 보면 학문적 과목이라는 것은 없다. 사물을 바라보는 학문적 방법들만 있을 뿐이다. 학문적 공부는 분석의 양식으로서 외국어나 소립자 물리학에든, 시나 지질학에든 적용될 수 있다. 지금껏 학교는 이런 공부의 양식에 치중하는 방향으로 진화해왔지만 본질적으로 학문적인 과목은 없으며 단지 어떻게 바라보느냐 하는 방법만이 있을 뿐이다.

학교의 커리큘럼 구상에 관해 나는 학과라는 개념을 훨씬 선호한다. 학과는 이론과 실용이 조합된 개념이기 때문이다. 실제로 수학을 예로 들어보자. 수학은 방법과 과정 그리고 명제적 지식의 조합이다. 학생들은 수학에 대해서만 배우는 것이 아니라 수학을 푸는 방법도 배운다. 이는 음악, 미술, 디자인, 공학, 기술, 연극, 무용 등 신체적 기술이나 재료와 도구가 필요한 학과의 경우에도 마찬가지다.

커리큘럼을 학과의 관점에서 생각하면 하이테크하이의 사례처럼 여러 학과와 관련이 있는 활동을 펼칠 가능성이 열리면서 쟁점과 아이디어를 여러 관점에서 협력적으로 탐구하며 여러 학과의 개념과 기술을 활용할 수 있게 된다. 학교 밖 세상에서는 본질적으로 여러 학과에 걸쳐 있는 일들이 아주 많다. 그렇다면 커리큘럼에는 어떤 학과를 포함시켜야 할까?

내 견해로는 균형 잡힌 커리큘럼이 되려면 예술, 인문, 언어, 수학, 체육, 과학에 대해 공평한 자격과 자원을 부여해야 한다. 이 각각의 학과는 모두 지능, 문화적 지식, 개인적 성장에서 중요한 영역을 다루고 있다. 모든 학생이 공통적으로 배워야 하는 사항에 대한 틀을 마련해주는 동시에 이런 학과들 사이에 적절한 균형을 맞춰준다면 학교로서는 학생들 개개인의 개인적 장점과 관심사에 호응해줄 여지가 생긴다.

예술

예술의 본질은 인간 경험의 특유성이다. 음악, 무용, 시각예술, 연극 등을 통해 우리는 자신에 대한 감정과 생각 그리고 우리가 주변 세계를 경험하는 방식을 형상화한다. 예술을 통해 배우고 예술에 대해 배우는 일은 지능계발에 중요하다. 예술은 지능의 다양성을 명확히 보여주는 실례이며 지능을 촉진시키는 실용적 방법이 되어주기도 한다. 예술은 인간 문화를 통틀어 가장 생생한 표현에 해당된다. 다른 문화의 경험을 이해하기 위해서는 그들의 음악, 시각예술, 무용, 언어 및 공연예술에 참여해봐야 한다. 음악과 이미지, 시와 연극은 우리 안에 가장 깊이 내재된 재능과 열정의 표출이다. 다른 문화의 예술에 참여하는 것은 그들처럼 세계를 이해하고 느껴 보기에 가장 생생한 방법이다.

인문

인문은 인간 문화를 연구하는 분야로서 역사, 언어 연구, 철학, 종교 교육, 지리 및 사회 연구 등이 포함된다. 인문 교육은 학생들이 주변 세계를 더 넓고 깊이 이해하도록 이끎으로써 주변 세계의 다양성, 복잡성, 전통을 이해하게 해준다. 인문의 목표는 시대적으로나 문화적으로 동떨어진 사람들을 포함한 다른 인간들과의 공통점에 대한 이해의 폭을 넓혀서 현 시대와 문화에 대한 비평적 인식을 키워주는 것이다.

언어

언어를 구사하는 능력은 인간 지능의 증표다. 아이들은 말하는 법을 배우면서 생각하고 추론하고 의사소통하는 법을 배워간다. 그 언어에 내재된 문화적 가치와 사고방식 또한 배운다. 학교에서의 언어 학습은 구술 능력, 읽고 쓰기, 문학으로 구성된다. 구술 능력은 분명하고 유창하며 자신 있게 말하는 능력을 말하며, 읽고 쓰기는 읽고 쓰기의 기술과 관행을 익히는 과정이다. 문학은 인간의 가장 중요한 예술 양식으로 꼽을 만한 분야다. 학생들은 문학예술의 공부와 연습을 통해 다른 삶, 시대, 전통의 통찰력과 감성을 가까이 접해볼 기회를 얻는다.

수학

수학은 숫자, 크기, 양, 공간 그리고 이것들 사이의 관계를 다루는 추상적 과학이다. 수학은 그 역사가 인간 문명의 초기로까지 거슬러 올라가며 인간 문화의 최고 위업으로 꼽힌다. 산술 능력은 그 자체로 중요하다. 여러 학과를 공부하는 관문이 되기도 한다. 수많은 양식의 수학은 과학 전반을 비롯해 기술과 예술, 일상생활의 수많은 측면에서 중요한 역할을 한다.

체육

우리 인간은 머리와 육체로만 이뤄진 존재가 아니다. 우리는 정신적, 정서적, 육체적 행복이 서로 밀접히 연결된 통합된 존재다. 체육 교육과 스포츠는 다양한 문화적 전통이나 관습과 밀접히 얽혀 있어서 경기 자체를 통해서나 경기가 불러일으키는 단합감과 소속감을 통해 강렬한 감정과 가치관을 환기시킨다. 또한 개인으로서의 기술과 단체로서의 기술을 발전시킬 기회는 물론 통제된 환경 속에서 함께 성공과 실패를 공유할 중요한 기회가 되어준다. 창의적이고 문화적인 교육에 대해 균형 잡힌 접근법을 따르는 측면에서도 체육 교육은 이런저런 식으로 다른 학과들과 똑같이 중요한 역할을 한다.

과학

과학은 우리 주변의 세계를 이해하기 위한 체계적 연구다. 물리학, 화학, 생물학, 지구과학, 천문학 등의 자연과학이 자연현상에 대한 탐구와 예측에 집중한다면 심리학, 사회학, 경제학 등의 사회과학은 개인과 사회의 행동에 초점을 맞춘다. 과학 교육은 모든 학생에게 중요한 역할을 한다. 과학 교육은 증거의 이해와 객관적 분석의 기술을 발달시켜서 자연세계의 과정과 그 과정을 지배하는 법칙에 대한 기존의 과학적 이해로 들어가는 관문이 되어준다. 뿐만 아니라 실용적, 이론적 탐구를 통해 기존 지식을 증명하거나 반박할 기회도 제공한다. 또한 현대 세계를 형성해온 과학적 개념과 성취를 이해하는 동시에 그 의의와 한계를 파악하게 해준다.

학과라는 개념은 여러 학과를 아우르는 활동에 역동성을 부여해주며, 하이테크하이 같은 학교에서는 이런 활동을 커리큘럼의 토대로 삼고 있다. 학과들이 지속적으로 변화하고 진화하는 것은 바로 이런 역동성 덕분이다. 학교 밖 세계에서는 이런 학과들 모두가 역동적인 탐구 영역이다. 학교에서도 그렇게 되어야 한다. 사람들은 흔히 예술과 과학은 완전히 상반된 분야라고 생각한다. 과학은 엄밀한 사실, 진리, 객관성과 관련되어 있고 예술은 감정, 창의성, 주관성과 관련되어 있다고 분리하는 것이다. 과학과 예술에 대한 이런 식의 캐리커처는 과장된 것이다. 물론 어느 정도 맞기는 하지만 말이다.

실제로 예술과 과학은 온갖 방식으로 중복된다. 적절히 착상된 상상력과 창의성은 예술의 영역만이 아니라 과학의 영역에 속하기도 한다. 과학의 학습에는 기존의 과학적 지식을 이해하고, 과학적 탐구 방식으로 가설을 살펴보고, 기술을 비롯한 다른 분야와 과학의 상호작용을 탐구하는 것 등이 포함된다. 지금까지 과학을 진보시켜온 뛰어난 발견과 이론들은 실험의 설계와 해석에서 뛰어난 상상력과 실용적 창의력에 의존해왔다.

예술은 정교한 기술, 비평적 판단, 문화적 감성이 요구되는 아주 체계적인 분야이기도 하다. 인문은 예술과 마찬가지로 주로 인간의 경험적 측면을 이해하는 것이고 또한 과학과 마찬가지로 이론적 분석, 증거, 설명과 관련돼 있어 여러 방식으로 과학이나 예술과 중복된다.

▌적절한 양식 찾기

대다수 학생들은 아이디어를 추상적으로만 공부하는 대신 적극적으로 학습해야 가장 높은 학습효과를 낸다. 호기심이 일거나 의문이 생길 경우 새로운 아이디어를 발견하면서 해당 학과들에 열정을 느끼게 된다. 이 점은 그레인지초등학교, 노스 스타, 하이테크하이 등 지금까지 살펴본 사례만 봐도 명백히 증명된다. 여기에 대해 래리 로젠스톡은 이런 의견을 내놓았다.

"초등학교들은 처음엔 제대로 잘 작동합니다. 초반에만 해도 다중 학과적 수업을 하고 퍼지 논리(fuzzy logic : 불분명한 상태나 모호한 상태를 참 또는 거짓의 이진법 논리에서 벗어난 다치성으로 표현하는 논리 개념-옮긴이)를 활용하고 뭔가를 직접 해보지 않습니까. 박사 과정 수업도 마찬가지예요. 물음표를 달고 들어왔다가 물음표를 달고 나갑니다."

어떤 분야든 효과적인 학습은 대체로 시행착오의 과정이다. 해결책을 탐색하기 위한 시도가 번번이 실패하다가 마침내 돌파구를 찾는 과정이다. 이런 역동성이야말로 커리큘럼의 핵심이며 하이테크하이의 성공 비결이기도 하다.

"이 과정에서 실패는 중요한 역할을 합니다. 저희는 실패를 칭찬해줍니다. '잘했어. 이제 그게 잘 적용되지 않는다는 것을 알게 되었잖니. 리스트에서 그 항목을 지워버리고 다른 항목을 살펴봐.' 이런 식의 학습, 즉 실패를 통한 학습이 학습 체험에서 결정적인 역할을 하는데도 커리큘럼에서는 제외되는 경우가 너무 많습니다."

지도와 학습에서 일어난 최근의 혁신 가운데 특히 흥미로운 것이 하나 있다. 일명 '디자인 사고(design thinking)'로, 현재 수많은 조직에서 이 방법을 활용 중이며 학교에서도 그 활용 사례가 점점 늘고 있다. 디자인 사고란 전문 디자이너들이 문제를 확인하고 해결할 때나 새로운 상품과 서비스를 착상할 때 활용하는 창의적이고 분석적인 기법을 이용하는 사고방식이다. 여러 학과에 걸쳐 있으며 아주 협력적이라는 점이 이 사고방식의 대체적 특징이다. 참고로 그 원칙과 실천을 가장 잘 설명한 사례로는 팀 브라운(Tim Brown)의 『디자인에 집중하라』를 꼽을 수 있다.

디자인 사고를 비롯해서 지금까지 이 책에서 살펴봤던 여러 가지 학습 전략들이 잘 보여주고 있듯, 학교들이 보편적으로 학업 프로그램과 직업훈련 프로그램을 분리시키는 방식은 잘못된 판단이며 대실패로 끝날 수도 있다. 또한 지식의 실용적 응용 분야에 진정한 재능과 열정을 가진 학생들을 과소평가하고 있기도 하다. 학생들의 역동성을 길러주는 것은 커리큘럼의 변두리가 아니라 중심부를 차지해야 한다.

킹스칼리지런던(King's College London)의 공공 부문 관리 교수인 앨리슨 울프(Alison Wolf)는 영국 정부를 위해 직업 교육 보고서인 〈울프 리포트(The Wolf Report)〉를 작성했었다. 그녀는 학생들이 성공적이고 사회에 도움이 되는 어른으로 자라도록 준비시키는 면에서 직업 교육이 상당히 유익하다고 판단하고는 학교제도에서 그런 식의 직업 교육이 제대로 이뤄지려면 학업 프로그램과 비슷하면서도 다른 방식의 엄격함으로 다루어야 한다고 생각했다. 그녀는 이렇게 말한다.

"벽을 허물어야 합니다. 일반적 진로를 따라 대학을 졸업하고 교사가 된 경우가 아닌 다른 이력의 사람들을 학교에 더 많이 들이면, 그것도 일회성이 아니라 사실상 일종의 가구처럼 들인다면 학교제도에도 숨을 쉴 만한 여지가 더 생겨납니다. 학생들에게 시간이 재깍재깍 잘 가는 것처럼 느끼게 해주고 본질적으로 변화무쌍해서 커리큘럼에 얽매이지 않는 그런 일들을 교실 밖에서 해보도록 해줘야 합니다. 이런 일을 공식적 부분으로 만들고, 하나의 책무로 정해야 합니다. 이런 비표준적 부분을 전통적 구조에 붙박이로 짜넣어 독자적으로 작동되는 틀이 되도록, 그 이후에도 그 틀 자체가 표준화되지 않도록 만들어야 합니다."

이번엔 학교와 그 주변 세계를 어떻게 연결하는지에 대한, 또 학업 프로그램과 직업훈련 프로그램의 통합이 훨씬 더 높은 몰입도와 성취도를 유도한다는 사실에 대한 설득력 있는 사례로서 빅픽처러닝을 소개해보겠다. 빅픽처러닝은 전세계 100개 이상의 학교들로 연결되어 있으며 날로 확장 중인 네트워크로서 1995년에 학교, 프로그램, 정책 발전과 관련된 전반적 측면에서 매진 중인 두 명의 교육자, 엘리엇 워셔와 데니스 리트키(Dennis Littky)가 창설했다. 빅픽처스쿨들의 핵심 개념은 교육이 지역 공동체 전원의 책임이라는 것이다. 빅픽처스쿨에서는 학교 담장 너머로 확장될 수 있어야 비로소 가능한, 그런 학습을 장려한다. 즉 학생들은 멘토 자원자들의 지도 하에 많은 시간을 지역 공동체의 일에 참여하면서 실세계의 상황을 통한 학습을 한다.

워셔의 말을 들어보자.

"지역 공동체는 학교와 주민들을 규합해서 고등학교를 개혁하고 지역 공동체에서 필요로 하는 학습 구조를 세우기 위해 모든 시 부서들을 끌어 모아야 합니다. 도시들이 진정한 지역 공동체 학습장을 세운다면 비로소 고등학교에 장소감(sense of place : 장소에 대한 정서적 유대감-옮긴이)을 회복시키는 동시에 학생들에게 자신이 지역 공동체에 기여할 만한 중요한 존재라는 긍지를 느끼게 해줄 수 있습니다."[10]

워셔는 그의 오랜 동료 찰스 모즈카우스키와 공저로 펴낸 『넘나들며 배우기』에서 이런 학습의 가치에 대해 다음과 같이 밝혔다.[11]

전통적 교육 방식과 평가는 모든 학생의 역량을 끌어내주지 못하며, 기예와 전문 기술은 더 말할 것도 없다. 모든 학생들이 학교생활에 마음을 붙이고 졸업할 때까지 생산적 학습자로서 참여하도록 학교가 학교 밖에서의 학습을 통한 여러 가지 체험을 어느 정도는 마련해줘야 한다. 모든 학생이 학교생활을 중도에 포기하지 않고 끈기 있게 학습하기 위해서는 자주, 정기적으로 그리고 당연히 임시적으로 학교 밖으로 나가야 한다. 그러기 위해서는 학교들이 벽을 허물어야 한다. 학생들이 학교에서 수행할 수 있는 학습과 학교 밖에서 수행할 수 있는 학습을 분리하는 벽을 없애야 한다. 양쪽 환경 및 배경에서의 학습을 자연스럽게 통합시켜야 한다.[12]

몇 페이지 뒤에서 두 저자는 이런 방식이 중요한 이유를 설명했다.

대다수 청소년이 학교의 유용성을 느끼기 어려워한다. 실제로 수많은 청소년이 학교를 부정적인 학습 환경으로 여기고 있다. 학교는 살아가는 데 중요한 기술의 측면에서 학생들의 역량을 키워주지 못하고 있을 뿐만 아니라 실제 세상과 격리된 채 학과와 수업 종으로 짜여 있으며 객관식과 필기시험으로 평가받는다. 학교는 수많은 성문율과 불문율로 청소년의 타고난 학습 충동을 짓누르고 학생 자신이 잘하고 싶은 것, 연습하고 싶은 시기, 배우고 싶은 사람, 배우고 싶은 방법에 관한 선택권을 제한하고 있다. 그러니 당연한 일이겠지만 창의적이고 모험심 넘치는 수많은 청소년들은 성과 위주의 학습에 흥미를 느끼지 못한다. 현실 세계와 담을 쌓은 그런 식의 학교에 계속 다니는 것이 따분할 수밖에 없다.

지난 10년 동안 빅픽처러닝은 한번에 한 아이씩 개인 맞춤형이고 지역 공동체 주도적인 접근법을 통해 모범적인 성공 사례를 꾸준히 쌓아왔다. 제1호 빅픽처스쿨은 로드아일랜드 주 프로비던스에 설립된 메트로폴리탄지역 직업 및 기술 센터(Metropolitan Regional Career and Technical Center)였다. 이 학교의 제1회 신입생들은 전통적 학교 환경에 적응하지 못해 쩔쩔매고 있던 아프리카계와 라틴계 아이들이 대부분이었다. 이 아이들은 정규 학교에 다닐 경우 중도 포기할 위험이 높았고 대부분이 집안 환경상 고등학교 이상의 교육은 별 가능성이 없었다. 이랬던 제1회 신입생들이 4년 후 96퍼센트가 졸업했고 졸업생의 98퍼센트는 고등교육 학교에 입학했다. 미국의 빅픽처스쿨들은 전반적으로 92퍼센트의 졸업률을 기록

하고 있어 미국 전역의 평균인 66퍼센트와 대조를 보이고 있다.[13]

　이 책은 다수의 개혁 정책이 교육의 문제를 완전히 잘못된 관점에서 다루고 있다는 점을 기본 전제로 깔고 있다. 엘리엇 워셔와 찰스 모즈카우스키도 여기에 공감하고 있으며 두 사람의 빅픽처스쿨은 그런 문제들이 토대로 삼아야 할 현실적 해결책에 대한 원칙과 방법을 확실하게 보여주는 사례다.

▎느린 교육 운동

　　　　　　　　　　　　이번엔 제4장에서 살펴봤던 조 해리슨의 느린 교육 운동에 대해 다시 한 번 이야기해보자. 느린 교육 운동의 가장 뛰어난 사례라면 리버풀에서 북동쪽으로 56킬로미터쯤 떨어진 로치데일 소재의 매튜모스고등학교를 꼽을 만하다. 매튜모스고등학교의 웹사이트에 들어가면 대문에 "우리는 다르다(We Are Different)"라는 문구가 보이고 이 문구를 클릭하면 다음의 문장이 뜬다.

매튜모스고등학교가 다른 학교들과 크게 다른 점은 학습 어젠다다. 이상하게 들리겠지만 대다수 학교에는 이런 어젠다가 없다. 가르치는 일에만 매달리며, 가르치면 학습은 저절로 뒤따르게 마련이라고 생각한다. 지금까지 숱하게 증명되었듯이 실제로는 그렇지가 않다. 누구나 자신의 학창 시절을 떠올려보면 고개가 끄덕여질 테지만,

교사는 학생들에게 많은 것을 가르쳐주긴 했으나 학생들은 그중에서 실제로 배운 것이 별로 없다.

우리 매튜모스고등학교에서는 학습자를 학교 운영의 중심에 둠으로써 학생들이 효율적 학습자로 발돋움하도록 지원해줄 방법을 찾고 싶었다. 효율적 학습자로 성장해 자립성을 갖추고 어려운 상황에 잘 적응하게 되어 삶에서 만족감과 성취감을 누리도록, 또 어떻게 해야 할지 모를 때도 어떻게 해야 할지를 알도록 이끌어주고 싶었다.[14]

매튜모스고등학교의 학습 어젠다에서 핵심은 일주일에 네 차례의 복합적 수업이 포함된 마이 월드(My World)라는 프로그램이다. 다음은 조가 들려준 이야기다.

"이 프로그램은 상당히 프로젝트 중심의 학습입니다. 과정에 중점을 두고 교사들은 촉진자 겸 가이드 겸 코치로서의 역할을 맡습니다. 물론 때때로 교사가 교실 앞에 서서 가르치는 그런 수업도 합니다만 교실에서 아이들이 과정을 이끌어가는 수업이 더 많습니다. 한번은 아이들이 가계도를 알아보는 프로젝트를 수행하기도 했습니다. 아이들은 각자 자신의 가계도를 만들어보면서 계보학자를 초청해 도움도 받고 작성 중인 가계도에 대한 비평적 의견도 들었습니다. 이 프로젝트를 통해 아이들은 자신의 가계도에서 흥미로운 면을 알아내고 그 면을 마음에 새길 수 있었죠. 축구에 푹 빠져 있던 학생 얘기도 생각나네요. 교장이 이 학생과 학습상담을 하다가 물었습니다. '그래, 그렇구나. 그런데 뭐가 그렇게 좋은 건데? 네가 정말로 축구를 좋아하는 건 딱 봐도 알겠는데 왜 그렇게 좋은지 궁금해서 말이야.' 학생은 잠깐 뜸을 들이며 생각을 하더니 이렇게 대답했습니다. '축구를 하는 동안엔 제가 완전히 다른 사람이 된 것 같아서요.' 그 순간 교장은 뭔가가 퍼뜩 떠올랐습니다. 스포츠 심리학과 관련된 프로젝트를 개발해서 깊이 탐구해보자는 생각이었습니다. 표준적인 커리큘럼에서는 그런 것에 관심을 가지는 사람이 별로 없어서 그런 깊이 있는 탐구는 절대 불가능하겠지만 빅픽처스쿨에서는 그런 탐구가 가능합니다.

빅픽처스쿨은 항상 이런 프로젝트들을 통해 강한 목적의식을 부여하려 합니다. 프로젝트 활동을 실질적 일처럼 다루기 위해 외부기관을 참여시키기도 합니다. 간혹 2년간 전혀 동기를 느끼지 못하는 학생이 나오기도 합니다. 그렇더라도 그런 동기 불충분을 인정해줘야 합니다. 그러면 어떤 경우든 그런 학생 입장에서는 보다 효과적이고 정말로 귀중한 교육 체험을 얻게 됩니다.

이런 일들은 시간이 필요하기 마련입니다. 그래도 이제는 사람들이 차츰 성적이 전체 교육 체험의 핵심이 아니라 부산물이라는 것을 이해하고 있습니다. 물론 성적도 점점 좋아지고 있고 기대치마저 뛰어넘고 있습니다. 대학들은 매튜모스고등학교 출신들이 학습자로서 뛰어난 소질이 있음을 알아보고 비교적 낮은 성적이어도 입학을 받아주려 합니다."

민주학교가 일으키는 바람

학생들을 훨씬 더 본질적 차원으로 참여시키는 학교들도 있다. 1987년 이스라엘에서 야콥 헥트는 커리큘럼과 관련된 모든 결정을 학생, 교사, 학부모가 투표를 통해 결정하는 학교를 설립했다. 이 하데라민주학교(Democratic School of Hadera)는 민주주의를 자칭한 세계 최초의 학교였다.[15] 현재는 세계적으로 이런 민주학교가 수백 곳에 이르며 그중 100여 곳은 미국에 있다. 뉴욕 주 브루클린의 브루클린프리스쿨, 테네시 주 서머타운의 팜스쿨, 위스콘신 주 비로콰의 유스이니셔티브고등학교 등이 그 사례다.

야콥은 최근의 발표회에서 다음과 같이 말했다.

"모든 학생에게 스스로 자신의 재능을 키울 영역을 선택하게 해주면 우수한 실력을 발휘한다는 것, 그것이 우리의 신조입니다. 우리는 민주적 교육을 통해 학생들을 고정관념의 틀에서 데리고 나와 그들이 잘할 수 있는 분야를 찾습니다."[16]

야콥은 『민주적 교육(Democratic Education)』에서 민주학교의 기본 요소를 다음과 같이 정리하고 있다.

- 학습 영역의 선택 : 학생들이 배우고 싶은 것과 배우고 싶은 방법을 선택한다.
- 민주적 자기관리.

- 평가는 개인 중심으로 : 다른 사람과 비교하지 않고 시험과 등급 체계
  도 두지 않는다.
- 아이들이 네 살부터 성인이 될 때까지 계속 성장하는 학교.[17]

야콥은 학교 설립에 이어 민주교육협회(Institute for Democratic Education, IDE)와 민주교육회의협회(Institute for Democratic Education Conference, IDEC)도 창설했고, 현재 전세계 교육자들이 이 두 협회에 동참하고 있다.

제리 민츠(Jerry Mintz)는 학교에서의 민주적 과정을 누구보다 앞장서서 지지하는 사람으로, 대안교육자원협회(Alternative Education Resource Organization)를 창설했고 전미대안공동체학교협의회 (National Coalition of Alternative Community Schools)의 초대 회장을 지냈으며 야콥과 함께 IDEC의 창립 회원이다.[18] 미국의 대다수 민주 학교는 사립이고 소수만이 공립학교 내의 차터스쿨이다. 하지만 제리는 이런 학교들이 모든 공립학교에 변화의 지침이 되어줄 것이라고 생각한다.

"공립학교제도를 변화시키는 가장 좋은 방법은 공립학교제도 외부에 모델을 만드는 것이라고 생각합니다. 캘리포니아 주를 예로 들어보죠. 캘리포니아 주는 홈스쿨링을 하는 아이들이 너무 많아지자 전 교육구에서 아예 자기방어 수단으로 독학을 위한 프로그램을 만들었습니다. 독학은 말하자면 홈스쿨링 아닙니까? 각 교육구마다 공교육의 일환으로 홈스쿨 프로그램을 두고 있는 셈이죠. 이런

식으로 대안들이 공립학교 제도에 영향을 미치고 있는 겁니다.

여기에는 학습에 대한 관점과 관계된 두 개의 상반된 패러다임이 결부되어 있습니다. 그 하나는 아이들이 타고난 학습자라는 패러다임입니다. 정말로 아이들은 타고난 학습자가 맞습니다. 그리고 이 사실은 현대의 뇌과학 연구를 통해 점차 증명되고 있습니다. 하지만 거의 모든 학교들은 아이들이 천성적으로 게을러서 억지로 배우게 해야 한다는 식의 패러다임에 따라 운영되고 있습니다. 그런데 그렇게 7, 8년쯤 지나면 정말로 그 말이 씨가 되어버리는 결과가 나타납니다. 억지로 공부를 시키면 아이들은 7, 8년간 공부에 흥미를 느끼지 못하다가 얼마쯤 지나면 타고난 학습 능력을 잃어버리기 십상이니까요."

제리는 민주적 교육 과정을 설명하기 위해 여러 곳을 누비고 있다. 자그마치 30년이 넘도록 그렇게 해왔는데도 그는 여전히 기운이 솟는다.

"저는 아직도 그 영향력이 놀랍습니다. 한번은 위태위태한 지경에 처한 롱아일랜드의 공립학교에 간 적이 있습니다. 다른 학교들이 수업을 마친 3시 30분에야 아이들이 등교해서 7시 30분에 하교하던 학교였습니다. 아이들은 자기들이 아무렇게나 취급받는 듯한 기분에 빠져 있었어요. 그런데 제가 다 같이 모인 자리에서 민주적 과정을 설명하자 아주 흥미로운 일이 일어났습니다. 초반엔 아이들의 몸짓만 봐도 얼마나 회의적인지 느껴질 정도였는데 설명을 마칠 때쯤 되니 아이들이 아주 열중해서 듣고 있지 뭡니까. 한 아이는 '학교에 모자를 쓰고 오는 것을 허용해줘야 한다'며 적극적으로 의

견까지 내놓았어요. 그 의견을 듣더니 한 교사가 타당한 의견이지만 교육구 규칙에 위반된다고 대답했어요. 그러고는 그 아이가 원하면 학교위원회에 가서 그 규칙을 바꿔보겠다고 얘기해줬어요. 갑자기 교사와 학생들이 서로 반대편이 아닌 같은 편에 서면서 관계에 변화가 일어났어요. 그런 변화가 피부로 느껴질 때의 그 감동이란 이루 표현할 수 없어요. 그 설명회 이후 학교 측에서는 민주적 프로그램으로서 매주 회의를 열기로 결정했습니다.

그해 말에 그곳 교육구는 걸핏하면 꺼내드는 비용절감이라는 것을 시행하면서 전 교육구에 걸쳐 뭐든 삭감하려고 했어요. 그때 민주적 프로그램이 실행되던 그 학교의 아이들만이 삭감 계획에 항의하고 나섰습니다. 그만큼 자신들의 의견을 밝힐 능력이 길러졌던 겁니다."

제리는 믿는다. 학생들이 자신이 배우고 싶은 것을 선택하고 학교 환경이 구속보다는 모험과 발견을 장려할 때 놀라운 학습이 일어난다고. 제리가 쓴 책 중에는 심지어 『숙제 없이 하루 종일 놀기(No Homework and Recess All Day)』라는 책도 있다.

"저는 17년 동안 전적으로 민주주의에 기초한 학교를 운영했습니다. 그 학교는 출석을 의무화하지 않았습니다. 또 아이들 대부분이 저소득층 출신이라 수업료로는 학교 수입의 4분의 1정도만 충당하고 나머지는 모금으로 해결했죠. 그 학교에서는 아이들이 엄격하게 정해놓은 규칙이 하나 있었는데 성적이 우수하지 못한 학생은 방과 후에 학교에 남을 수 없다는 것이었죠. 아이들은 방과 후에 학교에 남기 위해 기를 썼어요. 학교에 남아 있는 교직원이 한 명이라도 있는 한, 학교에 계속 있으려고 했어요. 아이들이 통과시킨 규칙 중에는 어떤 상황에서든 스노데이(snow day : 폭설로 인한 임시 휴교일 - 옮긴이)는 절대 시행하지 않는다는 것도 있었어요. 아이들은 제가 학교에 나오면 어쨌든 학업이 가능하다는 걸 알았죠. 아이들은 여름방학을 없애자는 안까지 투표로 통과시켜서 교직원이 더 이상 못 나오겠다고 말하기 전까지는 적어도 일주일에 한 번은 학교에 나오기로 정했습니다. 아이들에게 학교는 그런 곳이었습니다. 사람들은 이 얘기를 해주면 이해하기 힘들어해요. 아이들은 학교라면 아주 질색하는 것이 당연하다는 생각에 길들여져 있으니 그럴 수밖에요."

제리는 학생들의 연령에 상관없이 어떤 환경의 학교에서든 이런 민주적 방식이 수행될 수 있다고 확신한다. 그리고 이런 확신은 최근에 더욱 굳어졌다. 뉴저지 주의 한 학교에서 그에게 취학 전 아동을 대상으로 그런 민주적 운영 방식을 설명해달라고 부탁해온 것이 계기였다.

"그곳으로 차를 몰고 가면서 이런 생각을 했어요. '어쩌나, 가장 나이 많은 애가 다섯 살인데 잘 알아들을까?' 그래서 토론 의제 같은 것으로 설명해야겠다고 마음먹었죠. 저는 아이들을 둥글게 앉혀 놓고 설명을 시작했어요. 민주적 회의에서는 주로 두 가지 제안을 내놓게 되는데 바로 학교의 문제점이라고 생각되는 것과 좋은 아이디어라고 생각되는 것이라고요. 제가 그 말을 해주자마자 학생들이 너도나도 다 손을 들었어요. 그 어린 녀석들이 어쩌나 신통하던지요. 그중에 귀여운 네 살배기 여자아이가 이런 제안을 했어요. 초콜

릿에 카페인 같은 것이 들어 있다는 얘길 들었다면서 '오후에는 초콜릿을 먹지 못하게 하면 어떻겠냐'고요. 이 의견은 투표에 붙여져서 통과됐어요. 또 다른 아이도 제안을 내놓았죠. 어린이는 '감기에 걸리면 밖에 돌아다니지 않는 게 좋은 생각 같다'고요. 아이들은 그 아이의 제안을 논의한 후에 통과시켰어요."

효과적인 커리큘럼과 정책도 마찬가지지만 토론의 특성은 확실히 나이대에 따라 크게 다르다. 하지만 제리는 민주적 운영 방식이 모든 단계의 학교에서 나름의 역할을 한다고 확신한다.

"주법이나 연방법을 고칠 수는 없지만 이런 식의 민주적 운영 방식을 공립학교에 적용할 수는 있습니다. 교사 개개인이 수업을 민주화시킨다면 아주 의미 있는 혁신이 일어날 겁니다. 대다수 학교의 문제점은 대부분의 사람들이 이런 일들을 어떻게 시작해야 할지 모른다는 겁니다. 자라면서 이런 방식을 접하지 못했고 이런 방식을 가르치는 훈련 프로그램도 없으니 그럴 만도 합니다. 저희는 새로 학교를 설립하는 사람들을 위해 온라인 강좌를 마련해두고 있습니다. 그중에는 기존의 학교를 변화시키고 싶은 이들을 위한 강좌도 준비되어 있습니다."

제리에게는 이런 식의 변화에 걸림돌이 되는 장애물은 단 하나뿐이다.

"이 방식은 아이들이 타고난 학습자라는 사실을 믿지 않으면 성공할 수 없습니다."

▌커리큘럼의 원칙

이번 장에서 살펴본 학과들은 모두 유치원 진학 이전부터 고등학교 이후 상급학교에 진학하기까지 교육의 전 단계에서 더 중요하고 덜 중요한 것 없이 동등한 역할을 차지하고 있다. 물론 아이들의 나이와 학습발달 수준을 고려할 방법을 마련할 필요는 있다. 또한 개인맞춤의 관점에서 학생들이 성장함에 따라 관심사가 보다 집중되도록 일부 학과를 다른 학과보다 더 중점적으로 공부하게 해주며 선택과 다양성의 문제에도 주의를 기울여야 한다.[19]

학교들이 앞에서 살펴본 교육의 4대 목적을 달성하고 이 4대 목적에 따른 여러 가지 재능을 키워주기 위해서는 커리큘럼이 전반적으로 다음과 같은 특징을 띠어야 한다.

다양성

모든 학생이 습득하길 바라는 지식을 다루는 한편 학생 개개인이 개인의 강점과 관심사를 발견할 수 있도록 적절한 기회를 마련해주는 포괄적 기반을 갖춰야 한다.

깊이

학생들이 성장하면서 자신만의 관심사를 깊이 있게 충분히 살릴 수 있도록 적절한 기회를 마련해줘야 한다.

역동성

커리큘럼은 여러 연령대의 학생들과 다양한 전공의 교사들 사이에 협력과 상호작용이 가능하도록 설계되어야 한다. 또한 폭을 넓혀 지역 공동체와 이어지는 다리를 놓으면서 그 과정을 통해 커리큘럼을 발전시켜야 한다.

커리큘럼의 다양성, 깊이, 역동성을 억누르는 압박요소 중의 하나가 바로 잘못된 평가 방식, 특히 표준화시험의 강요다. 이번엔 이 문제를 들여다보자.

제7장

지긋지긋한
시험

우리가 이 책에서 다루는 주제를 통틀어 고부담의 표준화시험만큼 감정을 들끓게 하는 주제가 또 있을까? 인터넷에 들어가 보면 이런 시험을 문제 삼으면서 우는 소리로 푸념하는 교사들과 이와는 반대로 분통을 터뜨리는 학부모들의 동영상이 넘쳐난다. 고부담의 시험으로 인한 스트레스, 걱정, 좌절, 부수적 피해를 조목조목 지적하는 블로그 글들은 또 얼마나 많은가. 표준화시험의 확산에 반발하는 아우성이 그 어느 때보다 시끌벅적한 가운데도 여전히 표준화시험이 미국과 전세계 교육계를 지배하고 있다. 5학년을 맡고 있는 교사 론다 매튜스의 하소연을 들어보자.[1]

"5학년생의 시험이 어떤 식인지 아시나요? 저희는 시험 준비에 거의 한 달을 허비하고 있어요. 시험 기간은 총 6일로 2주에 걸쳐 치러져요. 그런데 따로 시간을 내서 연습문제를 풀며 시험 전략을 알려주지 않으면 괜히 학생들한테 죄짓는 기분이 들어요. 그래서 시험 준비를 시켜주느라 2주가 더 들어가죠. 시험에 관한 한, 저희 학교는 그나마 괜찮은 편이에요. 다른 학교들은 이렇게 허비하는 시간이 한 달을 훌쩍 넘거든요.

주에서 주관하는 시험은 모든 사고와 토론과 공동체 활동을 완전히 멈추게 해요. 일단 시험 준비에 들어가면 대화다운 대화도 실종되지요. 제한된 시험 시간 때문에 저는 학생들에게 이렇게 말하죠. '지문의 내용을 너무 깊이 생각하면 안 돼. 답을 푸는 데만 집중하도록 해.' 제가 올해 시험 준비에서 중점을 두려는 부분은 내용이 아니에요. 솔직히 제가 지금 가르치는 학생들은 읽고 생각하는 능력에는 별 문제가 없다고 확신하기 때문에 올해 시험 준비에서는 문제를 빨리빨리 풀고 넘어가는 요령이나 압박 속에서도 효율적으로 공부하는 방법에 초점을 맞출 생각이에요."

2001년 조지 W. 부시 행정부가 낙오아동방지법을 도입하기 전까지만 해도 연방 정부에서 K-12 과정의 학생들에게 의무화한 시험은 6번이었다. 초등학교, 중학교, 고등학교에서 읽기 시험과 수학 시험을 각각 한 번씩 치르면 되었다. 현재 공립학교는 연방 정부 지원금을 받기 위해 읽기와 쓰기에서 표준화시험을 14번 치러야 하고 2014년부터는 모든 학생이 '양호' 이상의 성적을 받아야 한다 (수행 수준이 우수, 양호, 기본, 기본 미달, 기본 미달 이하 등의 다섯 등급으로 나뉨―옮긴이). 일부 교육구에서는 어떤 근거인지는 모르겠지만 14번의 시험도 부족하다고 판단해서 더 많은 시험을 의무화하고 있다. 아무튼 이런 성적 표준을 달성하지 못하는 학교는 대대적인 교직원 해고 조치에 취해지거나, 심지어 학교가 폐교되기까지 한다.

주들은 2014년 마감 시한까지 낙오아동방지법의 면제권을 신청할 수 있었지만 그 면제 조건의 하나로 필수과목을 채택해야 했다

(시험에 대한 지나친 강조와 그 결과에 따른 상벌제도가 낙오아동방지법의 가장 큰 문제점으로 지적되자 연방 정부에서 주별로 낙오아동방지법에 대한 면제권을 주고 있지만 전문가들은 면제 조건에 여전히 시험과 그에 따른 처벌이 있어 문제라고 지적한다 – 옮긴이). 2014년 4월에 워싱턴 주가 처음으로 면제권을 얻는 데 실패했다. 교육구들에게 주 전체 시험의 성적을 교원 평가에 활용하도록 의무화하지 않았기 때문이다. 이렇게 면제권을 얻지 못하면서 워싱턴 주의 연방 기금 사용에 큰 제약이 가해졌고 급기야 한 학교 관계자는 이런 말까지 하기에 이르렀다.

"아이들에게 상처를 주고 싶지 않지만 아무리 생각해도 방법이 없어요."[2]

그렇다면 여기에서 현실적 문제는 무엇이고 실행 가능한 해결책은 무엇일까?

사람을 표준화시키려는 교육

나는 표준화라면 무조건 반대하는 것이 아니다. 일부 영역에서는 표준화가 큰 도움이 되기도 한다. 최근에 나는 바코드를 담당하는 단체의 연례 회의에서 강연한 적이 있다. 바코드는 검은색 선과 숫자로 구성된 작은 패턴으로, 현재 온갖 종류의 상품에 붙어 있다. 이 바코드는 1948년 미국의 기계공학과 졸업생 노먼 조지프 우드랜드(Norman Joseph Woodland)

가 최초로 발명했다. 당시 우드랜드는 더 좋은 재고관리 방법을 찾고 있던 학생처장과 마트 임원 사이의 대화를 듣고 아이디어를 구상하게 되었다. 어느 날 그는 해변에 앉아 이 문제를 궁리하며 모래밭에 모스 부호의 점과 선을 표시하고 있었다. 그러다 모래에 네 손가락을 넣고 쭉 그어내리다가 퍼뜩 바코드의 아이디어를 떠올렸다.

바코드는 현재 모든 곳에서 활용되고 있고 바코드 덕분에 각각의 개별 물품을 용이하게 추적할 수 있다. 바코드는 유통망 관리에 혁신을 가져왔고 식품생산, 수입, 제조, 의약품 등 무수한 분야에서 국제적 품질표준을 촉진시켜왔다. 또한 원산지를 막론하고 상품의 품질에 공통 표준이 적용되게 해준다. 말하자면 바코드로 인해 우리의 삶이 크게 향상되었다는 사실에는 반박의 여지가 없다.

일부 영역에서는 표준의 설정이 유익하며, 그것은 교육의 경우에도 마찬가지다. 다만 여기에는 두 가지 문제점이 있다. 첫 번째 문제는 내가 거듭 강조했듯, 사람은 표준화되지 못한다는 점이다. 개인 맞춤형 교육이 잘 이뤄지기 위해서는 지금까지 논의했던 개개인의 차이에 신경을 써야 한다. 다시 말해 표준화는 적절한 배려와 함께 적용되어야 한다. 두 번째 문제는 교육의 일부 영역만이 표준화에 적합하다는 점이다. 학교에서 장려해야 할 가장 중요한 역량 개발은 표준화에 적합하지 못한 경우가 많다. 이 두 문제점은 실제로 표준화운동이 학교에 영향을 미쳐온 방식을 통해서도 분명히 증명되었다. 이런 영향 중에는 다음의 두 가지 참담한 결과도 해당된다.

표준화시험은 교육 개선의 수단이 되기는커녕 표준화시험 자체에 대한 집착으로 전락했다. 현재 어린아이조차 학교에서 상당히 많은 시간을 책상에 앉아 시험을 준비하거나 시험을 치르거나 시험 결과를 검토하고 있다. 페어테스트의 소장 몬티 닐은 이렇게 지적했다.

"시험이 너무 많이 늘었어요. 그것도 주에서 주관하는 시험이 아니라 대부분 교육구에서 주관하는 시험들 말입니다. 여러 교육구에서 아이들이 연말의 중대한 시험에 얼마나 잘 준비되어 있는지를 보기 위해 값싸고 형편없는 시험 문제를 구입하고 있고 그 시험에서 좋은 성적을 받지 못한 아이들에게 시험 준비를 더 많이 시키고 있어요. 대다수의 대도시는 이렇게 중간고사 형식으로 치러지는 검증 시험이 적어도 3번이나 됩니다. 심지어 어떤 곳은 한 달에 한 번씩 시험을 치르고 그보다 더 심한 곳도 있다는 얘기도 있더군요."

이처럼 표준화시험에 너무 매달리는 탓에 시험 공부를 시켜야 한다는 압박이 팽배하다 보니 시험에 포함되지 못하는 부분에 대한 관심이 미비하다. 바로 이 점이 또 하나의 처참한 결과다. 대규모로 주관되는 탓에 시험은 주로 광 스캐너를 통한 빠른 채점이 가능한 객관식 문제를 통해 제한된 형식의 응답에 초점을 맞추고 있다. 이런 식의 시험을 치르다 보면 으레 뉘앙스와 복잡성에 대한 감각은 상실되기 마련이다. 말하자면 시험에서는 학생의 학업성취도에 영향을 미칠 만한 맥락적 요소에 관해 거의 또는 전혀 고려하지 않고 있다.

몬티는 이렇게 말했다.

"시험은 중요한 부분의 극히 일부만을, 그것도 아주 편협한 방식으로 평가합니다. 시험 요강과 그 파생 자료는 본질적으로 교실을 식민지화할 뿐만 아니라 교사가 학생들이 알아야 하거나 해야 하거나 관심과 주의를 쏟을 만한 중요한 부분에 시간을 할애하기 아주 어렵게 만들어요."

표준화시험이 교육의 주된 책무가 되면 커리큘럼을 정하고 지도의 초점을 맞추는 기준으로서 시험을 활용하고 싶은 유혹에 빠진다.

"교과목의 테스트 방법은 교과목을 가르치는 방법의 모델이 됩니다. 극단적으로 말하면 학교가 시험 준비 프로그램으로 전락하는 셈이죠."

표준화시험에서 성적을 끌어올리기 위해 교사들은 활용할 만한 평가의 폭을 좁혀왔다. 예를 들어 페어테스트의 낙오아동방지법 관련 보고서에 따르면 어느 교사는 시험 준비 때문에 독후감 숙제의 횟수를 줄여야 했다고 토로했다고 한다. 이런 식의 하소연이 미국 전역에 걸쳐 수없이 쏟아져 나오고 있다. 특히 여러 가지 형태의 표준 및 표준화에 대해 가장 설득력 높고 신뢰할 만한 비평을 내놓은 인물로는 알피 콘(Alfie Kohn)이 꼽힌다. 한때 교사였다가 현재는 작가, 훈련자, 상담자로 활동 중인 그 역시도 몇 권의 저서와 여러 사례연구를 통해 이런 평가 방식이 지도와 학습에 다수의 부정적 영향을 미쳐왔음을 증명해 보이고 있다.[3]

오리건대학교의 용자오의 견해에 따르면 선진국에서는 커리큘럼과 지도법의 표준화 시도가 두 가지 측면에서 학생들을 낙오시키고 있다. 그 하나는 개발도상국의 학생들이 훨씬 싸게 팔 수 있는 기술을 강조하는 측면이다.

"아이들에게 똑같은 지식과 기술의 습득을 강요하면 시간비용이 낮은 학생들이 시간비용이 높은 학생들보다 훨씬 더 경쟁력을 갖추게 됩니다. 개발도상국에서는 가난과 굶주림에 허덕이느라 선진 국의 근로자들이 받는 임금의 일부만 받고도 기꺼이 일할 사람들이 넘치니까요. 선진국이 세계적 경쟁력을 갖추기 위해서는 질적으로 '차별화된 것'이 필요합니다. 개발도상국에서 더 낮은 비용으로 획득할 수 없는 그 '무엇'인가를 길러내야 합니다. 그리고 몇 가지 교과목이나 이른바 기본 기술의 뛰어난 시험 성적은 그 '무엇'에 해당되지 않습니다."[4]

두 번째 측면은 시험을 강조하다 보니 아이들에게 타고난 창의성과 모험가적 재능을 어떻게 활용할지 가르쳐주지 못하고 있다는 것이다. 예측 불가능한 미래에 대한 보호막이 되어줄 바로 그런 재능의 육성을 희생시키고 있다는 얘기다. 페어테스트에서는 〈고부담 시험에 대한 국가적 결단〉에서 바로 이 점을 지적했다.

"주와 연방의 교육제도가 고부담의 표준화시험에 지나치게 의존하는 바람에 미국 공립학교의 교육적 질과 형평성이 손상되고 있다. 교육자들은 혁신, 창의성, 문제 해결 능력, 협력, 소통, 비평적 사고, 교과 내용에 대한 깊이 있는 지식을 촉진시켜 민주주의는 물론 세계화 추세의 사회와 경제에서 성공적 삶을 일구도록 힘이 되어줄 폭넓은 학습에 초점을 맞추려고 애쓰고 있다. 하지만 표준화시험에 대한 지나친 의존 탓에 교육자들의 이런 시도가 방해받고 있다."[5]

문제는 이뿐만이 아니다. 시험 성적이 학교의 기금과 교원 평가에서 커다란 비중을 차지하다 보니 급기야 일부 학교, 교육구, 주들이 성적을 조작하기에 이르렀다. 다음은 페어테스트의 지적이다.

"학교들은 대체로 커트라인 점수에 미칠까 말까 한 학생들에게만 관심을 집중해 이들을 합격 대열에 끼워 넣으려 애쓴다. 그러다 보면 성적 하위자와 성적 우수자들 모두 등한시되기 일쑤다."

전체 성적이 떨어지는 것을 방지하기 위해 시험 성적이 좋지 못할 것 같은 학생들을 낙제시킬 소지도 있다. 게다가 실제로 숱하게 쓰이는 꼼수인데, 자녀가 주의력 장애로 진단받아 치료를 받을 수 있는지 문의하는 학부모들도 더러 있다고 한다. 주의력 장애 진단을 받은 아이들은 시험 통과에 시간을 더 벌 수 있기 때문이다. 적어도 일부 사람들에게는 주의력결핍과잉행동장애(ADHD)가 전략이 되어버린 셈이다.

▌시험에 대한 반발

주에서 주관하는 K-12 시험만이 학생과 학부모에게 스트레스를 주는 것은 아니다. 가장 큰 스트레스를 안겨주는 표준화시험은 아마 SAT일 것이다. SAT는 거의 90년 전부터 학생들이 대학에 들어가기 위해 뛰어넘어야 하는 가장 중요한 장애물로 자리 잡아왔다. SAT가 미국 고등학생들의 삶에 너무 큰 불안거리로 작용하다 보니 연간 수입이 10억 달러에 육박하는 입시 산업까지 탄생했다.[6]

니킬 고열(Nikhil Goyal)은 십대 때부터 연설과 지지표명을 통해 그리고 여러 권의 책을 통해 교육 개혁을 강력히 주장했다. 니킬은 고등학생 때 가족을 따라 중산층 동네에서 중상류층 동네로 이사를 갔다가 SAT로 인한 스트레스를 똑똑히 절감했다. 그의 이야기를 직접 들어보자.

"새로 전학 간 학교에서는 대학 입시 경쟁이 치열했어요. 아이들은 스트레스가 굉장해서 건강에까지 문제가 있을 정도였어요. 제가 보기엔 다들 로봇이나 다름없었죠. 고분고분 말을 잘 들어서 하라는 대로 군말 없이 따랐고 창의성과 호기심은 거의 메말라 있었죠. 현재 스톡홀름증후군(아주 극한 상황에서 강자의 논리에 약자가 동화되는 현상-옮긴이)에 빠진 애들이 많아요. 미국에서 가장 혜택받은 가정 출신의 아이들은 사실상 이런 제도를 가장 열렬히 지지하는 옹호자들이에요. 자신들이 잘하고 있기 때문이죠. 자기들은 높은 성적을 받고 하버드, 예일, 프린스턴대학교에 들어갈 테니까요."

흥미롭게도 미국 대학교육 전문지 《프린스턴리뷰(Princeton Review)》의 공동 창립자로서 입시 산업의 주요 주자로 꼽히는 존 카츠먼(John Katzman)은 시험제도에 대해 굉장한 경멸감을 보이고 있다.

"이 시험은 중요한 것은 하나도 평가하지 않습니다. 교육자들과 아이들을 철저히 무기력한 활동에 몰입시키기만 하죠."[7]

여러 건의 보고서를 비롯한 수많은 연구 결과들도 카츠먼의 입장을 뒷받침하고 있다. 이런 연구 결과들에 따르면 대입에서 고등학교 GPA(내신 성적)가 SAT 점수보다 더 중요한 기준이 되고 있다고 한다.

페어테스트는 1985년부터 인종, 성별, 계급, 문화의 측면에서 중립적 기준에 따르는 평가 방식을 옹호하며, 표준화시험의 활용은 물론 표준화시험이 학생과 학교제도에 미치는 영향을 최소화하기 위해 적극적 활동을 펼쳐왔다. 다음은 몬티의 말이다.

"저희가 바라는 이상적 성과는 대학원과 대학의 입학에서 표준화시험이 고부담 방식으로 활용되지 않는 것입니다. 표준화시험이 졸업, 학년 진급, 진로 결정 등에서 뛰어넘어야 하는 유일한 장애물이 되어서는 안 됩니다."

미국교원연맹(American Federation of Teachers, 이후 AFT)도 같은 생각이다. AFT 회장 랜디 윈가튼(Randi Weingarten)은 2012년에 다음과 같이 밝힌 바 있다.

"이제는 학교가 균형을 되찾아 시험이 아닌 지도와 학습이 교육의 중심에 서도록 해야 한다. 시험 위주의 교육 정책은 교육자들이 학생들의 비평적 분석 능력을 키워주는 데 필요한 시간을 희생시켜서 시험 준비에 치중할 수밖에 없게 한다."[8]

AFT는 같은 해에 열린 총회에서 결의안에 다음의 내용을 포함시켰다.

"우리는 지도와 학습을 북돋고 커리큘럼을 좁히기보다 커리큘럼과 조화되는 평가가 바람직하다고 생각한다. 규격화된 평가가 아닌 협력적 노력을 통해 진전되는 평가를 지지한다."

각자의 부문에서 일류 학교로 손꼽히는 150개교 이상이 SAT나 ACT 같은 유사 대입시험에서 수집된 정보상에는 낮게 평가되면서 미국의 대학들도 차츰 문제를 깨닫고 있다.[9] 한편 SAT나 창설 기관인 대학위원회(College Board)조차 변화의 필요성을 깨닫고 2016

년에 대폭 개정된 SAT를 공개하겠다고 발표했다.

표준화시험에 대한 반발이 이처럼 거센데도 학생들이 여전히 표준화시험을 그렇게 많이 치르고 있는 이유는 뭘까? 이 궁금증을 풀려면 시험 산업을 들여다봐야 한다.

▌시험 산업의 높은 이윤

현재 입시 산업과 교육지원 산업이 호황을 누리고 있다. 2013년에 이들 산업이 미국에서만 벌어들인 수입이 총 165억 달러에 달한다.[10] 미국 영화의 2013년도 국내 박스오피스 총 수입이 110억 달러에 못 미쳤고[11] 전미미식축구연맹의 사업이 현재 90억 달러 규모[12]라는 사실을 감안하면 엄청난 액수다.

입시 산업은 피어슨(Pearson), CTB 맥그로힐(CTB McGraw Hill), 리버사이드 출판사(Riverside Publishing), ETS(Education Testing Services)의 네 주자가 지배하고 있다. 이 글을 쓰는 지금 이 순간 피어슨은 미국의 18개 주와 시험문제 출제 계약을 맺고 있으면서 미국 표준화시험의 선두 주자로 달리고 있다. CTB 맥그로힐은 여러 주와 테라노바(TerraNova : 미국 내의 표준화된 학력검사 - 옮긴이) 및 CAT(California Achievement Test : 캘리포니아 주 학력고사) 계약을 체결 중이다. 리버사이드 출판사는 ITBS(Iowa Tests of Basic Skills : 아이오와 기초 학습 평가 시험)를 위시한 여러 시험의 문제를 출제하고 있으며, ETS는 GRE(Graduate Record Examination : 대학원 입학 학력 시험) 문제 등을 출제하고 있다.[13]

이 회사들 모두 지난 수년간 좀 거북한 문제를 일으켰다. CTB 맥그로힐의 경우 2013년 뉴욕 시 고등학교 상급생들에 대한 대리 주관 시험의 채점에 심각한 문제가 발생해 이 시험을 치른 학생들의 졸업장 수여를 지연시켰다.[14] ETS는 영국에서 '시스템 장애'로 추정되는 문제로 인해 이민언어 시험을 연기시킨 바 있다.[15]

게다가 '파인애플게이트(Pineapplegate)'도 있었다. 피어슨은 수년간 자사와 계약한 주들의 일부 시험에 '파인애플과 산토끼(The Pineapple and the Hare)'라는 제목의 읽기 지문을 넣었다. 마법의 숲에서 말하는 토끼와 파인애플이 경주를 벌이다 마지막에 파인애플이 비극적 결말을 맞는다는 내용이다(토끼가 이겨서 경주를 구경나온 동물들이 파인애플을 먹어버린다는 지문에 이어 '동물들이 파인애플을 먹은 이유와 누가 가장 현명한가'에 대해 묻는 문제가 나옴-옮긴이). 학생들은 이 황당한 이야기를 읽고 객관식 문제들을 풀어야 했는데 객관식 문제의 선택지가 지문 못지않게 헷갈렸다. 이 문항에 대해 들은 학부모들은 크게 동요했고 심지어 일부 학부모는 페이스북에 '이 이야기의 교훈은 파인애플에는 소매가 없다는 것'이라는 페이지를 만들어 이야기 속의 파인애플이 대체 어떤 차림인지 자세히 알려달라고 문의하기까지 했다.

뉴욕 시에 거주하는 학부모이자 작가인 레오니 헤임슨은 이렇게 물었다.

"주 표준시험의 읽기 지문에 이렇게 어처구니없는 질문을 넣은 이유가 뭔가요? '시범용' 문제인가요, 아니면 다른 목적이 있는 건가요? 특히 이런 시험이 부담이 많다는 특성을 감안하면, 즉 뉴욕 시에서 앞으로 이 시험 성적으로 유급생을 가리고, 학교의 등급을 정하고, 가까운 미래에 주 전체에 걸쳐 교원 평가의 중요한 자료로 반영하게 된다는 점을 감안하면 더더욱 이해하기가 힘듭니다. 이런 황당한 이야기와 아무리 읽어도 답이 없는 것 같은 문제를 접하는 학생들의 기분은 어떻겠습니까? 3일간 치러지는 힘겨운 ELA(English Language Arts, 영어) 시험 첫날부터 자신감이 꺾일 수도 있습니다. 도대체 이런 문항을 넣은 의도가 무엇입니까?"[16]

이 문항을 포함한 수많은 시험의 명백한 의도가 무엇이건 간에 이 점만은 의심의 여지가 없다. 산업적 관점에서 보면 이런 시험의 역할 중 하나는 바로 이윤, 그것도 막대한 이윤이라는 것이다. 현재와 같은 규모의 시험은 교육의 상업화 추세를 보여주는 또 하나의 사례에 해당된다.

▎모든 시험의 어머니

표준화 평가에는 국제적 경쟁이 큰 영향을 미치고 있고 이런 국제적 경쟁은 OECD의 PISA 성적표에 의해 부추겨지고 있다. 2012년에 상하이는 읽기, 수학, 과학에서 최고 성적을 기록했다. 또한 읽기와 수학에서 상위 5위 안에 든 곳은 전부 아시아권이었다. 과학에서도 상위 4위까지 아시아

권이 차지하고 핀란드가 5위였다. 미국, 영국, 프랑스 같은 국가는 중위권에 머물렀다.[17] 성적표상 이와 같은 미국의 성취도는 연방 정부의 필수과목 추진에 직접적인 요인으로 작용했다.

OECD의 의도는 충분히 정당하다. 교육의 국제적 표준에 정기적이고 객관적인 가이드를 제시하는 것이 목적이며, 여기에 대해서는 어느 누구도 반대할 이유가 없다. 문제는 의도가 아니라 그 영향에 있다. 정치인들은 걸핏하면 읽기, 수학, 과학 부문에서 나타난 자국의 세계 순위를 비판하면서 더 엄격한 학교 표준의 필요성을 지지하는 한편 학교제도에서 꼭 중점을 두어야 할 사항과 방식에 대해 강요한다. 하지만 PISA 성적표상의 최상위권 학교제도 가운데 일부는 현재의 미국보다 표준화시험이 치러지는 횟수가 적다. 싱가포르의 경우 열두 살 때 초등학교 졸업시험을 보며(이 시험은 학생들이 진학할 중학교를 좌우하기 때문에 확실히 큰 부담이 된다), 고등교육의 입학을 영국의 GCE(Cambridge General Certificate of Education : 케임브리지 교육 수료 시험) O레벨(보통 과정)이나 N레벨(일반 과정) 성적에 바탕을 두는 정도다.[18] 한편 핀란드는 표준화시험이라곤 고등학교 말에 전국단위로 치르는 대입시험, 딱 하나뿐이다.[19]

PISA의 상위권을 차지한 지역 가운데는 이런 패턴에서 크게 벗어나는 곳이 한 곳 있다. 바로 상하이다. 상하이 학생들에게는 표준화시험이 일상화되어 있다. 하지만 앞에서도 살펴봤듯이 상하이는 PISA 테스트에서 빠질 것을 고려 중이다. 베트남 또한 초등교육에서 표준화시험이라는 편협한 구조를 탈피해 교사의 판단을 더 많이 활용하는 방향으로 평가 및 교육책무를 실험 중이다.[20]

PISA 측은 시험 양식이 더 섬세해져야 한다고 생각한다. 특히 교육 전반이 학생들의 삶과 보다 깊은 연관성을 갖게 되려면 더욱더 그래야 한다.

OECD에서 교육기술국장 겸 사무총장 교육 정책 특별자문을 맡고 있는 안드레아스 슐라이허(Andreas Schleicher)는 내게 이렇게 말했다.

"세계 경제는 더 이상 지식을 통해 수익이 창출되지 않습니다. 지식이야 구글에 널려 있으니까요. 이제 세계 경제는 지식으로 무엇을 할 수 있느냐에 따라 수익이 창출됩니다. 현실 세계의 문제를 과학적으로 생각하거나 수학적 맥락으로 전환시키는 식이죠. 이런 일들은 평가하기가 더 힘들지만 오늘날의 세계에서 더 중요한 요소이기도 합니다. 오늘날의 세계에서는 일상적 인지기술에 대한 수요가 빠르게 줄고 있습니다. 테스트하기 쉽고 가르치기 쉬운 이런 기술들은 디지털화나 자동화나 아웃소싱이 쉬운 대상이니까요."

그는 객관식 시험을 통한 평가는 본질적 한계를 안고 있다고 인정하면서 미국이 평가제도를 바로잡기 위해 풀어야 할 과제의 하나는 규모라고 말했다.

"저희는 시험 인원과 시험 횟수를 줄이면서 그에 따라 평가의 질에 투자하려고 합니다. 응시 학생의 수는 주관식 서술형이나 컴퓨터 활용 등을 수용할 수 있을 만한 수준이어야 합니다.

어떠한 경우든 평가해야 할 중요 사항과 평가 가능한 사항의 균형을 맞춰야 합니다. 저희는 2000년에 읽기, 수학, 과학 영역으로

PISA를 시작했습니다. 2003년부터는 사회적, 경제적 요소를 추가했죠. 그리고 2012년에는 창의적 문제 해결 능력이라는 아주 흥미로운 평가 요소를 넣었습니다. 사람들은 처음부터 왜 그렇게 하지 않았느냐고 묻는데 그 당시에는 컴퓨터 활용 평가제도가 없었다는 사실을 알아야 합니다.

시험지에 문제를 찍어놓고 대응법을 쓰라는 식으로는 창의적 능력을 평가하기가 아주 어렵습니다. 창의적 문제 해결 능력은 문제와의 상호작용과 연관되어 있고, 문제의 본질은 그런 상호작용 과정에서 변화합니다. 그런데 그런 상호작용은 컴퓨터 시뮬레이션 환경에서만 가능합니다."

안드레아스는 이런 식의 테스트에 대한 PISA의 노력을 더욱 확대하기 위해 노력하고 있으나, 그 과정에서 애매한 부분이 더 늘었다고 지적했다.

"주관식 서술형은 신뢰성이 떨어집니다. 주관식을 늘리면 채점 인력이 필요합니다. 그것도 많은 수의 채점자가 필요하죠. 채점자 간 신뢰도(채점의 일관성)라는 문제도 있습니다. 비용도 더 들고 논쟁의 여지도 더 많기 때문에 사람들은 주관식 서술형을 꺼립니다. 하지만 모든 것을 고려하면 주관식을 통해 효용성 있는 정보를 훨씬 많이 얻습니다. 학생이 주관식 서술형에서는 객관식 선택형과는 아주 다른 의견을 표현하니까요."

으레 그렇듯 혼란의 원인은 자료의 수집에서 비롯된 것이 아니라 수집된 자료를 다루는 일에서 비롯된다. 2014년 5월 전세계의 수많은 학자들이 한데 뜻을 모아 안드레아스 슐라이허에게 보내는 공개 서한을 발표했다. 이 공개 서한에서는 다른 무엇보다도 PISA가 성적표에 대한 대안을 마련해야 한다는 점을 강조했다. 시험 주기를 건너뜀으로써 학교제도들이 이미 알게 된 PISA 성적을 소화시킬 만한 시간을 줘야 한다는 취지였다.

다음은 공개 서한의 내용이다.

"현재 PISA 성적은 여러 정부, 교육부장관, 신문 편집부에서 목매고 기다리는 자료가 되었고, 무수한 정책 보고서에서 권위 있는 자료로 인용되고 있다. PISA 성적이 차츰 여러 국가의 교육적 관행에 막대한 영향을 미치는 추세다. 국가들이 PISA 순위를 높이기 위해 교육제도를 정비하고 있다. 여러 국가가 PISA 성적이 향상되지 않는 것을 위기로 선언하며 'PISA 충격'에 빠진 채 PISA 결과를 교훈 삼아 사임 조치와 광범위한 개혁를 요구해왔다."[21]

이 공개 서한의 작성자들이 무엇보다 심각하게 여기는 문제는 PISA 성적이 유발한 추세다. 즉 표준화시험이 확대되고, 학생들의 실질적 역량을 개선시키기보다 국가 순위를 높이기 위한 땜질식 해결책 구상이 늘고 있다는 점을 가장 우려하고 있다.

나 자신은 물론 고부담의 시험을 비판하는 다른 수많은 비평가들 역시 평가의 필요성에는 이의가 없다. 평가가 교육에서 필수적인 요소라는 점에는 공감한다. 다만 우리가 문제 삼고 싶은 것은 현재의 평가 방식과 폐해다. 그렇다면 평가란 무엇이고 그 목적은 뭘까?

평가와 시험의 필요성

평가란 학생들의 발전과 성취의 정도를 판단하는 과정이다. 내가 『내 안의 창의력을 깨우는 일곱 가지 법칙』에서도 주장했듯이 평가는 서술과 평가의 두 가지로 나뉜다. 어떤 사람이 1마일(약 1.6km)을 4분 만에 달릴 수 있다거나 불어를 말할 줄 안다고 하면, 이것은 그 사람의 실력에 대한 중립적 서술이다. 반면 어떤 여학생이 그 교육구에서 달리기를 가장 잘한다거나 원어민 뺨치게 불어를 잘한다고 말할 경우에는 평가가 된다. 평가가 서술과 다른 점은 개인의 실력을 다른 사람들과 비교하면서 특정 기준에 대비해 판단한다는 것이다.

평가는 여러 가지 역할을 한다. 우선 진단적 역할을 해서 교사가 학생들의 적성과 발달 수준을 파악하게 해준다. 또한 발달 형성적 역할을 통해 교사가 학생들의 공부와 활동에 대한 정보를 모아 발달을 북돋우게 해준다. 마지막으로 학업 프로그램 말기에 전반적 수행 능력을 판단하게 해주는 총괄적 역할을 한다.

문자와 성적을 활용하는 평가제도의 문제는 대체로 서술의 비중이 약하고 비교의 비중이 높다는 점이다. 학생들은 때때로 그 의미도 잘 모른 채 성적을 받고 교사들은 때때로 그 이유를 확신하지 못한 채 성적을 매긴다. 문제는 여기서 그치지 않는다. 단 하나의 문자나 숫자로는 복합적 평가를 총괄적으로 담아내지 못한다는 점 또한 문제다. 게다가 일부 성과는 이런 식으로는 적절히 표시할 수가 없다. 저명한 교육자 엘리엇 아이즈너(Elliot Eisner)는 말했다.

"중요한 것이라고 해서 모두 측정할 수 있는 것은 아니며, 측정할 수 있는 것이라고 해서 모두 중요한 것은 아니다."

평가의 가치를 높이려면 서술과 비교의 요소를 분류해서 평가하는 것도 한 방법이다. 학생 평가에서 수업 참여도, 학습 포트폴리오, 에세이 작성 등 여러 형태의 지침을 이용하면 된다. 특히 학습 포트폴리오는 여러 사례를 비롯해서 학생 자신이나 다른 이들의 성찰적 견해가 담겨 있어 학생들의 수행 활동에 대해 상세히 서술할 수 있게 해준다.

동료집단 평가를 활용하면 학생들도 서로의 활동에 대해서나 평가의 기준에 대해 기여하게 된다. 이런 방식은 특히 창작 활동의 평가에 유용하다.

다양한 평가 방법을 꾸준히 활용해온 교사들도 있다. 시험 횟수가 증가하는 바람에 더 어려워졌지만 일부 교사들은 자신의 교실에서 새로운 방식으로 지평을 확장하고 있다. 물론 어려운 도전이지만 막대한 장점도 있다. 이런 교사들의 실례가 바로 조 바우어다. 캐나다 앨버타 주에서 과학과 국어를 가르치는 그는 교사 생활 6년만에 더 이상 성적을 주된 평가 방식으로 활용하는 규칙에 따를 수 없다는 결단을 내렸다.

"나는 성적이 학교의 특급 마약이며 우리 모두가 이 마약에 중독되어 있다는 것을 깨달았다. 원래 성적은 교사들의 활용 도구였는데 지금은 교사들을 평가하는 도구로 전락했다."[22]

바우어는 성적에 대한 의존이 교사의 효율성을 떨어뜨리고 학생들에게 부정적 영향을 미친다는 사실을 깨달았다. 그의 지적에 따르면, 학교에서 공부하며 무엇을 얻었느냐고 물으면 많은 학생들이

"A를 받았어요"라는 식으로 대답하기 일쑤다. 학교에서는 성적을 주라고 강요했지만 그는 자신의 수업에서 성적을 전면 폐지했다. 단 하나의 예외는 학생들에게 자신을 스스로 평가하면서 자신이 받을 성적을 추천해보라고 한 다음에 성적을 매기는 경우였다. 학생들의 제안은 대체로 그의 생각과 일치했을 뿐만 아니라 그의 생각과 비교해서 더 높은 성적보다는 더 낮은 성적을 제안하는 경우가 훨씬 많았다. 성적을 매기는 일을 그만두자 학생들이 압박을 덜 느끼면서 점수를 따기 위한 채점 기준보다는 과제와 수업 내용에 집중할 수 있게 되었다.

"실질적 학습은 상당히 다루기 힘든 일이다. 그렇다고 해서 그 범위를 축소시키려 한다면 밝히는 것보다 묻어두는 것이 훨씬 많아지기 마련이다. 성적은 그릇된 평가를 유도한다. 평가란 스프레드시트 같은 일괄처리식 체계가 아니라 일종의 대화이기 때문이다. 나는 학생들을 매일매일 평가하는 열혈 교사지만 몇 년 전에 채점표를 버렸다. 학교의 주된 초점을 성적이 아니라 학습에 맞추려면 학습과 사람들을 숫자로 전락시키지 못해 안달하는 강박을 버려야 한다."

▌시험 없는 평가 방법, 러닝 레코드

표준화시험이 일으키는 뜨거운 반발과 문제들을 감안한다면 대규모 평가 모델로서 보다 효과적인 다른 모델이 필요하지 않을까? 때로는 영감을 얻기 위해 과거를 돌아보는 것이 최선의 방법이 되어준다.

다음은 러닝 레코드(Learning Record)의 펙 시버슨(Peg Syverson)의 이야기다.

"많은 사람들이 모르고 있지만 캘리포니아를 비롯한 여러 지역에서 성공을 거둔 대규모 평가 모델이 있습니다. 결정에 필요한 자료를 제공하면서도 학생들의 실제적 성과라는 귀중한 맥락에서 벗어나지 않는 그런 모델이죠. 낙오아동방지법에서 가장 마음 아픈 부분은 러닝 레코드의 아주 성공적인 평가 도구에 큰 타격을 입힌 것입니다."

러닝 레코드는 표준 평가가 적합하지 않은 학생들의 학업진도를 확인하기 위해 영국의 모델을 본보기로 삼아 개발된 것이었다.

과거에 대도시 런던의 빈민가 학교들에는 전세계에서 몰려드는 아이들을 가르칠 자원이 희박했다. 교사들은 이 학생들의 학습진도가 표준화시험으로는 파악이 되지 않는다는 점을 인식했다. 학생들이 아직 영어가 서툴렀기 때문이다. 그래서 교사들은 아이들의 실질적 학습 수준을 파악하고 문서로 기록해둘 방법을 찾기로 했다. 교사들은 미라 바스(Myra Barrs)와 힐러리 헤스터(Hillary Hester) 그리고 대학에서 교육을 연구하는 또 다른 두 명에게 협조를 얻었다. 또한 레브 비고츠키(Lev Vygotsky)에게도 큰 관심을 가졌다. 레브 비고츠키는 현재 러닝 레코드에서 활용되는 바로 그 학습측정의 틀을 마련해준 장본인이기도 하다. 교사들은 주로 읽기와 쓰기 영역에 관심이 있었다. 그래서 그들은 아이들이 자신들의 읽고 쓰기 수업을 어떻게 받아들이는지 이해하기 위해 알아야 할 점들을 정리해봤다. 교사들은 이런 노력을 통해 일명 '모국어 기반 기록집(Primary Language Record)'이라는 탄탄한 체계를 발전시켰다. 이 체계를 바탕으로 교사들은 관찰한 바를 8쪽 분량의 문서로 기록할 수 있었다. 교사들은 우선 (학부모의 모국어로 이뤄져야 했던) 학부모와의 면담에서 "자녀분이 어떤 걸 좋아하나요?"라고 물었다. 그런 다음엔 그 학생과의 면담을 통해 애당초 교사들이 알고 싶어했던 점을 조금쯤 이해하게 되었다. 교사들은 이런 결과에 감격스러웠다. 학부모들 역시 아이들이 뭘 좋아하는지 헤아려주려는 교사들의 노력을 보며 감동했다. 교사들은 이런 면담을 통해 어떤 아이가 과학은 너무 좋아하지만 읽기는 싫어한다는 사실을 알게 되면 창의적 해결책을 생각했다. '공상과학 소설을 읽게 하면 어떨까?'라는 식이었다. 한편 교사들은 학생들의 모국어 실력을 향상시킬 방법도 필요하다는 점을 깨닫게 되었다.

교사들은 진정한 경험 모델, 즉 적응적 제도 하에서 변화를 모색할 때 사용할 만한 모델의 필요성을 확신하게 되었다. 이런 모델을 구축하려면 우선 상황에 대한 짧은 견해를 정리하고 오랜 관찰을 통해 샘플을 모은 후에 분석을 해야 한다. 대다수의 자료 수집 체계가 바로 이 분석 부분에서 무너진다. 대체로 분석이 없다. 이런 분석에는 원리가 필요하다. 어떤 이론적 틀에 바탕을 두어야 한다. '물이 마시기에 좋은 음료일까?', '이것이 개구리의 생태나 다른 무엇에 도움이 될까?' 등의 틀이 마련되어야 한다. 비고츠키는 학생들의 학습에 대해 다면적 면담이 가능할 만한 이론적 틀을 마련했다. 덕분에 교사들은 학부모와의 면담에서 학생들의 학습 상황에 대해 이야기를 나눌 수 있었다.

"저희 애가 생소한 주제의 책을 읽으면서 점점 자신감을 얻고 있어요."

"아이가 처음 보는 단어를 해독하는 능력이 차츰 좋아지고 있어요."

어느새 학부모들은 전문성을 보여주는 교사들에게 큰 존경심을 품게 되었다.

"이 모델은 영국에서 탄탄하게 자리 잡게 되었어요. 교사들이 정말 열광했어요. 이 모델에서는 아이들을 가르치는 일에 대해 창의적으로 생각하고 전에는 문제가 있다고 여겨지던 아이들을 다르게 생각하도록 요구했기 때문이죠. 교사들은 차츰 그런 아이들에게 호기심을 품기 시작했어요. 어떻게 아이들의 학습에 도움이 되어줄지, 아이들이 자신에게 전하고 싶어하는 생각이 뭔지 등에 관심을 갖게 되었죠."

이 무렵 '캘리포니아 읽고 쓰기 프로젝트(California Literacy Project)'의 책임자를 맡고 있던 미라 바스가 '모국어 기반 기록집' 팀을 캘리포니아로 초빙했다. 그녀는 이 팀과 함께 K-12 아동을 대상으로 프로젝트를 구상하면서 그 구상을 여러 학교에서 시범적으로 활용해봤다. 바로 이 시점에 펙이 연구원으로 합류하며 평가 도구의 개선을 지원하게 되었다.

"저희 프로젝트에서는 채점 기준을 활용하려 하지 않았어요. 학생들이 읽기와 쓰기 학습의 여러 단계를 거치는 과정에서 전형적으로 나타나는 특징에 대해 서술해주는, 발달 수준 척도를 활용하려

했죠. 이 척도는 수천 시간에 걸쳐 실제로 아이들을 관찰한 결과를 바탕으로 삼은 것이었어요. 예를 들어, 어떤 아이가 종이에 낙서를 끼적이고 그것을 가리키며 그게 이런저런 거라고 웅얼거리면 그것을 읽기와 쓰기 학습을 받을 준비가 되었다는 척도로 봐도 됩니다. 아이들이 언어와 종이 위의 기호를 연관짓기 시작했다는 신호니까요. 이런 척도는 교사들에게 큰 도움이 되었어요. 아이가 어떤 단계인지 파악해서 그 단계에 맞는 지원 방식을 정할 수 있으니까요.

당시에 저희는 멋진 평가 척도를 구상했다는 느낌을 받았어요. 그래서 그 척도를 표준화시험의 대안으로 받아들이게 해야겠다고, 특히 대도시 빈민가 학교들을 대상으로 삼아야겠다고 생각했어요. 그런 척도를 활용하면 학생들에게 패배감을 안겨주는 대신 학습 경로에 따라 학습하게 될 거라는 판단이 들었어요."

이들은 캘리포니아 주 교육부와 함께 노력한 끝에 마침내 주의 수석 계량심리학자와 면담을 갖게 되었다. 팩에 따르면 그는 러닝 레코드의 설명회를 지켜본 후에 이렇게 말했다고 한다.

"그야말로 현실적인 평가로군요. 지금의 평가는 상징적이기만 한데 말이에요."

캘리포니아 주는 이 프로젝트의 러닝 레코드 평가법을 표준화시험의 대안으로 인정해줬다. 지금껏 캘리포니아 주에서 대안으로 인정해준 유일한 사례였다.

"저희는 캘리포니아와 뉴욕 그리고 오하이오 전역을 돌았는데 교사들이 열광적인 반응을 보였어요. 학부모들도 마찬가지였어요. 학부모들은 교사들의 세심한 관심에 감동했어요. 게다가 이 평가법의 경우 학습 기록이 공개되기 때문에 학부모들도 기록을 들여다보면서 자녀의 학업과 관련된 관찰 내용을 확인할 수 있었어요. 그뿐만이 아니라 분석도 확인할 수 있었죠. 아이들은 그런 식으로 관심을 받는 것을 굉장히 혁신적으로 느꼈어요. 저희는 완벽한 성공을 거뒀지만 그놈의 낙오아동방지법 때문에 완전히 망쳤어요."

페어테스트는 러닝 레코드에 대해 다음과 같이 평했다.

"학생들이 스스로 학습을 주도하면서 학습 경과를 기록하게 하는 효과적인 평가법이다. 또한 학부모의 학업 참여를 보다 통합적으로 유도하는 수단이기도 하다."[23]

하지만 낙오아동방지법이 단일 표준의 평가를 고수하도록 학교 제도에 압력을 가하면서 러닝 레코드는 좌초되고 말았다. 한편 팩은 최근에 텍사스대학교의 교수로 활동하면서 대학판 러닝 레코드를 개발해 주목할 만한 성공을 거두고 있다.

"현재 제게 배우는 대학원생들이 미국 전역에서 대학판 러닝 레코드를 활용 중이에요.

공교육제도가 너무 폐쇄적인 데다 정치적 이해관계가 너무 얽혀 있다 보니 주로 대학 차원에서 활용되죠. 지금은 이 대학판을 활용해보고 싶어하는 대학 교직원들이 있어서 상담도 해주고 있어요."

한편, 그녀는 K-12판 러닝 레코드에 대한 희망의 불꽃을 여전히 꺼뜨리지 않고 있다.

"러닝 레코드는 전적으로 개방되어 있어서 누구라도 이용 가능합니다. 원하면 누구든 다운로드받을 수 있도록 웹사이트에 올려놓았어요. 페루의 음악 교사들까지 저에게 이메일을 보내고 있답니다."

▎학습으로서의 평가

러닝 레코드는 표준화시험에 의존하지 않고 보편적으로 공감된 일련의 표준을 통해 다수 학생의 학습 진도를 평가하는 일이 가능하다는 사실을 증명해 보였다.

『학습의 여러 가지 얼굴(Faces of Learning)』의 편집자이자『우리의 학교(Our School)』의 저자인 샘 찰튼(Sam Chaltain)에게는 평가와 표준화가 문제가 아니다. 오히려 어떤 표준화를 선택하느냐가 문제가 된다. 미국은 표준화시험과 책무성을 선택했고 그 결과는 실망스럽다. 반면에 핀란드의 선택은 시험을 준비시키는 방법이 아니라 교사들을 준비시키는 방법을 표준화하는 것이었고, 현재 핀란드의 교육제도는 전세계의 칭송을 받고 있다. 샘이 내게 밝힌 견해는 이렇다.

"이런 결과로 보건대 표준화 자체가 나쁜 건 아닙니다. 표준화를 다루는 방법이 나쁜 거죠."

평가의 전통적 모델은 학습을 위한 평가다. 하지만 평가란 얼마나 많은 학습을 수행했는지 판단하는 하나의 방법일 뿐이라고 친다면, 평가의 궁극적 목적은 따로 있다. 바로 학습으로서의 평가다. 즉 자신의 진도에 대해 실시간으로 이뤄질 뿐만 아니라 스스로의 생각과 진단을 살펴보게 하는 그런 방식의 평가가 궁극적 목적이다. 실제로 이런 목적을 실행하는 학교들이 있다. 특히 뉴햄프셔의 한 학교가 주목할 만하다. 이 학교에서 가장 중요하게 여기는 부분은 학생들이 졸업할 때까지 사고와 공부에서 특정 습관을 갖게 하는 것이다. 협력과 리더십에서부터 호기심과 의문 갖기에 이르기까지 17가지 습관을 갖추게 하는 일이다. 이 학교에서는 이런 사색적 활동에 대한 평가 기준을 마련해 17가지의 습관을 하위 기술들로 세분화시켜놓고 있다.

"호기심을 품고 의문을 갖는 습관을 제대로 평가하려면 '그런 습관을 갖게 해줄 하위 습관들로는 뭐가 있을까?'라는 생각을 해봐야 한다."

이 학교에 따르면, 호기심을 품고 의문을 갖게 해줄 만한 하위 습관은 새로운 아이디어에 대한 열린 마음, 복잡성에 대한 비거부감, 의문 제기 능력이다. 또한 이 학교의 평가 기준에는 하위 습관들마다 별개의 서술이 붙어 있다. 미숙자 단계, 초심자 단계, 숙련자 단계의 특징에 대해서도 마찬가지다. 이 평가 기준은 교사들만 볼 수 있는 것이 아니다. 학생과 학부모들도 언제든 이용 가능하다. 내가 말하는 학습으로서의 평가란 바로 이런 것이다. 이 학교의 아이들은 미숙자, 초심자, 숙련자의 연속적 단계에서 자신이 어디쯤에 와 있는지를 끊임없이 점검한다. 이런 평가의 결과는 인상적이다. 나는 자신의 장점과 약점에 대해서나 어떤 직업을 희망하고 이유가 뭔지에 대해 이 학교 학생들만큼 똑부러지게 말하는 아이들을 만나 본 적이 없다.

샘의 견해에 따르면, 어떤 과정의 평가든 평가에 착수하기 전에 학교 공동체가 먼저 정해놓아야 할 것이 있다. 졸업생이 갖춰야 할 이상적 특징이다. 졸업생들이 습득해야 할 지식과 그 활용 능력 그리고 그 유용성 등에 대해 확실히 정해둬야 한다. 일단은 이런 특징을 정해둔 뒤에야 그 특징을 어떻게 평가할지 결정해야 하며, 이때는 학생의 성취도뿐만 아니라 학교 공동체(교사, 행정직, 학부모)가 학생들이 능력을 펼칠 환경을 얼마나 효과적으로 만들어주고 있는지도 두루두루 평가해야 한다.

"그렇다고 해서 모든 학교가 이상적 졸업생에 대해 똑같은 역량을 제안할 필요는 없습니다. 여기에서 중요한 부분은 공동체가 이런 특징에 대해 스스로 묻고 답한 후에 이를 추진력 삼아 전략적 사고와 구상을 펼쳐볼 여지를 마련하는 것이기 때문입니다. 이런 여지가 없다면 그 학교는 연방 정부가 정해놓은 지침에만 전적으로 매달리는 그런 학교밖에 안 되는 겁니다."

몬티 닐도 이 점에 공감한다.

"포트폴리오, 프로젝트, 포괄적 역량 평가가 최선의 방법입니다. 그렇다고 부분적이라도 단답형이나 객관식 시험을 활용해선 안 된다는 얘기가 아닙니다. 다만 아이들이 생각하고 추론하고 글을 쓰고 의견을 말하면서 자신의 지식을 복잡한 방식으로 응용하는 능력을 갖추기를 바라는 것뿐입니다. 뛰어난 착상의 프로젝트와 과제가 그런 능력을 육성해줍니다……. 학습을 개선하고 책무를 의미 있게 수행하기 위해서는 학교와 교육구들이 표준화시험에만 의존해서는 안 됩니다. 표준화시험은 그 본질적 한계 탓에 폭이나 깊이의 양면에서 불충분한 지식을 심어줍니다. 주, 교육구, 학교들은 학습 평가를 보강할 방법과 함께, 더욱 알찬 지식 전달 수단을 찾아야 합니다."

▍미래가 담긴 스냅숏

이번 장의 앞부분에서는 자신의 교실에서 성적을 없애버리는 대담한 조치를 취했던 조 바우어를 소개했었다. 그런데 이보다 훨씬 대담한 조치를 감행하는 학교들이 있다. 현재 전세계적으로 몇몇 교육구들이 문자와 숫자로 표시되는 성적을 폐지하고 보다 통합적인 평가 방식을 채택하는 시범 프로그램에 참여하고 있으며 캐나다 브리티시컬럼비아 주 서리도 그런 교육구다. 이런 교육 프로그램에 속하는 학교의 교사들은 일명 프레시 그레이드(Fresh Grade)라는 온라인 포트폴리오 프로그램을 활용해서 각 학생의 학업을 사진으로 찍은 다음 학부모와 학생이 다 함께 학생별 상황을 훑어볼 수 있도록 정리해놓는다. 교사들은 학생들과 함께 개인별 진전 목표와 기준을 정해놓고 나서 그 목표와 기준을 통해 성취도를 가늠한다.

다음은 저널리스트 에린 밀러의 말이다.

"이 운동은 어느 정도는 학교제도가 전통적 교과목의 지식만이 아니라 창의성과 소통 같은 역량도 중요시하길 바라는 기업 고용주들의 요구에 따른 것이다. 고용주들 사이에는 전통적 평가가 오늘날 세계에서 성공하기 위해 필요한 역량들을 길러주는 최선의 방법이 아니라는 신념이 확산되고 있다. 따라서 성적에 대한 의존성을 타파하는 이 운동은 이와 같은 추세에 잘 부합된다. 국내 전역이나 세계적 규모로 벌어진 여러 건의 조사에서도 밝혀졌듯이 고용주들이 입사 지원자들에게 불만스러워하는 부분은 성적으로 쉽게 증명되고 표시되는 특정 지식이나 전문 기술의 부족이 아니다. 그보다는 비평적 분석, 협력, 소통, 문제 해결, 창의적 사고 같은 능력을 아쉬워하고 있다."[24]

브리티시컬럼비아 주에서는 시범 프로그램을 실시하고 얼마 지나지 않아 아주 고무적인 결과가 나타났다. 내세울 성적도 없이 세상을 어떻게 헤쳐 나가냐며 당혹스러워하는 학부모도 일부 있지만 흡족해하는 학부모가 더 많다. 거의 매일 학습진도 보고서를 내놓는 이 프로그램의 즉시성 때문이다. 이 프로그램의 장점을 한 가지 꼽는다면 조기 개입이 가능하다는 점이다. 즉 아이들이 쩔쩔매고 있을 경우 보다 빨리 도울 수 있다. 아이가 애를 먹고 있다는 사실을 평가 기간 후반부에야 발견하기 십상인 전통적인 성적 기반 제도와 대조적이다. 교사들 역시 이 프로그램에 열광한다. 교사의 일이 더 늘어나는데도 말이다.

다음은 에린의 말이다.

"교사들은 학생들과 일대일로 마주앉아 함께 목표를 정하는 일에 많은 시간을 들인다. 이때는 학생들에게 '네 자신의 노력을 평가할 만한 역량을 갖춰야 해. 다른 사람들의 노력을 평가할 기술도 갖춰야 하고.' 이렇게 얘기해준다."

흥미로우면서도 어찌 보면 그다지 놀랍지 않은 점도 있다. 바로 전통적 성적 채점 방식에서는 잘하던 아이들이 가장 부진하다는 것이다.

"교사들에게 얘길 들어보니 이 프로그램에서 가장 고전하는 학생들은 이전 제도에서 상위권에 들던 아이들이었다. 규칙에 따라 행동하고 선생님이 원하는 것을 간파해서 구 제도에서 좋은 성적을 받던 학생의 입장에서는 완전히 바뀌어버린 원칙에 적응하기가 어려울 만도 하다. 반면에 중간권이나 하위권 아이들의 반응은 대단했다. 갑자기 자기 스스로 목표를 정하면서 진전되는 과정을 확인할 수 있기 때문이다."

이 새로운 프로그램에는 난관도 있다. 예를 들어 대학 측으로선 이 새로운 평가제도에 기초한 성적증명서를 전통적 성적 기반의 성적증명서와 어떻게 비교해야 할지 여전히 난감한 입장이다. 하지만 그 해결책을 마련하기 위한 노력이 진행 중이다. 숫자 기반의 점수 없이 포트폴리오를 검토할 여유가 되는 비교적 소규모의 대학들에서 특히 이런 노력이 활발히 펼쳐지고 있다. 게다가 규모가 큰 학교들조차 의견 검토를 시도 중이다. 에린은 말한다.

"일단 의지는 있어 보이지만 우선은 해결되어야 할 문제들이 많다."

결론적으로 말하면 현재는 적어도 평가에 대해 적절한 의문이 제기되어 있는 상황이며, 훌륭한 의문이 모두 그렇듯 답은 하나만이 아니다. 인생이란 원래 이런 식이며, 이는 교육에서의 평가 문제라고 해서 다르지 않다.

평가는 지도와 학습에 꼭 필요한 요소다. 공식 평가든 비공식 평가든 바람직한 평가가 되려면 최소한 다음의 세 가지 측면에서 학생들의 학습과 성취를 북돋워줘야 한다.

동기부여

효율적 평가는 학생들에게 동기를 부여한다. 건설적 피드백을 주면서 학생들이 자신의 현재 상황을 이해하도록 도와주는 한편 실력을 향상시키도록 격려해준다.

성취도

효율적 평가에서는 학생들의 실제 수행과 성취 상황에 대한 정보를 제공해준다. 또한 비슷한 기준을 통해 다른 학생들의 상태와 비교해볼 만한 정보도 제공해줌으로써 학생들을 비롯해 다른 관련자들이 학생들의 진전도와 잠재성을 스스로 판단해보게 해준다.

표준

효율적 평가는 확실하고 적절한 표준을 설정해 학생들의 꿈을 키워주는 동시에 그 꿈의 달성에 필요한 지도와 지원을 제공해준다.

공식 평가와 비공식 평가를 막론하고 평가를 교육의 귀착점으로 여겨서는 안 된다. 평가는 전체 과정의 필수적 부분이며, 지도, 학습, 커리큘럼을 발전시키는 일상적 과정과 자연스럽게 결부돼야 한다. 학교의 일상적 문화 속에서 필수적이면서도 보조적인 일부분으로 자리 잡아야 한다. 이런 균형을 제대로 맞추는 일은 바로 학교 리더십이 수행해야 할 역할이다.

제8장

교장으로서의
신념

훌륭한 학습의 무대 중심에
는 언제나 본질적인 두 존재가 있다. 바로 학습자와 교육자다. 보다
뛰어난 학교로 거듭나기 위해서는 또 하나의 결정적인 존재가 필요
하다. 학교의 리더다. 그것도 비전과 역량은 물론 학습자들이 배울
수 있고 또 배우고 싶어하는 그런 환경에 대한 예리한 분별력을 촉
진시켜줄 만한 리더다. 지금까지 살펴본 원칙들을 전부는 아니더라
도 대부분 실천하는 훌륭한 학교들을 나는 여럿 알고 있다. 이 학교
들의 공통점은 비전 있고 열정적인 교장의 리더십이다. 보스턴예
술아카데미(Boston Arts Academy)가 바로 이런 리더십이 뒷받침되고
있는 사례다.

예술 분야의 전문가 교육에 매진해온 보스턴 지역의 여섯 대학(버
클리음악대학교, 보스턴건축대학교, 보스턴음악전문대학교, 이머슨대학교, 매사
추세츠예술디자인대학교, 스쿨 오브 더 뮤지엄 오브 파인아트)은 1998년에
예술계 고등학교가 필요하다는 인식 하에 함께 힘을 모아 보스턴예
술아카데미를 설립했다. 보스턴예술아카데미는 보스턴 공립학교
체계 내의 시범 학교이기 때문에 교육구의 영향력 하에 운영되지

만 예산, 수업 일정, 직원 배치 등 특정 영역에서는 자율성을 갖고 있다.

보스턴예술아카데미는 대도시 빈민가의 공립학교이기 때문에 경제적으로 불리한 학생들의 비율이 높은 학교들이 직면하게 되는 학업적 난관을 겪고 있다. 이 학교의 경우엔 빈곤 수준이 굉장히 높아 재학생의 65퍼센트가 무료 또는 할인 급식 대상자다. 게다가 신입생의 3분의 1은 읽기 수준이 표준 이하다. 표준에도 턱없이 모자란 아이들도 많다. 하지만 졸업생의 94퍼센트가 대학에 들어가서 대학 진학률이 미국 평균보다 월등히 높다. 흥미롭게도 보스턴예술아카데미 졸업생의 대다수는 예술 대학에 진학하지 않는데, 이는 학생들에게 더 넓은 세상의 문을 열어주는 리더십의 영향이 크다. 교장 앤 클라크(Anne Clark)의 이야기를 직접 들어보자.

"저희 졸업생 사이에서 최고로 인기있는 학과는 디자인과 공학이에요. 둘 다 아이들이 이분야 통합 방식으로 배우지 않았다면 이해하지도 못했을 분야죠. 그런데 많은 아이들이 이런 분야에서 자신의 재능을 발견했어요.

저희는 바람직하고 실현 가능한 교육상에 대해서나 성공에 대해서 차별화된 인식에 따라 학교를 운영하고 있어요. 표준화된 평가를 통해 편협하게 규정되지 않은 끈기, 협력, 창의성, 비전, 표현같이 예술이 가르쳐주는 그런 면들을 통해 정해진 인식이죠. 보스턴예술아카데미에 들어오기 전까지는 공부와 담을 쌓았던 많은 학생들이 예술을 통해 학교 수업에 몰입하는 방법을 발견하고 있어요. 아이들에게 이제는 학교가 지긋지긋하고 별 성취감도 주지 못하는 또 하나의 세계가 아니기 때문이죠."

보스턴예술아카데미는 여전히 공립학교인 만큼 다른 매사추세츠 주의 공립학교들과 마찬가지로 표준화시험을 시행할 의무가 있다. 다시 말해 교원과 행정관들이 어느 정도는 시험 준비 수업도 마련해야 한다는 얘기다.

"시험을 준비시키지 않으면 학생들에게 손해를 끼치는 것 같아서 저희는 꼬박꼬박 시험에 대한 수업을 하지요. 주에서 실시하는 시험이 끝나면 기어를 바꿔 넣고 아주 다른 차원의 시험인 SAT 준비도 시켜야 하죠."

이 학교에서는 학생들이 부담스러운 시험 속에서도 의욕을 잃지 않을 만한 환경을 조성해준다.

"저희 학생들은 대체로 8시에 등교해서 4시에 하교합니다. 공연이나 포트폴리오 기간 중에는 이보다 훨씬 늦게 등교해도 됩니다. 학생들은 하루 동안 예술 수업과 학업 수업을 반반씩 받아요. 모든 학업 프로그램을 수행하지만 저희는 가능하면 예술을 통해, 그리고 이분야 통합 방식을 통해 가르치고 있어요. 아이들은 수학, 인문, 외국어, 과학도 배우고 음악(악기나 성악), 무용, 연극, 시각예술 등 각자의 전공 예술 수업도 받아요. 대부분 한 가지 전공에 집중해야 하지만 저학년 학생들의 경우엔 특별히 다른 전공 분야를 탐구해보는 시간도 마련되어 있어요."

이 학교의 모든 학생이 개성적이지만 예술에 대한 열정에서는 하나가 된다. 그리고 이것이 모든 교육 요소에 대한 이 학교의 접근 방식에 영향을 미치고 있다. 앤 클라크는 리더의 역할을 맡기 전에

이 학교를 창립한 교사 중에 한 명이어서 그동안 이런 열정의 중요성을 수없이 느껴왔다.

"아이들은 이 학교에 다니는 것을 만족스러워하고 그런 만족감은 우리 모두에게 큰 변화를 가져다줍니다. 수업을 맡는 교사들 대부분이 예술적 경력을 갖고 있어서 예술과 학업을 모두 가르치고 있습니다. 저는 교사로 일할 당시 최하위권 아이들에게 읽기를 가르친 적이 있었어요. 열일곱 살인 아이들에게 초등학교 3학년 수준의 읽기를 가르치는 수업이었죠. 끈기를 시험할 만한 하루 2~3시간의 수업인데다 기를 죽일 만한 그런 성격의 수업에서는 일대일 방식이 훨씬 가르치기 쉬워요. 얼마 전에는 한 학부모에게 이런 말을 들었어요. '제 딸이 못하는 것이 아니라 할 수 있는 것부터 살펴봐주는 학교는 이 학교가 처음이에요.' 이처럼 저희 학교는 학생의 재능과 장점을 살려주는 일을 중시하고 있어요."

보스턴예술아카데미는 그동안 내가 전세계의 여러 학교들과 협력하며 느껴왔던 점을 실증해주는 사례다. 즉 학생들의 관심사에 기초한 커리큘럼이 전 영역에서 성취도를 높여준다는 사실을 보여주는 좋은 사례다. 이뿐만이 아니다. 이곳의 커리큘럼은 예술 기반이기 때문에 학생들은 예술가들이 으레 그렇듯 비평을 받아들이고 즉각 반응하는 데 익숙해진다. 덕분에 학교를 졸업할 무렵에는 질문에 답변할 준비가 훨씬 잘 갖춰진다.

"창의성과 이분야 통합적 사고는 세계적으로 요구되는 자질입니다. 저는 저희 학교 졸업생들이 큰 성공을 거두는 이유가 여기에 있다고 봅니다. 여러 대학으로부터 실제로 그런 얘기를 듣기도 했고요. 저희 학교 아이들은 기꺼이 위험을 감수하고, 상상을 펼치고, 노력을 하고, 협력적으로 일하려는 의지를 갖추고 있습니다. 비평을 받아들일 줄도 알죠. 이런 자질은 예술계 교육에서 정말로 중요한 부분입니다. 공식적인 수정, 검토, 피드백은 예술의 고유 속성이니까요. 아이들을 제 친자식이라고 생각한다면 '이게 맞는 답인가? 뭐, 어쨌든 시험 결과가 나오면 알게 되겠지' 하는 식으로 생각하는 그런 세상에서 자라게 하고 싶지는 않습니다. 저희는 학생들에게 스스로 답을 그려보도록, 비평을 통해 스스로를 옹호하고 수정하도록 유도합니다. 그것이 저희 학교에서 바라는 사고방식입니다. 교육 전체가 특정 방식을 배워서 공허한 답안지를 채운 다음 점수가 나오길 기다리는 식으로 이뤄지면 그런 사고방식은 배우지 못하게 됩니다.

저희 학교위원 중에는 기업의 임원이 한 분 계세요. 그분이 위원회에 들어온 이유는 바이올린을 연주하는 등의 예술적 이력이 있는 사람을 직원으로 채용하는 편이 좋다는 지론 때문이라고 말하더군요. 그런 사람은 창의적이고 상상력이 풍부하다는 걸 알고 있기 때문에 예술적 이력을 가진 사람을 찾게 된다고요. 그런 사람들은 색다른 시선으로 문제를 바라보도록 훈련받아 온 사람이고 예술 기반 교육이 바로 그런 훈련을 제공해줍니다."

보스턴예술아카데미는 지원자가 정원을 크게 넘어선다. 매년 약 120명의 신입생을 받는데 지원자가 500명을 넘는다. 학교 측은 모든 지원자에 대해 꼼꼼히 검토하지만 신입생 선발에서 철저히 무시하는 부분이 하나 있다.

"전국의 다른 예술계 학교들과 달리 저희는 학업 성적에는 관심을 두지 않아요. 저희는 이전의 성적, 시험 점수 따위는 검토하지 않습니다. 예술 기반의 교육은 누구에게나 기회가 열려 있어야 한다는 것, 그것이 저희 신념입니다. '넌 수학 점수가 형편없으니까 역사 공부를 하면 안 돼.' 이렇게 말하는 사람은 없잖아요. 그런데 왜 수학 점수가 형편없으면 예술을 공부할 수 없다는 걸까요? 미 전역에서 편의성을 내세워 그런 식의 일이 벌어지고 있어요. 입학 지원서에 성적을 포함시키지는 않더라도 대수학1을 반드시 이수해야 한다는 조건을 내거는 식으로 편의상의 장벽을 만들고 있어요.

저희는 오디션을 거쳐 선발합니다. 하지만 정식 오디션을 본 적이 있어서 요령을 아는 아이들만 뽑는다면 보스턴 시를 대변하는 사람들을 골고루 등용하지 못하게 되겠죠. 그것은 공립학교의 임무를 저버리는 것입니다. 그래서 저희는 감수성과 자질이 보이는 학생을 발굴합니다. 반드시 정식 재능을 갖춘 학생만 뽑지는 않습니다. 말하자면 춤추지 않고는 못 배기는 그런 아이를 찾는다고 할까요? 실제로 저희 학생들 대부분이 정식으로 훈련을 받은 적이 없습니다. 사실 보스턴 공립학교들에는 그런 훈련 자체가 갖춰져 있지 못하니 그럴 만도 하지요. 저희 학교 음악 전공자들 가운데는 악보를 읽지 못하는 아이들이 한둘이 아닙니다. 시각예술 전공자 중 상당수가 전에 예술 수업을 들어본 적이 없습니다. 저학년 때 그 수업에 지원했다가 탈락하는 바람에요. 무용 전공자 중에도 동네에서 춤을 좀 추는 아이였을 뿐, 정식으로 발레 교습을 받은 적이 없는 아이들이 수두룩해요. 저희는 정식 훈련을 받을 기회만 주면 능력을 펼칠 만한 그런 아이를 찾고 있어요. 정식 훈련을 받은 적이 없어도 상관없습니다."

지금까지 앤의 이야기에는 교장의 핵심적 역할이 그대로 담겨 있다. 즉 교장은 모름지기 학생들의 개성을 알아봐주고, 어떤 경우에든 잠재성을 발견해주며, 끊임없는 변화에 발맞춰 학교를 잘 끌어가기 위해 지속적으로 노력해야 한다.

▍훌륭한 리더, 훌륭한 관리자

공동체의 존속과 목표에 미치는 리더십의 영향은 아무리 강조해도 지나치지 않다. 회장의 교체, 새로운 CEO의 취임, 부장의 변경, 새로운 교장의 부임 등 리더십에 변화가 생기면 그에 따라 그 아래의 모든 사람들이 거는 기대도 바뀌기 십상이다.

리더십과 관리에는 차이가 있다. 리더십에는 비전이 중요하다면 관리에는 실행이 중요하다. 훌륭한 리더는 훌륭한 관리자가 될 수 있고 훌륭한 관리자는 훌륭한 리더가 될 수 있다. 둘 사이의 차이는 주어진 상황에서 맡는 역할에 있다. 성취도를 높이는 동력은 동기와 열망이며, 훌륭한 리더는 인간의 정신에서 그런 동기와 열망을 끌어낼 줄 안다. 희망을 잃은 사람들에게 희망을 불러일으키고 절망에 빠진 사람들에게 결의를 불어넣으며 길을 잃은 사람들에게 방향을 인도해준다.

물론 비전만 있다고 다 되는 것은 아니다. 일을 실행하기 위한 지원, 자원, 역량도 필요하다. 비전의 실현에 유용한 제도와 자원을 확실히 갖추는 것이 바로 관리의 역할이다. 하지만 자원만으로는 부족하다. 또 다른 사례를 위해 무대를 잠깐 학교 밖으로 옮겨보자.

나는 최근에 모 기업의 회의에서 스포츠 역사상 가장 뛰어난 성공과 명성을 일군 알렉스 퍼거슨 경과 함께 강단에 서게 되었다. 그는 26년 6개월 동안 맨체스터 유나이티드 감독을 지내면서 그전까지 별 볼일 없던 팀을 13차례나 프리미어리그 챔피언에 올려놓았고 FA 우승컵을 다섯 차례 거머쥐는가 하면, 올해의 감독으로 네 차례나 선정되고 '90년대 최고의 감독'으로 뽑히기도 했다. 또한 데이비드 베컴, 크리스티아누 호날두, 웨인 루니 등 전 시대를 통틀어 가장 유명하고 가장 성공한 축구 선수들을 키워냈는가 하면 자신의 마지막 시즌에 프리미어리그 챔피언에 오르면서 은퇴를 화려하게 장식했다.[1]

맨체스터 유나이티드는 세계에서 가장 가치 높은 스포츠 구단이다.《포브스》에 따르면 그 가치가 뉴욕 양키스보다 26퍼센트나 높다고 한다.[2] 그래서 이 구단의 엄청난 성공을 선수의 능력을 최대한 끌어내는 알렉스 퍼거슨의 뛰어난 능력보다는 부와 자원의 공으로 돌리는 사람이 있을지 모른다. 하지만 퍼거슨의 은퇴 직후 맨체스터 유나이티드의 성적을 보고도 그런 생각이 들까? 새로운 감독 데이비드 모예스는 퍼거슨 때와 거의 똑같은 선수들을 데리고 똑같은 자원을 이용했음에도 그 전년도에 퍼거슨이 이뤄냈던 프리미어리그 우승을 이루어내지 못했을 뿐만 아니라 팀은 20년 만에 처음으로 챔피언 리그에 진출하지 못하는 수모를 맛봤다. 결국 모예스는 6년 계약에서 1년도 채우지 못하고 2014년 4월에 해임되었다.[3]

이것이 학교에서의 리더십과 무슨 상관이 있느냐고? 상관이 아주 많다. 프리미어리그는 난다 긴다 하는 선수들이 즐비한 곳이다. 실제로 프리미어리그는 전세계의 어떤 리그보다 많은 실력자들이 몰려 있다고 해도 과언이 아니다. 꾸준한 성공을 이어온 맨체스터 유나이티드 같은 팀들과 그렇지 못한 팀들의 차이는 선수의 능력을 최대한 끌어내는 리더의 지도력과 동기부여에서 나타난다. 그런 차이가 아니라면 퍼거슨이 퇴임하고 1년 만에 성적이 그렇게까지 추락한 것을 어떻게 설명할 수 있겠는가? 감독을 제외한 다른 조건들은 대부분 그대로이지 않았는가?

리더십 스타일은 단 하나가 아니다. 리더로 올라설 만한 성품의 유형이 하나가 아니기 때문이다. 협력적인 리더가 있는가 하면 지배적인 리더도 있다. 어떤 리더는 행동하기 전에 합의를 구하는가 하면, 또 어떤 리더는 자신의 확신에 따라 행동한다. 모든 리더의 공통점도 있다. 자신이 이끄는 사람들에게 그들이 제대로 하고 있고 잘할 수 있다는 믿음을 심어주는 능력이다. 상황에 따라 요구되는 리더십의 스타일도 다르다. 치열한 전투가 벌어지는 상황이라면 군 지휘자는 다른 사람들과 의논할 시간도, 그럴 생각도 없을 것이다. 하지만 어떤 상황에서든 가장 존경받는 리더는 자신이 이끄는 사람들을 진심으로 살펴주는 동시에 말뿐만 아니라 행동에서도 아끼는 마음이 확실히 느껴지는 그런 리더다.[4]

학교의 경우 훌륭한 교장은 자신의 주된 임무가 시험 성적을 높이는 일이 아니라 공통의 목적을 공유해야 하는 학생, 교사, 학부모, 직원들 사이에 공동체를 세우는 일이라는 사실을 알고 있다. 학교교육의 관행을 세우는 일은 이런 목적에 따르는 부차적 문제라는 점도 잘 안다. 그렇더라도 그런 관행에 대한 도전은 민감한 사안이 될 수 있다. 관련된 모든 당사자들이 그런 도전의 기회를 부여해줄 정도로 변화의 가치를 인정해야만 성공의 가능성이 높아진다. 제2장에서 소개했던 리처드 거버도 그레인지초등학교에서 변화를 일구어내면서 이런 점을 인식하고 있었다.

리처드는 점진적 변화가 아닌 대폭적 변화는 저항을 유발해 지지를 잃을 위험성이 있음을 알았다.

"저희는 먼저 마을 형태를 그대로 본뜬 그레인지턴 프로젝트를 시작했어요."

그는 처음엔 그레인지턴을 방과 후 활동으로 도입하여 표준적인 수업 시간표나 커리큘럼과는 별개로 운영했다.

"그래야 더 편안하게 받아들일 것 같았어요. 시간을 두고 차츰 진전시키고 키워나갈 생각이었죠. 처음부터 다짜고짜 학부모들에게 정식 수업으로 발표했다면 노골적인 반발이 일어났을 겁니다. 교사들도 준비가 되어 있지 않았을 테고요. 하지만 제가 무엇보다 중요하게 고려했던 부분은 학생들, 특히 상급생들이 준비가 안 되어 있다는 점이었어요. 저는 너무 부담스럽거나 전혀 생소하게 느껴지지 않을 만한 방식으로 모두를 빠져들게 하고 싶었어요.

대폭적 혁신의 방침을 정해놓고 무작정 학교 공동체에 강요하는 식은 피해야 했어요. 위협감이 느껴질 만한 구상이었던 만큼 먼저 그 아이디어를 받아들일 수 있는 상황과 수용 능력을 공동체 내에 구축해놓아야 했죠. 그래서 그레인지턴을 초반엔 정식 과목이 아닌 과외 프로그램으로 운영했어요. 그랬더니 모두들 처음엔 발가락을 살짝 담가보며 무슨 일이 생기는지 지켜보다가 마침내 확신이 생기자 그 안으로 뛰어들더군요."

그레인지턴을 서서히 도입하자는 리처드의 결정은 오히려 이 프로그램의 진행에 극적인 가속도를 붙여주었다. 이 방과 후 프로그램을 시작했을 당시에 그는 5년간 서서히 진전시킬 구상이었다. 그 5년 사이에 학부모, 학생, 교사들로부터 점점 더 수용력을 끌어낼 생각이었다. 이런 식의 참신한 접근법은 모두에게 더 수용적인 태도를 불러일으켰다.

리처드는 이렇게 덧붙여 말했다.

"대다수 학교제도에서는 관리팀이나 정부에서 강요하는 식으로 프로그램을 진행하는 것이 일상적이죠. 모두가 이 프로젝트에 그렇게 빠르게 빠져든 이유는 자유를 누릴 여지가 있는데다 강요된 일이 아니라는 사실 때문이었어요. 그리고 그 덕분에 그레인지턴 프로그램은 6개월도 지나지 않아 전면적으로 시행되었죠."

문화 바꾸기

앞에서도 이야기했던 복잡한 적응적 제도에 대해 다시 한 번 이야기해보자. 교육제도가 그러한 적응적 제도의 한 사례이듯 개별 학교들도 마찬가지다. 학교는 변화에 적응할 수 있고 또 적응하고 있다. 교장은 학교가 이런 적응을 의식적으로 수행하도록 도와줘야 한다.

다수의 관리론들은 조직의 효율화에 집중해왔고, 이런 관리론이 바로 표준화운동의 본질이기도 하다. 이런 관리론에 따르면 조직은 기계장치와 흡사해서 절차의 통제, 낭비의 최소화, 생산력 향상을 통해 보다 효율적으로 운영될 수 있다. 여러 조직들의 통상적인 관리도를 살펴보면 다음의 예시처럼 그 모습이 도면이나 배선도와 비슷하다.

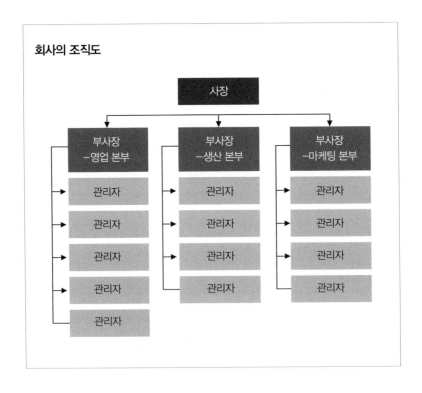

회사의 조직도

이런 종류의 이미지로 인해, 그리고 이런 이미지에 흔히 따라붙는 비용효과니 산출량이니 하는 수사로 인해 조직이 기계장치와 같다는 개념이 더욱 강해지고 있다. 하지만 그렇지 않다는 것이 문제다. 이런 비유는 제조업의 일부 분야에는 잘 맞을지 몰라도 학교를 비롯한 그 외 대다수 조직에는 잘 맞지 않는다. 효율성과 비용절감에 주력하는 것은 그 자체로는 좋은 목표일 수 있지만 인간의 조직은 기계장치가 아니다. 오히려 유기체에 더 가깝다. 그것도 저마다 독자적 문화를 가진 유기체 말이다.

사회적 의미에서 보면 문화란 곧 공동체의 생활양식으로서 공동체의 가치관, 행동양식, 공존법을 아우르는 개념이다. 유기적 의미에서 따지면 문화는 성장과 발전을 뜻한다. 가장 바람직한 학교상은 학습과 발전이라는 공통적 모험으로 뭉친 개개인들의 살아 있는 공동체다. 학교가 살아 있는 공동체로서 얼마나 잘하느냐가 학교의 문화에서 가장 중요하다.

『내 안의 창의력을 깨우는 일곱 가지 법칙』에서 나는 조직의 문화를 언급하면서 관습과 환경의 차이를 비교했었다. 학교를 혁신시키려면 이 두 가지 모두에 대해, 그리고 이 둘이 서로 어떤 영향을 주고받는지에 대해 살펴봐야 한다.

관습

모든 조직은 일을 마치기 위해 일과와 절차를 만든다. 이는 타당한 수순이다. 공동체가 일을 완수하려면 일의 진행 방식에 합의가 필요하다. 문제는 시간이 지나 이런 절차가 고착화되면서 공동체가 추진해야 할 애초의 목적과 동떨어지는 경향이 있다는 것이다. 조직은 점점 절차화되어간다. 윈스턴 처칠도 말했다.

"우리는 건물을 만들지만 결국엔 그 건물이 우리를 만든다."[5]

학교교육의 전례는 법으로 정해져 있지 않다. 그런데도 대다수 학교들은 반드시 그래야 하기 때문이 아니라 전부터 쭉 그렇게 해왔다는 이유로 현 상태의 조직을 구성하고 있다. 지금까지 살펴봤던 수많은 사례들을 생각해보면 학습에 걸림돌로 작용하는 오래된 관습을 깨는 과정이 수반된다. 토니 와그너도 그의 인상적인 저서 『이노베이터의 탄생』에서 주장하길, 학교의 주변 문화와 그에 따른 교사와 학생의 태도나 기대가 바로 혁신가의 독창적 견해, 습성, 사고방식을 자극하는 (또는 방해하는) 결정적 요소라고 밝혔다.[6] 학교 문화가 혁신에 미치는 영향에 관한 최근의 가장 주목할 만한 이야기라면 『포괄적 성취: 미운 오리가 아닌 백조』에 소개된, 런던 북부의 명망 높은 공립학교 햄스테드종합고등학교의 20년에 걸친 혁신 스토리를 꼽을 만하다. 이 책에는 탐신 이미슨이 창의성 넘치는 리더십으로 학교 문화를 발전시키는 이야기와 함께 실력 있는 교사들을 모아 "포괄적이고 통합적이며 창의적인 교육"을 제시해 "아이들이 배움에 재미를 붙이고 전천후 인간으로 성장하도록, 또한 그와 더불어 시험에도 합격하도록" 이끌어주는 이야기가 펼쳐진다.[7] 책에 인용된 학생, 교사, 관리자, 학부모의 견해들은 "학교가 잘 선발된 교직원을 갖추고 훌륭한 지도자의 인도를 받게 되면 전문적, 윤리적 신념을 굳건히 지킬 수 있을 뿐만 아니라 그 과정에서 학생,

학부모, 더 나아가 학교 공동체에 영향을 미칠 수도 있음을" 느끼게 해준다. 지금까지 소개한 대다수의 학교들이 그렇듯 이런 혁신의 핵심은 통상적 학교 문화의 관습에 도전하는 한편 그 학교 공동체만의 필요와 관심사에 부응할 만한 유대 방법을 만들어내는 것이다.

환경

학교의 물리적 환경은 학교의 분위기뿐만 아니라 실질적 운영에까지 영향을 미친다. 어떤 학교든 안으로 들어서자마자 특유의 분위기가 느껴지기 마련이다. 건물이 낡았든 새것이든 간에 비인간적이고 획일적인 분위기가 풍기는 학교들이 더러 있다. 그런가 하면 생기와 활기가 느껴지는 곳도 있다. 벽이 학생과 교사들의 작품으로 뒤덮여 있고 전시회, 공연 등 활발한 활동이 펼쳐지는 그런 학교들 말이다. 물리적 환경의 경향과 특징은 표면적 인상으로만 그치지 않는다. 학교 공동체 전체의 분위기, 동기부여, 활력에까지 영향을 미친다. 『제3의 교사(The Third Teacher)』를 보면 브루스 마우(Bruce Mau)와 국제적인 건축가 팀이 학생들의 학습 방법과 학습 공간 사이의 밀접한 관계에 대해 세밀히 살펴본 사례가 담겨 있다.[8] 브루스 마우와 건축가 팀은 이런 검토를 통해 물리적 환경이 어떻게 학교의 철학을 구체화시키는지 증명하면서 학교 공간을 혁신시킬 실용적인 설계 아이디어와 전략을 제안하고 있다.

활동의 성격에 따라 다른 공간과 분위기가 필요하다. 활동별로 부여되는 공간은 대개 그 활동이 얼마나 중시되는지 암시해준다.

학교의 배치 역시 마찬가지다. 시설이 따로 떨어져 있으면 커리큘럼에서 교과목이 분리되어 있는 경우가 많다. 개인별 책상들이 정면을 바라보도록 배치되었다면 학생들은 물론 교사들에게도 그 교실에서 어떤 식의 학습이 이뤄져야 하는지 확실한 메시지가 전달될 것이다. 실제로 학과 간의 상호작용을 중요하게 여기는 하이테크하이는 이런 상호작용이 촉진되도록 물리적 공간을 설계했다. 학교의 상당 부분을 일종의 일하는 도시로 변화시켰던 그레인지초등학교는 이런 철학을 학교 자체의 물리적 재편을 통해 구체화시켰다. 학교 환경의 재설계를 통해 색다르고 혁신적인 커리큘럼과 학습을 구체화시킨 모델은 이 두 사례 외에도 많다.

기반 닦기

나는 몇 년간 오클라호마 주에서 창의성과 혁신에 관한 포괄적 전략을 세운 적이 있다. 당시 개발 단계에서 주지사는 물론 주의 행정관들과 연이어 회의를 가졌었다. 그런데 그중 한 명이 했던 얘기가 생각난다. 그는 오클라호마 주가 혁신의 문화를 개발하기 위해서는 그 일이 정말 중요하다며 이렇게 말했다.

"하지만 그런 혁신의 문화를 위한 뛰어난 아이디어들을 어디에서 가져와야 할지 막막합니다."

나는 아이디어라면 주 전역에 널려 있을 거라고 대꾸했다. 어디에서나 사람들은 발전시키고 싶은 아이디어들을 가지고 있다. 다만 그 아이디어가 효과적인지 시험해보는 일이 허용되는 환경이 조성되어 있느냐가 관건이다. 실패할까봐, 망신당할까봐, 아니면 비난받을까봐 걱정해야 하는 분위기라면 시험은 엄두도 내지 못할 것이고, 반면 시험을 격려해주는 분위기라면 시험해볼 용기가 생길 것이다.

문화란 허용의 문제다. 즉 허용되느냐 허용되지 않느냐에 관계된 문제이자 누가 그것을 판단하느냐와 관계된 문제다. 때때로 허용은 변화의 속도가 더뎌서 오랜 시간을 되돌아보아야 정말 얼마나 변했는지가 느껴지기도 한다. 내가 20대 때만 해도 영국에서는 거의 모두가 담배를 피웠다. 나 자신은 물론 내가 아는 사람들 전부가 담배를 피웠다. 레스토랑, 술집, 가정집은 끊임없이 피어오르는 뿌연 담배 연기로 자욱했다. 어디에나 담배 연기가 자욱하다 보니 그런 분위기가 타당하게 느껴졌다. 그 당시에 누군가가 앞으로 10년 후에는 실내 흡연이 허용되지 않을 거라고 말했다면 비웃음을 샀을 것이다. 하지만 정말로 이제는 실내 흡연은 용납되지 않는다.

현재 미국에서는 동성결혼을 허용하는 법안을 통과시키는 주들이 하나둘씩 늘고 있다. 이는 60년대였다면 생각도 못할 일이었을 테지만 이제는 허용 가능한 일이며, 마땅히 허용되어야 한다. 이처럼 속도는 더디지만 허용의 기준선은 꾸준히 변화해왔다. 대체로 변화란 여러 개의 복잡한 요소들이 서로 상호작용한 결과다. 지금까지 그 이유를 살펴봤듯이 학교들 역시 변해가고 있다. 대체로 이 변화의 속도는 학교 운영자, 특히 교장이 목표를 어떻게 세우고 허용의 기준선을 어디쯤에 그릴지에 대한 비전을 어떻게 펼치느냐에 따라 좌우된다.

내가 아는 교육계 사람을 통틀어 가장 감동을 안겨준 한 명을 꼽으라면 수년간 오클라호마 주의 여러 공립학교에서 교장직을 수행했던 진 헨드릭슨(Jean Hendrickson)을 들고 싶다. 그녀의 교장 활동과 그후의 삶을 들여다보면 훌륭한 교장의 비전과 리더십이 학교의 문화와 성취도를 얼마나 변화시키는지가 새삼 느껴진다.

진 헨드릭슨은 15년 동안 세 곳의 초등학교에서 교장을 맡았다. 그중 한 학교는 사회적으로나 경제적으로 오클라호마시티에서 최상층으로 꼽히는 곳이었다. 다음은 진이 들려준 말이다.

"그 학교는 컨트리클럽(테니스, 골프, 수영 등을 위한 시설이 있는 교외의 클럽-옮긴이)을 끼고 있어서 위치도 좋았어요. 게다가 공립학교가 누릴 수 있는 온갖 혜택을 누리고 있었지요. 교육구에서도 해주지 못하는 일이 있을 때는 학부모와 지역사회가 나서서 해주기도 했지요. 하지만 그런 학교에서도 당연히 더 많은 관심이 필요한 아이들이 있었고, 수행 방식을 달리 해야 할 일들도 있었어요. 모든 아이를 개개인으로 대해줘야 했어요.

저는 그 학교에 6년간 있으면서 교사들의 소통 방식을 제도적으로 재편하고 예술도 도입했죠. 그러던 어느 날 저에게 어떤 학교를 맡아달라는 부탁이 들어왔어요. 4세대째 빈곤에 찌들어 있는데다 히스패닉계 학생 비율이 높은 학교였어요. 더구나 꼬치꼬치 트집을 잡는 교장이 부임했던 바람에 교사들은 몸을 사리기에 급급해서 아주 끔찍한 1년을 보냈다고 하더군요. 그 학교를 맡아서 제가 이전 학교에서 추진했던 일들을 해줄 수 없겠느냐는 부탁을 받고 저는 한 5분쯤 얘기를 나누다가 수락을 했죠.

그 무렵 그 학교는 두 개의 공동체로 분열되어 있었어요. 극빈층인 이민자 공동체와 빈곤한 백인 개척자 4세대의 공동체였어요. 그 학교에 처음 가보니 사방에 낙서로 도배가 되어 있더군요. 학교 환경이 말도 못하게 충격적이었어요. 제가 사는 도시에 그런 열악한 학교에 다니는 아이들이 있다니, 정말 화가 날 정도였어요."

그녀는 학교 사람들에게 예리한 질문을 던졌다.

"여기에 다니는 아이들도 다른 아이들과 똑같은 교육적 기회를 누릴 자격이 충분하지 않을까요?"

아무도 부정하지 못했다.

"그렇게 해서 저 자신이 아이들이 있는 학교라면 무조건 실행해야 한다고 정해놓은 몇 가지 일에 착수했어요. 자기 자식을 다니게 하고 싶을 만한 그런 학교를 만드는 일들이었죠. 그러자면 수업에 예술을 접목시켜야 했어요. 학교 내에 공동체를 구축해야 했어요. 또 존중받고 있다는 느낌이 드는 그런 기분 좋은 공간으로 가꿔야 했어요. 이 모두가 기본적으로 필요한 사항들이에요. 하나도 빠짐없이 모두요. 제가 가장 먼저 착수했던 일은 예술과 음악을 접목시킨 수업으로 침체된 학교 분위기를 끌어올리는 일이었어요. 그 일을 위해 제가 가진 직함의 영향력을 좀 활용하기도 했어요.

결국 오클라호마 주는 더 나은 교육 모델을 찾아 미국 전역을 샅샅이 뒤져보기로 결정했죠. 그 모델에는 몇 가지 조건이 전제되어 있었어요. 단지 한 학년이나 한 교과목 차원의 모델이 아니라 학교 전체를 아우르는 모델이어야 했고, 예술이 포함되어야 했으며, 그 모델의 효과성을 입증해줄 결과가 있어야 했어요. 그렇게 찾은 모델 가운데 하나가 노스캐롤라이나 주의 'A+'였어요. 저는 조사팀의 일원으로 노스캐롤라이나 주에 직접 가봤어요.

'A+'가 노스캐롤라이나 주에서 처음 시행된 시기는 학교의 책무성 문제가 미국 전역에 반향을 일으키던 무렵이었어요. 원래는 케난 예술센터에서 벌였던 하나의 프로젝트로, 이런 질문과 함께 시작됐다고 해요. '학교에서 예술을 진지하게 다루면 어떤 결과가 나타날까? 예술을 통해 배우고 예술에 대해 배우면 영향이 있을까? 영향이 있다면 어떤 영향일까?' 이 질문을 계기로 주 전역의 25개 학교를 대상으로 시범 프로그램이 만들어졌고 약 4년 동안 관찰이 진행되었어요. 그 결과 그들의 말마따나 'A+ 네트워크 소속 학교들'은 여덟 가지 측면에 매진하는 것으로 나타났어요.

모든 아이들의 일과적 예술 활동, 전 수업에 걸쳐 서로 연결되고 공유되는 체계적 커리큘럼, 단순한 문제풀이 식이 아닌 실제적이고 현실적인 학습, 다각적인 학습 통로, 유익한 평가, (교사들 사이의 협력만이 아닌 가정과 학교, 아이들과 교사들 사이의 협력까지 아우르는) 체계적 협력, 인프라의 변화, 학교에서의 시간이 학생들에게는 즐겁고 교사들에게는 만족스럽도록, 또 학부모와 지역사회가 학습에 참여의식을 갖도록 해줄 만한 긍정적 풍토 등에 대한 매진이었죠."

2001년에 진은 다른 여러 학교팀과 함께 이 센터의 여름 강좌에 참여했다. 그녀는 낮에는 팀의 일원으로 강좌를 듣고 저녁에는 기획자나 진행자들과 함께 토의를 했다. 그러다 교장으로서 어떤 느낌이 왔다. 그 모델이야말로 교직에 몸담고 있던 내내 자신이 찾고 있던 모델이라고. 2003년에 그녀는 'A+ 스쿨(A+ Schools)'의 회장으로 추대되었다.

A＋스쿨의 직접적 체험과 연구를 통해 증명된 바에 따르면, 학교에서의 성취도와 효율성을 북돋우거나 깨뜨리는 것은 학교의 유형이 아니라 학교의 환경이다. 그리고 이런 학교 환경을 혁신시킬 3대 동력은 바로 교장의 리더십, 기꺼이 변화에 동참하려는 교직원, 뛰어난 전문 능력이다.

A＋스쿨의 학교들은 시험 성적이 평균보다 높은 편이다. 하지만 성적만 좋은 것이 아니라 징계나 훈육 등의 비율도 낮다. 학생 참여도의 바탕이 되는 '즐거운 요소(joy factor)'도 갖추고 있다. 교원에 대한 여론 조사 결과들을 보면 교사의 만족도나 능력도 높게 나타나고 있다. 전문가로서의 주체성과 자긍심이 그만큼 높다는 얘기다.

"가장 먼저 아이들을 위해 무엇인가를 해보아야겠다는 의지를 가져야 한다고 생각해요. 그리고 표준화시험의 성적을 높이는 것 이상의 무엇인가를 추구해야죠. 아이들이 즐겁게 학습에 참여해서 목표를 달성하고 높은 성취도를 올리며 다양한 학습 기회를 누리게 해주어야 하고요. 학교에 확실하고 독특하고 소중한 문화와 공동체를 키우고 싶다는 확신이 생기면 그다음에는 필요한 제도를 찾아 그 일에 착수하면 됩니다."

나는 모든 학생들에게 이런 학습 환경을 마련해줘야 한다고 생각한다. 그렇지 않은가?

┃ 교실 밖 현실 세계

　　　　　　　　　　　명문 학교들은 학교가 속한
공동체와의 유대관계에서 끊임없이 창의성을 발휘한다. 고립된 집
단으로 머물지 않고 전체 공동체를 위한 학습의 중심축으로 역할
한다. 우리는 초등학교, 고등학교, 전문대, 대학, 성인학습, 평생학
습 등으로 교육을 단계별로 생각하는 경향이 있다. 하지만 학습은
전 연령대를 아우르면서 조직 내에서만이 아니라 조직과 조직 사이
에서도 일어나야 가장 바람직하다. 대개 초등학교, 고등학교, 대학
교가 별개의 단계지만 현재 일부 학생들은 그런 구별을 무너뜨리기
위해 노력하고 있다. 지금부터 매사추세츠 주 우스터에 있는 클라
크대학교의 사례를 살펴보자.

　클라크대학교의 총장 데이비드 에인절(David Angel)은 캠퍼스와
시 사이에 학생들의 대학 졸업 후에도 이어질 다리를 놓기 위해 교
직원, 학생들과 힘을 모아왔다. 최근에 나와의 대화 중에 그는 다음
과 같이 말했다.

　"저희는 이렇게 자문해봤습니다. '클라크대학교의 졸업생을 전
통적인 교양 과목의 기준상으로도 강할 뿐만 아니라 세상에 영향
력도 발휘하는 그런 인재로 키우려면 어떻게 해야 할까? 그러려면
장애물에 부딪혔을 때 필요한 유연성을 길러줘야 하는데. 어떤 방
법이 좋을까?' 그러니까 창의적으로 문제를 해결하는 세 가지 역
량을 어떻게 키워줄지가 문제였죠. 이런 역량을 의도적으로 키워
주려면 확실한 상황 속에서 키워줘야 훨씬 효과적입니다. 다시 말
해 학생을 프로젝트 팀에 넣어 실제 문제를 극복하게 하는 것이죠.

그러면 학생들은 눈부신 성장을 보여줍니다."

LEEP(자유교육과 효과적 실습)[9]는 이 분야의 통합 학습과 학생들이 졸업 이후 마주할 교실 밖 현실 세계의 도전을 결합시킨 프로그램이다. 이 프로그램은 클라크대학교의 졸업생들과 여러 전문가들이 학생들의 프로젝트 주제를 주관하는 방식으로, 기존의 인턴십 차원을 크게 넘어선다. 직업 세계를 살짝 맛만 보는 인턴십과는 달리 학생들을 프로젝트 팀에 집어넣어 현실적 문제나 성적에 직접 부딪쳐보게 하는 것이 그 목표다.

클라크대학교의 학생 동아리인 올 카인즈 오브 걸즈(All Kinds of Girls)는 정체성과 왕따 문제와 관련해 이웃 공동체의 십대 아이들을 돕고 있다. 그것도 50명 이상의 십대 소녀를 대상으로 매주 토요일에 대학 내에서 정규 프로그램까지 진행하면서 말이다. 데이비드는 이렇게 말했다.

"이런 프로그램의 본질은 좋은 성적을 얻는 것이 아니에요. 어느 특별한 열세 살 소녀를 돕는 문제입니다. 가슴과 머리를 모두 쏟아붓는 일이죠. 자신이 지금 하는 일에 열정을 품고 진정으로 임하는 순간 비로소 재능은 꽃피게 됩니다. 모든 일이 거의 그렇습니다."

이곳 학생들은 유니버시티 파크 캠퍼스 스쿨(University Park Campus School) 같은 클라크대학교가 주도하는 활동에도 참여한다. 클라크대학교가 유니버시티 파크 캠퍼스 스쿨의 설립에 힘을 보탠 것은 대학 주변의 빈곤 지역 고등학생들의 열악한 조건을 해결하기 위해서였다. 이 학교 학생들은 네 명 중 세 명이 무료 급식 대상자다. 입학 당시 학생들의 학업 수준은 대체로 몇 년씩 뒤처져 있다.[10]

하지만 클라크대학교에서 (아이들이 11학년 진학 전에 참석하는 캠프를 출발점으로 삼아) 200명 이상의 학생들에게 개인적 관심을 기울여주는 덕분에[11] 유니버시티 파크 캠퍼스 스쿨의 졸업생은 거의 모두 대학에 들어간다. 게다가 거의 전원이 집안에서 처음으로 대학에 진학하는 경우다. 클라크대학교의 학생들은 유니버시티 파크 캠퍼스 스쿨에서 적극적 역할을 맡고 있다. 아직 대학 재학 중인 학생들을 현실 세계의 시나리오에 참여시켜서 아주 중요한 역할을 맡기려는 대학 측의 노력 덕분이다.

데이비드는 이상적인 클라크대학교 졸업생의 모습을 다시 그림으로써 커리큘럼에 대해 아주 새로운 방식으로 접근하게 되었다. 대학은 전통적으로 신입생의 관점, 2학년생의 관점 등으로 구별지어 생각한다. 클라크대학교는 이와는 달리 세 가지 발달 단계를 중심으로 대학의 커리큘럼을 짜기로 했다. 과도기(대학의 학문적 소양 닦기), 성장 및 탐구기('틀 깨기'와 내면 깊이 잠들어 있는 열정과 흥미 발견하기), 통합 및 증명기(전공 및 비전공 강의에서 배웠던 것을 끌어모아 실질적으로 활용해보기)의 세 단계다. 클라크대학교에서는 학생들에게 각자의 독자적 시간표에 따라 이 단계들을 거치도록 장려하고 있다.

데이비드가 클라크대학교에서 수행 중인 일은 학교의 모든 리더가 목표로 삼아야 할 이상이다. 그것도 시대에 걸맞은 이상이다. 이제는 학생과 사회의 변화하는 수요에 발맞추기 위해 필요한 모습으로 학교를 가다듬고 탈바꿈시켜야 한다. 데이비드는 현 시점이야말로 학교의 리더십이 이와 같은 접근법을 취해야 한다고 여기고 있다.

"현재의 교육은 평가와 학생들의 교육적 경험에 관한 한, 학습 성과를 점점 중시하는 과도기에 있습니다. 이런 시기를 이 나라 교육의 미래에 대해 더 깊이 있게 생각해볼 중요한 계기로 삼아야 합니다. 우리는 지금 '이 점을 고려할 때 어떤 식의 성과와 어떤 식의 교육 실습이 중요할까?'라는 질문에 직면해 있는 겁니다."

▌서열주의 타파와 혁신

NASSP는 20여 년 전부터 위와 같은 질문을 던져왔다. 1996년 NASSP는 〈학교를 성적순으로 줄 세우지 말자: 미국 제도의 변화(Breaking Ranks: Changing an American Institution)〉라는 보고서를 발표했다. 이 보고서는 수십 년간의 실험과 관찰을 토대로 삼아 학교 리더들에게 일련의 제안을 하면서 학생들과 학교 공동체에 도움이 될 만한 보다 바람직하고 보다 개인 맞춤화된 직무 수행을 권고했다.[12] 한편 NASSP는 2007년 이후 매년 메트라이프 재단(MetLife Foundation)과 공동으로 미국의 몇몇 학교를 '혁신학교'로 선정해왔다. 그 선정 기준은 리더십, 개인 맞춤화, 커리큘럼, 지도법, 평가 등을 종합적으로 고려한 것이다.[13]

최근 NASSP는 '혁신학교' 기준과 유사한 방침에 따라 브레이킹 랭크스 프레임워크(Breaking Ranks Framework)라는 기준을 마련했다. 이런 기준을 마련한 의도는 미국 모든 학교의 행동을 표준화시키려는 것이 아니다. 오히려 학교 리더들이 학교 특유의 수요에 따라 맞춤형 프로그램을 따를 수 있도록 모델을 제시하고 있다. NASSP는 모든 학교 리더가 다뤄야 할 영역으로 다음의 세 가지를 들고 있다.

협력적 리더십

공통의 비전 세우기, 개선 계획을 명확하고 지속성 있게 진전시키기, 교직원 사이에 역할 구분해주기.

개인 맞춤형 학교 환경

대다수 학생들이 학교를 사실상 투명인간처럼 다니게 하는 익명의 문화 몰아내기, 학생들을 위한 개인형 프로그램 진전시키기.

학생의 실력 향상을 위한 커리큘럼, 지도법, 평가

지식의 폭보다 깊이 우선시하기, 우열반 편성과 능력별 분단 편성을 대체할 만한 대안 마련하기, 학습 내용에 대해 현실적 연관성을 만들어주기.[14]

NASSP는 지속 가능한 변화를 유도하기 위한 학교 문화의 발전 과정도 제시한다. 자료 수집, 우선순위 결정, 계획의 전달, 계획의 관찰, 필요할 경우의 조율 등 여섯 단계다. 게다가 "학교의 리더십에 수반되는 대다수 업무의 수행에 유용한" 10가지 기술도 지목하고 있는데, 여기에는 지도 방향 설정, 다른 사람들의 리더십 육성, 탄탄한 팀워크 구축 등이 포함된다.[15]

NASSP가 〈학교를 성적순으로 줄 세우지 말자〉에서 밝힌 제안은 K-12 교육 전반에 걸쳐 적용 가능한 모델이다. 이 모델만이 학교 리더의 역할에 대한 유일한 접근법이라고 말할 수는 없지만, NASSP가 이 보고서를 발표한 이후 이 모델은 20여 년이 넘도록 무수한 학교에 유용한 도움을 주고 있다.

▍성취의 근원

제2장에서는 유기농업의 4대 원칙(건강, 생태 환경, 공평성, 배려)을 살펴보고 이 원칙을 교육에 대입해봤다. 유기농업에서는 오로지 성과에만 집중하지 않고, 자연스럽고 지속 가능한 성장에 중요한 토양의 생명력과 환경의 질에 집중한다. 교육의 경우 자연스럽고 지속 가능한 학습의 성패는 학교의 문화와 학습 환경의 질에 달려 있다. 따라서 활력 있는 학습 문화를 이어가는 것이야말로 교장의 본질적 역할이다.

앞에서는 기계론적 원칙에 따른 관리도를 살펴봤다. 이런 식의 차트는 조직의 구조에 대해 어느 정도 감은 줄지 몰라도 조직의 실제 운영에 대해서는 거의 아무것도 알려주지 않는다. 몇 년 전에 나는 뉴욕 시의 어느 디자인 회사를 도운 적이 있었다. 변화와 혁신의 문제와 관련된 일이었는데 논의 중에 유기농업의 원칙에 대해 이야기를 나눴다. 몇 주 후 이 회사는 사외 회의를 열어 유기농업의 원칙에 따라 다음과 같이 조직도를 다시 그렸다.

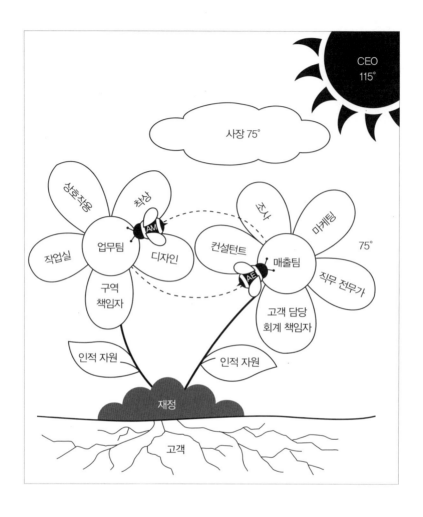

그림을 보면 이 회사는 조직의 뿌리를 소득원인 고객으로 보고 있었다. 또한 회사의 성장이 두 개의 중심 줄기인 업무팀과 매출팀 그리고 그 둘의 상호교류에 좌우된다고 보고 있었다. 즉 이런 역동 성이 잘 작동되면 회사는 번창할 것이고, 잘 작동되지 못하면 회사 도 번창하지 못할 것이라는 시각이 담겨 있었다. 사장의 역할은 이 사회의 과열된 기대로부터 회사를 보호하는 한편 직원들이 기분 좋게 근무하며 최선을 다할 수 있을 만한 풍토를 유지하는 일이다.

학교는 어떤 측면에서는 기업과 비슷하지만 또 다른 측면에서는 기업과 다르다. 잘되는 학교들은 고유의 독자적 역동성을 갖추고 있지만, 또 한편으론 전반적인 공통점도 있다. 다음과 같은 주도적 학습 문화의 본질적 특징들을 촉진시킨다는 점이다.

공동체

전 구성원이 서로의 욕구와 꿈을 지지하는 온정적 공동체 속에서 소속 감을 느낀다. 정체성과 목적에 대한 공유의식이 강하며, 이런 정체성과 목적은 교실 너머로 연장돼 구성원의 가족은 물론 협력관계인 다른 조직의 열망까지 포용한다.

개인성

구성원 개개인이 존중받고 있다는 느낌을 누리며 각자 자신만의 재능, 관심사, 욕구를 갖는다. 개인으로서 자기 자신에 대해, 자신만의 가치와 꿈에 대해, 그리고 자신의 두려움과 불안에 대해 더 깊이 탐구해보도록 장려된다. 모든 구성원이 자신을 더 큰 공동체의 일부라고 느끼면서도 집단 속에서 자신을 잃지 않을 만한 자아감이 탄탄하다.

가능성

학교는 모든 구성원에게 희망과 기회를 부여한다. 구성원들에게서 다양한 재능을 발견하고 그들의 꿈이 실현되도록 다각도의 경로를 마련해준다. 누구나 알아야 하는 부분만이 아니라 자신만의 관점에서 더 잘해야 할 부분에 대해서도 배울 기회를 열어준다.

학교의 문화는 커리큘럼, 지도, 평가 관행을 통해 드러나게 마련이다. 지금까지 여러 장들에 걸쳐 이 세 가지와 관련된 핵심적 특징들을 살펴봤고 그 결과 이런 특징들은 다음과 같이 학교의 전반적 문화와 결부돼 있었다.

성장의 조건

문화	커리큘럼	지도	평가
공동체	다양성	자극 부여	동기부여
개인성	깊이	자신감	성취도
가능성	역동성	창의성	표준

조직은 환경에 적응하면서 성장한다. 원활한 성장이 이뤄지려면 참신한 아이디어와 새로운 방법을 시도하려는 의지가 지속적으로 이어져야 한다. 창의적인 리더의 역할은 온갖 아이디어를 내는 것이 아니라 모두가 아이디어를 내는 문화를 장려하는 것이다. 이런 관점

에서 교장의 주된 역할은 명령과 통제가 아니라 풍토의 통제다.

학교의 문화는 학교가 속한 보다 광범위한 풍토에도 영향을 받는다. 따라서 학교들을 위한 최상의 기회를 만들어주는 것이 교육 정책 입안자들의 본질적 역할이며, 이 문제에 대해서는 잠시 후에 짚어보려 한다. 하지만 그보다 앞서 학교의 가장 중요한 파트너인 학생의 가족과 학부모에 대해 살펴보자.

제9장

부모는 아이를
어떻게 키워야 하는가

어린아이와 청소년은 대개 학교 안보다는 학교 밖에서 보내는 시간이 더 많다. 학부모와 가족은 아이들의 성취도에 중요한 영향을 미친다. 학교, 학부모, 가족들 사이에 적절한 협력이 이뤄진다면 관련된 모든 사람들이 온갖 혜택을 누리게 되며, 이런 혜택은 전반적인 사회 경제적 그룹에까지 돌아간다. 그런데 학교나 학생에게 아주 복잡한 문제가 있으니, 바로 가족의 본질이 크게 바뀌었다는 점이다. 그렇다면 오늘날의 부모는 어떤 의미의 존재일까?

이런 물음에는 생물학적 답이 나오는 것이 보통이지만, 이 자리에서는 보다 복잡한 사회적 답을 들여다보자. 미국에서는 현재 전통적 핵가족 형태의 가정에서 생물학적 친부모 모두와 함께 사는 아이들의 수가 소수에 불과하다.[1] 대다수는 이혼이나 별거 때문에, 또는 부모가 처음부터 정식으로 사귀던 사이가 아니었기 때문에 한쪽 부모와 살고 있다. 엄마는 같지만 아빠가 다르거나, 아니면 그 반대여서 형제들끼리 서로 떨어져 사는 경우도 있다. 재혼한 부모를 따라와 한 식구가 된 형제들도 있다. 형제나 친척의 손에 양육되거나 스스로 자신을 돌보는 아이들도 있다.

아직 그 수는 적지만 대리모나 입양을 통해 동성애 부모 밑에서 자라는 아이들도 점점 늘고 있다. 요즘엔 대다수 부모들이 생활비를 벌기 위해 밖에서 늦게까지 일하며 닥치는 대로 몇 개의 일을 하는 경우도 많다. 말하자면 부모가 있어도 스스로 자신을 돌보게 되는 아이들이 수두룩하다.

이처럼 가족의 그림이 복잡하다. 우리의 목적에서 보면, 어떤 형태든 간에 부모는 학생의 행복에서 가장 책임이 막중한 존재다(물론 학교를 제외한다면). 이렇게 학생의 행복을 책임지는 존재는 경우에 따라 생물학적 부모나 입양 부모의 한쪽 또는 양쪽이 된다. 하지만 때로는 그런 존재가 아예 없기도 하다. 학교나 학생들이 부딪히는 공통적 난관 중 하나는 그런 책임을 맡고 있는 부모가 정확히 어떤 사람인지를 헤아리는 것이다.

부모가 된다는 것은 부모가 되기 전에 상상했던 것보다 훨씬 더 어려운 편이다. 정말이다. 물론 아이가 자라는 모습을 지켜보고 아이와의 관계가 깊어지는 것을 느끼면서 아주 뿌듯해질 수도 있다. 하지만 대다수 부모는 가족을 먹여 살리기 위한 현실적, 금전적 난관을 헤쳐 나가는 동시에 부모로서 수행해야 할 여러 가지 역할에 따른 감정적 압박을 다스리느라 점점 더 애를 먹고 있다.

아이들도 변하고 있다. 과거에 비해 요즘의 아이들은 육체적 성장이 더 빠르다. 또래집단, 더 넓어진 문화적 환경, 디지털 세계와 소셜 미디어의 끊임없는 유혹, 주의를 끌기 위해 쉴새없이 떠들어대는 광고 공해, 정체감, 돈 등으로 인해 심한 압박에 시달리고 있기도 하다.

▌부모를 위한 두 가지 조언

부모가 아이들을 어떻게 길러야 잘 기르는 것일까? 대답하기 까다로운 문제지만, 연구 결과와 경험을 토대로 삼아 일반적인 조언 두 가지를 알려주고 싶다. 단, 두 조언을 따를 때는 자녀의 양육과 교육에서 가장 좋은 방법이 무엇인가에 관한 한, 누구나 동의할 만한 규칙은 없다는 점도 인정해야 한다. 어떤 방법이 가장 좋은지는 문화적 배경과 개인적 경험에 따라 크게 다르다. 실제로 이 문제 하나만을 주제로 삼아 이 책보다 더 두꺼운 분량으로 상세히 다룬 책들이 여러 권이나 되며, 관련 보고서와 논문들도 수두룩하다. 자녀의 일거수일투족을 간섭하는 일명 타이거맘(tiger mom)들은 엄한 지도, 통제, 규율이 올바른 방식이라고 여기지만[2] 그보다는 촉진자와 가이드로서의 역할을 해주는 것이 가장 좋은 방법이라고 믿는 이들도 있다.[3]

이 중 어느 쪽의 입장에 설지는 수많은 요소에 따라 좌우된다. 예를 들면 배경이나 성향에 따라 저마다 다를 수 있다. 내가 이 책에서 제시하는 모든 조언들도 어쩔 수 없이 내 자신의 배경과 성향에 따른 선호가 반영돼 있고, 다른 사람들의 제안 역시 대체로 그들 자신의 배경과 성향에 따라 선호되는 것이다.

아이를 개인으로서 바라보기

나는 자녀를 둘 이상 둔 사람들과 자주 내기를 한다. 지금껏 그 내기에서 진 적이 한 번도 없고 앞으로도 지는 일은 없을 것이다.

무슨 내기냐고? 아무리 자녀끼리라 해도 서로 완전히 다르다는 내기다. 내가 이렇게 확신하는 이유는, 당신 자신이 그렇듯 모든 아이들이 이 세상에 단 하나뿐인 존재이기 때문이다. 자녀들은 서로 어느 정도 닮을 수 있다. 친척과 닮을 수도 있다. 실제로 나 자신도 그렇고, 장담컨대 당신도 마찬가지일 것이다. 하지만 대부분의 측면에서 개개인은 자기 자신과 가장 닮은 존재이며, 자신만의 독자적 기질, 관심사, 재능, 성향을 지니고 있다. 아이들이 잘되도록 돕고 싶다면 아이들을 한 개인으로서 대해야 한다. 학교에서 남들과 똑같은 진로를 따라야 한다거나 똑같은 기준으로 평가받아야 한다는 식으로 대하지 말아야 한다.

학교에서 쩔쩔매는 학생들이 그렇게 많은 이유 가운데 하나는 학생들이 개인으로서 대우받지 못하기 때문이다. 학생들 특유의 장점이 발견되지 못하거나 고려되지 못하기 때문이다. 주의 깊게 살펴보는 부모라면 담임 교사를 비롯한 대다수 사람들보다도 자신의 자녀를 더 잘 알기 마련이다. 따라서 학교가 아이들의 독자적 자질과 능력을 더 완벽히 이해할 수 있도록 돕는 측면에서 부모로서의 역할이 극히 중요하다.

우리 아이들은 자신이 커서 어떤 사람이 될지 암시해주는 신호를 끊임없이 보낸다. 부모나 교사가 주의 깊게 살펴보며 관심을 기울여주는 일이 그래서 중요하다. 내가 『엘리먼트』에서도 여러 사례를 소개했듯이 어렸을 때부터 일찌감치 이런저런 끼를 보이면서 그 길로 들어섰던 사람들이 실제로도 많다. 어린 시절에는 가족도 학교도 똑같이 무관심하게 흘려버렸을 뿐, 진짜 재능이 뻔히 보이는 곳에 감춰져 있었던 경우들도 더러 있다. 틈만 나면 레고를 갖고 놀던 아이가 나중에 커서 모두가 알아주는 건축가가 되거나, 종이만 봤다 하면 낙서를 끼적거리던 아이가 유명한 만화가가 되거나, '너무 부산스럽던' 꼬마가 실력 있는 무용가나 체조 선수가 되거나, 조용히 책 읽길 좋아하던 아이가 학구적인 학자가 되는 사례 등이다.

인생은 일직선이 아니다

표준화교육의 위험 한 가지는 하나의 규격이 모두에게 잘 맞으며 인생이 일직선이라는 생각이다. 사실 성취에 이르는 길은 여러 갈래다. 대다수 사람들의 인생은 표준 경로를 따르지 않는다. 예상치 못한 방향으로 들어서거나 새로운 관심사를 발견하거나 뜻밖의 기회를 갖게 되는 경우가 다반사다. 학교에서는 아이들의 미래를 제한시킬 만한 단정을 내려서는 안 된다. 당신 자신이 받았던 그런 교육이 반드시 아이들에게도 잘 맞을 것이라거나 어떤 교과목이 다른 교과목보다 직업을 구하는 데 더 유익할 것이라고 단정해버려선 안 된다. 세상은 끊임없이 변하는 만큼 이런 식의 생각은 틀리기 십상이다. 당신이 할 수 있는 최선은 아이들이 제6장에서 살펴봤던 전반적 역량을 저마다 다양한 방식으로 키울 수 있게 도와주고 아이들이 가장 몰입도를 보이는 개인적 재능과 관심사를 알아봐주는 일이다. 당신이 그래왔듯, 아이들도 스스로 자신의 삶을 일구며 살아갈 것이다. 아무리 걱정하고 애써도 당신이 아이들의 삶을 대신 살아줄 수는 없다.

부모가 할 수 있는 선택

'들어가는 글'에서도 언급했지만 당신이 어떤 식으로든 교육에 관련돼 있다면 당신에게는 세 가지의 선택권이 있다. 제도 안에서 변화를 만들거나, 제도에 변화를 촉구하거나, 제도 밖에서 새로운 일을 주도할 수 있다. 부모들 역시 이런 선택권이 있다. 게다가 학교와 협력하면서 학교의 변화를 위해 힘쓰면 몇 가지 혜택도 누릴 수 있다.

아이들의 교육에 대한 학부모의 참여는 사회경제적 위치나 문화적 배경과 상관없이 동기부여와 성취에 직결된다. 『증거의 새로운 물결』에 따르면 부모가 "아이들과 학교 문제를 얘기하고, 아이가 잘할 거라고 기대해주고, 대학 진학 계획을 도와주고, 과외 활동을 건설적으로 하도록 확인해주면 아이들은 학교에서 더욱 실력 발휘를 한다."[4]

학교로서는 가족과의 유대를 통해 학생들의 관심사와 성격을 더 깊이 이해할 수 있다. 학교, 가족, 지역 공동체가 학습 활동 지원에 힘을 모으면 아이들이 학교에 더 잘 나오고, 학교에 더 오래 있으려 하고, 학교를 더 좋아하고, 더 좋은 성적을 얻을 가능성이 그만큼 높아진다. 더 많은 아이들이 졸업을 하고, 더 많은 아이들이 고등교육에 진학할 가능성 역시 높아진다.[5]

마약 중독, 괴롭힘, 폭력, 훈육 문제 등 학교들이 흔히 직면하는 문제점의 대다수는 교실에서 일어나지만 그 근원은 교실이 아니다. 학생들이 많은 시간과 기운을 소비하는 외부 세상에서 물이 잘못든 것이다. 따라서 가족, 지역 공동체와 더 긴밀한 유대를 맺는 일은 이런 문제점을 이해하고 처리하는 데 최선의 방법 중 하나다.

2010년 시카고대학교에서는 시카고 도심지의 저소득층 지역 초등학교의 학교교육 향상도를 평가한 7년간의 연구 결과를 보고서로 발표했다.[6] 이 보고서에 따르면 "가족 참여가 활발히 이뤄진 초등학교들은 가족 참여가 미미한 초등학교들에 비해 수학 실력이 향상될 가능성이 10배 더 높았고 읽기 실력이 향상될 가능성은 4배 더 높았다."

부모와 학교가 협력할 때 생기는 혜택은 이뿐만이 아니다. 학교와 가족 사이의 협력은 학교교육을 향상시키는, 효과적인 원천이다. 앞에서 살펴봤듯이 학교는 지역 공동체와의 창의적 파트너십을 통해 지도와 커리큘럼을 알차게 향상시킬 기회가 많다. 학교들이 가정과 적극적인 협력관계를 맺으며 교육에 대한 가정의 생각과 걱정에 귀 기울이는 일 역시 더 바람직하고 유익한 학습 환경을 만드는 데 도움이 된다.

시카고대학교의 보고서의 분석을 보자.

"학부모와 지역사회 간의 유대는 강력한 학교 리더십, 양질의 교직원, 학생 중심의 학습 풍토, 효과적인 커리큘럼 편성과 더불어 개혁의 성공을 위해 꼭 필요한 5대 토대에 속한다."

이 보고서는 학부모와 지역 공동체들에게는 학교 시설과 교직원의 질을 개선할 것을 촉구하고 커리큘럼 결정에 적극적 영향력을 발휘하며 더 다양하고 효과적인 과외 활동을 제공하는 등의 역할이 있다고 보았다. 또한 가정과 지역 공동체가 성취도가 부진한 학교들에 책임을 묻기 위해 조직을 결성한다면 교육구가 정

책, 관행, 자원 분야에서 적극적 변화에 나설 가능성이 높아진다고
한다.[7]

▍학부모의 전문성을
학교에서 활용하기

수년 전부터 든 의문이지
만, 어째서 일부 학교제도에서는 교육 프로그램의 보강을 위해 학부
모를 비롯한 지역 공동체 일원의 전문성 활용을 꺼리는 걸까? 앞서
살펴본 스티브 리즈와 마인드드라이브의 경우처럼 이런 지역 공동
체의 참여가 월등한 성취를 이끌어내는 것을 보면 대다수 교육구들
이 이런 자원을 더 적극적으로 사용하지 않거나, 심지어 꺼리기까
지 하는 모습은 반상식적으로 보인다.

공저자인 루 애로니카도 자신의 자녀가 다니는 학교들에 대해서
나와 똑같은 의문을 가지고 있었다. 해마다 루는 아이들의 교사들
에게 어떤 식으로든 글쓰기 프로젝트에 도움을 주고 싶다고 제안했
다고 한다. 루로 말하자면 픽션과 논픽션 부문 모두에서 베스트셀
러 작가일 뿐만 아니라 편집자로서 상을 받기도 했고 대학에서 부
전공으로 교육학을 배웠으며 뉴욕 주에서 영어 교사 자격증도 받은
사람이다. 그러니 그런 사람이 일시적 기분으로 어쭙잖은 제안을
했겠는가. 하지만 한해가 가고 또 그다음 해에도 교사들과 학교 관
리자들은 하나같이 그의 제안을 받아들이지 않았다. 기껏해야 커리

어 데이(career day : 직업 소개의 날 - 옮긴이) 행사에 두어 번 초대한 게 다였다. 루의 이웃들 역시 자신들의 전문 분야와 관련해서 도움을 제안했다가 비슷한 경험을 했다고 한다.

그러다 드디어 이번 해에 루의 막내딸이 다니는 초등학교에서 일명 '클러스터즈(clusters)'라는 보강 프로그램을 시작하면서 루를 초대해 소수 그룹의 4, 5학년생들에게 단편소설 강습을 해달라고 부탁했다. 루의 강습회를 들은 학생들의 반응은 열광적이었다. 전체 학교에서 청강생에게 숙제를 내는 클러스터(그룹)는 여기밖에 없다고 투덜대면서도 대다수 청강생이 5회 과정 동안 단편소설을 완성했고 회를 거듭할 때마다 글솜씨가 부쩍부쩍 늘었다. 루가 사정상 2회에 참석하지 못하는 바람에 그를 대신해 들어갔던 교사가 학생들의 몰입도에 깜짝 놀랐을 정도다.

루로서는 별로 놀랍지 않았다. 그 학생들은 제 손으로 선택해서 그의 클러스터에 들어온 만큼 몰입도가 높을 만도 했다. 하지만 모두들 글쓰기에 대한 관심이 지대했기 때문에 그의 작가로서의 배경을 보고 더 뜨거운 반응을 보였다. 똑같은 강습을 교사가 진행했을 경우에도 과연 그만큼의 반응을 보였을까? 지역 공동체와 학교 간 협력의 가치가 바로 여기에 있다. 그렇기 때문에 학부모가 자녀들의 학교에 도움을 제공해주는 일이 중요하다. 실력을 갖춘 뛰어나고 헌신적인 사람만큼 훌륭한 교사는 없다. 학부모나 또 다른 지역 공동체 일원이 학교교육을 적절히 보완해준다면 모두에게 도움이 된다.

과잉양육

이쯤에서 당부해둘 말이 있다. 학부모의 학교교육 참여가 중요하다는 사실은 증거를 통해서도 설득력 있게 뒷받침되고 있지만 넘지 말아야 할 선이라는 것도 있다. 전미사립학교협회(National Association of Independent Schools) 회장인 패트릭 F. 배셋에 따르면 부모가 '헬리콥터' 모드를 가동할 경우, 그러니까 헬리콥터처럼 "자녀의 머리 위를 맴돌다가 어려운 일이 생기면 바로 구조하러 내려오는" 식의 양육을 하게 되면 그것은 과잉양육에 해당된다.[8]

배셋이 말하는 과잉양육 부모란 자녀의 행복에 대한 걱정이 도가 지나쳐서 아이가 잘하는지 사소한 것까지 챙기는 일을 당연시하며 종종 아이의 성장에 상처를 입히는 그런 부모를 가리킨다. 그는 이런 헬리콥터 부모 중에도 특히 위험한 유형을 뽑기도 했다. 더 좋은 성적을 받게 해주려고 교사에게 로비를 하거나, 아이의 비행을 변명으로 감싸주거나, 심지어 아이를 처벌하면 법적 대응을 하겠다고 으름장을 놓는 부모다.

"그런 과잉양육을 통해 학생들이 배우는 교훈은 평생 의존하기다. '나는 힘든 일이 생겨도 이겨낼 능력이 없고 내가 저지른 나쁜 행동 때문에 벌어진 결과를 감당할 수도 없는데 얼마나 다행이야. 저렇게 나를 구해줄 부모님이 계시니까.' 이런 식이 되는 것이다. 자녀 대신 수강 신청을 해주는가 하면, 자녀의 첫 직장에 찾아가 근로계약서를 작성하는 자리에 협상자로 끼어들기도 하며, 대학을 졸업한 자녀에게 '생활비 절약 차원에서' 다시 집으로 들어오라

고 설득하는 부모들이 점점 느는 것도 다 이런 과잉양육 탓일지 모른다."⁹

인디애나대학교의 심리학자 크리스 메노(Chris Meno)도 같은 견해를 가지고 있다. 그녀는 한 개인으로서 당당히 서야 할 시기에 이런 유형의 상호의존 관계에 빠져 있는 학생들을 보면 참을 수가 없어서 "알아듣게 잘 설득시킨다"고 한다. 메노는 헬리콥터 양육이 대체로 좋은 의도에서 출발한다는 점은 인정한다. 다시 말해 자녀를 정말로 걱정하는 마음에서, 이전 세대들은 누리지 못했던 자녀와의 '친구 같은' 느낌 때문에, 세상의 위험으로부터 자녀를 보호하고 싶은 바람으로 시작되는 것이 보통이다. 다만 이런 부모는 자녀에게 별 이로움은 주지 못한 채 오히려 큰 해만 줄 소지가 있다.

"아이들은 스스로 난관에 맞부딪쳐 싸울 기회가 주어지지 않으면 문제 해결 능력을 제대로 기르지 못해요. 자신의 능력에 대한 자신감도 터득하지 못해서 자존감에 손상을 입을 수도 있어요. 난관에 부딪칠 필요 없이 부모가 다 챙겨줄 경우 문제는 그뿐이 아니에요. 실패를 경험하지 못하는 바람에 실패에 대한 두려움이 생기는 것도 문제예요. 실패해서 다른 사람들을 실망시키면 어쩌나 하는 두려움 때문에 위축되기 십상입니다."

메노의 말은 대학생들을 대상으로 한 것이지만, 전 연령대 학생들의 양육에 적용될 만한 지적이다. 자녀의 학습 내용과 진도를 꾸준히 챙기는 일은 칭찬받을 만한 일이다. 자녀를 대신해서 나서거나, 사실은 그 정반대가 명백함에도 자신의 자녀는 공부도 잘하고 행동도 나무랄 데 없는 모범생이라고 우긴다면 그건 잘하는 짓이 아니다. 학부모 모임과 학교위원회 회의에서 목소리를 내는 행동은 바람직하지만 자신의 자녀에게 특별한 권리를 얻어주려고 극성을 피우는 행동은 바람직하지 못하다.

▌가정과 학교의 관계

학교와 학부모가 서로 협력한다면 어떤 방법이 가장 바람직할까? 지금까지 소개한 여러 사례들을 들여다보면 학부모를 비롯한 성인들이 공동 프로젝트를 통해 학교와 파트너십 관계를 이루는 특징을 띠고 있다. 이런 공동 프로젝트는 학교 내에서 주도된 경우도 있고 학교 밖에서 일어난 경우도 있지만, 공통적으로 학교와 가정 간의 전통적 관계의 틀을 새롭게 재구성해준다.

『내 안의 창의력을 깨우는 일곱 가지 법칙』에서도 소개했지만 맨해튼의 초중등학교 블루스쿨은 혁신적 노력과 독특한 기풍이 주목되는 학교다. 블루스쿨은 블루맨그룹(Blue Man Group : 얼굴을 파랗게 화장하고 신명나게 무대를 누비는 행위 예술 그룹-옮긴이)이 "세계 변화를 위해 교육의 상을 새롭게 그린다"는 목적에 따라 세운 학교로서 다음의 두 질문을 토대로 삼고 있다.

"우리 아이들이 가치 있는 삶을 살아가게 하려면 교육에서 무엇이 중요할까? 아이들에게 살게 해주고 싶은 그런 세상을 위해서는 교육에서 무엇이 중요할까?"

블루스쿨이 내놓은 답은 "조화롭고 지속 가능한 세계를 만들기 위해 용감하고 혁신적인 사고를 할 줄 아는, 창의적이고 즐겁고 온정적인 학습자들의 공동체" 육성이다. 블루스쿨은 "교육에 대한 탐구 중심의 접근법"을 기준점으로 삼아 "창의성을 길러주고 우수한 학업 역량을 촉진하며 인간관계를 가르치고 학습열을 끌어올리기" 위해 노력하고 있다.

또한 블루스쿨은 "깊은 인간적 유대가 삶의 전면에 스며들 만한 기회를 마련해줌으로써" 아이들의 인성 교육을 위해 노력한다며 다음과 같이 밝히고 있다.

"우리가 추구하는 교육은 아이들이 상호존중, 협력, 리더십, 멘토링, 경청, 전인적 품성, 차이의 존중, 갈등 해결에 힘쓰도록 장려하는 것이다."[10]

교장인 앨리슨 게인스 펠(Alison Gaines Pell)은 이런 질문을 던진다.

"학교가 아이들의 지성을 낮춰 보는 대신 존중해주면 어떨까? 학교 커리큘럼을 아이들이 세상에 대해 갖는 의문과 궁금증을 기반으로, 또 우리 인간의 자연스러운 창조욕구와 행동욕구에 따라 구성해보면 어떨까? 창의성과 혁신을 억누르지 않고 키워주는 교육 관행을 발전시키는 건 어떨까? 학교가 발전을 방해하는 관례에서 벗어나고 토론과 실천 풍토를 마비시켜온 표준화시험에서 탈피해, 대담하게 행동하고 용감하게 변화에 맞설 발명가, 예술가, 변화 유도자를 키워내보면 어떨까? 학교에서의 학습을 우리 아이들이 앞으로 이끌어갈 삶의 유형에 맞게 조율하면 어떨까? 우리는 아이들이 어떤 삶을 살기 바랄까?"

블루스쿨의 핵심은 아이들의 양육과 교육에서 가정과 학교의 파트너십을 중시하는 신념이다. 학부모들은 1년 내내 학교의 활동과 상황 전개에 긴밀히 참여한다. 그것도 학부모로서만이 아니라 학습자로서도 참여한다. 블루스쿨에서는 학부모, 학생, 교직원이 다 함께 배우고 유대를 맺으며 같이 어울려 노는 것이 학교생활의 중요한 일부분이다.

"매년 가족 행사로서 토론 그룹, 친목 모임, 공식적 행사 등을 연다……. 학교의 임무와 비전을 촉진시킬 뿐만 아니라 성인 공동체 사이에 활기찬 유대를 만들어준다."

연중에 학부모들은 다음을 목표로 삼는 회의 등 여러 행사에 초대된다.

- 블루스쿨의 교육적 임무와 목적 촉구.
- 가정과 학교의 유대 강화.
- 학부모들이 학교 공동체에 적극적으로 참여하도록 지원.
- 가족들 사이에 탄탄한 유대감 쌓기.
- 블루스쿨 공동체의 모든 일원 사이에 효과적인 소통이 이뤄지도록 촉진시키기.
- 블루스쿨의 교육 틀에 대해 더 깊이 이해하기.

학교와 학부모 공동체 사이의 이와 같은 긴밀한 관계는 홍보나 선전 차원이 아니라 블루스쿨의 철학과 본질에서 핵심적인 자리를 차지한다. 다시 말해 블루스쿨의 교육상에 대해서, 그리고 아이들이 살아가고 지속시켜나가길 바라는 그런 세상에 대해서 새로운 그림을 그려내는 측면에서 중요한 역할을 맡고 있다. 이런 관계를 중요하게 여기는 곳은 블루스쿨만이 아니다. 학교교육과 관련해서 아이들의 입장을 옹호하는 조직 가운데 미국에서 가장 규모가 크고 가장 역사가 깊은 전미학부모교사연합회(National PTA)도 있다. 가정, 교육자, 지역 공동체 일원들로 구성돼 있고 수백만 명의 회원을 거느린 전미학부모교사연합회는 학생들을 성장시켜줄 만한 참여 형태로서 '가정 - 학교 간 파트너십의 전국 표준안(National Standards for Family-School Partnerships)'을 발표하며, 다음의 여섯 가지 표준을 제시한다.

1. 학교 공동체에 모든 가정을 기꺼이 맞아주기

가정이 학교생활에 적극적으로 참여하며 환영받고 존중받는 느낌 속에서 다른 가정이나 교직원들과 유대를 맺으면서 학생들의 수업 내용과 활동에 대해 연관성을 느낀다.

2. 효과적인 소통

가정과 교직원이 학생의 학습과 관련해서 정기적이고 의미 있는 쌍방향 소통을 나눈다.

3. 학생들이 잘 해나가도록 격려해주기

가정과 학교에서 학생의 학습과 체력 증진을 위해 가정과 교직원이 지속적으로 협력하며, 효과적인 협력을 위한 지식과 기술을 터득할 기회도 정기적으로 갖는다.

4. 아이들의 편이 되어주기

자기 아이는 물론 다른 아이들을 옹호해주고, 학생들이 공평하게 대우받으면서 학습 기회를 누리도록 보장해줄 만한 권한이 가정에 주어진다.

5. 권한의 공유

가정과 교직원이 아이들과 가정에 영향을 미칠 만한 결정에서 공평한 상대가 되며, 정책, 실습, 프로그램과 관련해서 정보 제공권, 영향 행사권, 편성권을 공유한다.

6. 지역 공동체와의 협력

가정과 교직원이 지역 공동체 구성원들과 협력해 학생, 가정, 교직원들이 확대된 학습 기회, 지역 공동체 활동, 시민참여에 쉽게 다가가도록 다리를 놓는다.[11]

전미학부모교사연합회 회장 오타 손턴은 이렇게 밝힌다.

"가정참여는 아이들의 숙제를 도와주고 학교 회의에 참석하고 교사들과 정기적으로 연락을 나누는 정도로 끝나는 게 아니다. 모든 학생이 세계적 수준의 교육을 받는 데 필요한 자원을 확실히 얻기 위해서 학교위원회, 주 정부, 연방 정부를 지지하는 것 또한 가정 참여에 해당된다."[12]

미국 교육부도 가정 참여에 대해 견해를 보태며, 보고서 〈교육의 파트너 : 가정 – 학교 간 파트너십을 위한 이중 능력 함양의 프레임 워크〉를 발표한 바 있다.[13] 이 보고서에서는 가정과 학교 간 협력의 중요성을 강조하며 학부모와 교육자가 추구해야 할 환경, 목표, 성과들을 제안했다. 또한 보고서에 소개된 프레임워크(기준 틀)는 학교나 가정 모두에게 협력할 여지가 부족한 비효율적 파트너십에서 벗어나 효율적 파트너십으로 옮겨갈 방법을 알려주며, 학교와 가정이 '4C'에 해당하는 능력(capabilities), 유대감(connections), 인지(cognition), 자신감(confidence)을 통한 협력으로 학생의 성취를 격려해줄 수 있는 파트너십을 제시했다.

이 프레임워크는 교육자들에게 가정의 지혜와 상호연결성을 인정할 기회뿐만 아니라 학부모 참여를 환영하면서 학부모와 학교 간 상호작용으로 학생의 학습을 개선하는 문화를 만들 기회를 제시해주고 있다. 한편 가정에는 "인종적, 민족적, 교육적 배경이나 성별, 장애, 사회경제적 지위에 상관없이" 학부모가 아이들을 응원하고 격려하고 옹호해줄 수 있는 환경을 제시해줄 뿐만 아니라 학습 모델로서의 역할도 해준다.[14]

가정의 참여는 중요하지만 이런 가정 참여가 가능해지려면 학교의 역할이 중요하다. 즉 대개는 학교들이 학부모 워크숍을 권하고, 정기적으로 대면 미팅을 갖고, 교사와 가정과 지역 공동체 간에 신뢰성 있는 협력적 관계를 세우는 등의 일에 적극적으로 나서야만 한다.

한편 조지 루카스 교육재단(George Lucas Educational Foundation)이 출범시킨 비영리 단체 에듀토피아에서는 학생들이 다니고 싶어할 만한 학교를 만드는 데 유용한, 교육자들을 위한 10가지 팁을 제시하고 있다. 이 팁은 학부모들이 자녀의 학교와 상호작용하는 지침으로서도 유용하다.[15]

1. 학부모가 있는 곳으로 찾아가라

페이스북, 트위터, 핀터레스트 같은 소셜 네트워크 서비스를 활용해 결속을 이어가고 상호작용을 촉진시킨다.

2. 누구든 환영하라

지역 공동체의 가족 중에 영어가 모국어가 아닌 이들도 많다는 사실을 인정하고 기술을 활용해 이런 가족들과의 원활한 소통에 힘쓴다.

3. 가상 공간을 활용하라

웹 기반 도구를 활용해 '교실에 가상의 창문'을 낸다. 에듀토피아가 운영하는 교실 소셜 네트워킹 사이트 에드모도(Edmodo)와 숙제관리 도구인 블랙보드런(Blackboard Learn)을 추천하고 싶다.

4. 스마트폰, 스마트 스쿨

에듀토피아에서는 가정을 참여시키기 위해 이런 도구를 활용하는 것을 지지하며, 편리한 단체 문자와 여러 가지 앱의 이용도 권한다.

5. 미디어의 소식을 놓치지 마라

현재의 미디어 동향(예를 들어 교육 관련 신간 서적의 발간 등)을 활용해 학교 활동과 교육 개혁을 주제로 토론을 하는 기회로 삼는다.

6. 독서를 가족사로 만들어라

리드 어크로스 아메리카(Read Across America : 미국 어린이들에게 독서를 권장하는 전국 규모의 행사－옮긴이), 퍼스트 북(First Book : 저소득 가정의 어린이들에게 책을 지급해주는 단체－옮긴이) 같은 프로그램을 활용해 독서가 가족 생활의 일부가 되도록 장려한다.

7. 가정으로 찾아가는 대화

학부모와 교사 간 상담 패턴을 뒤집어 교사가 학생의 집을 방문한다.

8. 학생 주도의 상담

학생에게 학부모－교사 상담의 주도권을 내줌으로써 자신의 노력물을 보여주기도 하고 자신의 장점, 어려움, 목표를 밝히게 해준다.

9. 가족 활동 장려

학교 행사를 통해 가족이 함께 행동하고 놀 만한 가족 활동을 장려한다.

1990년대 말에 LA 카운티 공립학교들은 대도시 빈민가 학교들의 개선을 위한 포괄적 접근법을 찾기 위해 한 가지 연구를 주도했다. 이 연구의 핵심 포인트는 학부모의 참여가 절대적으로 중요하다는 점이었다. 하지만 학부모의 참여를 유도하기란 대도시 빈민가 학교들에게는 특히 어려운 도전이었다. 대다수 학부모가 영어를 거의 못하거나 아예 못하는데다 일을 닥치는 대로 몇 개씩 하느라 학교 행사나 교사 상담에 나올 여유가 없었기 때문이다.

게다가 비영어권 출신 학부모들은 대개 학교제도로부터 소외당하는 느낌을 받았다. 영어를 모르면 자녀의 교육에 참여할 수 없다는 말을 듣는 듯한 기분을 느꼈다. 그래서 이 연구를 계기로 출범한 프로젝트 '패밀리즈 인 스쿨스(Families in Schools)'에서는 모든 장애물을 무릅쓰고 학부모, 학생, 교육자들을 공통의 목적 아래 한데 모으는 것을 목표로 삼고 있다.[16]

패밀리즈 인 스쿨스의 회장 오스카 크루즈(Oscar Cruz)는 나와 대화하면서 이렇게 말했다.

"지금이야 아이들과 교육을 응원하기 위해선 학부모 참여가 중요하다는 인식이 확산돼 있지만 당시에는 학부모 참여를 장려하기 위해 학교가 어떤 역할을 해야 하는지에 대한 인식이 부족했습니다. 학부모 참여는 학부모가 알아서 해야 하는 문제로 인식됐지요. 어떤 학부모가 도움을 요청하러 왔다고 칩시다. 그런데 그 학부모가 다른 언어로 말을 하는 경우, 교직원은 그 학부모를 쳐다보며 이렇게 말하는 식이었죠. '저기요, 영어를 배우셔야 합니다. 먼저 영어부터 배우셔야 저희가 도와드릴 수 있어요.' 학부모로선 장벽에 가로막히고 마는 겁니다. 그래서 저희가 세웠던 학부모 참여 전략은, 학교에 어떤 학부모가 찾아오더라도 환영받고 존중받는 기분을 느끼게 해줄 만한 전문 능력을 개발하는 것이었습니다.

교육이 학부모를 어떻게 대하는지 주의 깊게 살펴보면 아주 견고하게 확립된 이해관계들이 보입니다. 노조가 언제 학부모 피드백이 교원 평가에 반영되는 것을 지지해주던가요? 노조가 교육구의 계약 협상에서 학부모의 목소리가 더 높아지는 것을 지지한 적이 있던가요? 관료제가 아주 막강하고 교육 정책이 단호하다 보니 학생의 성취도와 관련된 이해관계까지 밀어내는 경우가 비일비재합니다.

저희는 전부터 줄곧 학부모들의 그런 곤란함을 인식하고 있었습니다. 문제는 학교가 학부모를 보다 환영하고 지지해주도록 학교 내에 변화를 일으키기 위해 '어떠한 환경이 필요한가' 하는 것이었죠. 특히 저소득층 비율이 현저히 높은 지역 공동체에서 어떤 환경이 필요할지가 고민이었습니다."

패밀리즈 인 스쿨스는 이 문제를 세 가지 측면에서 다루고 있다. 그 하나가 문화적 관련이 있는 수업 소재를 만드는 것으로, 학부모가 자녀의 학교에 더 적극적으로 참여할 방법을 배우게 하려는 의도에서 기획됐다. 또 하나는 훈련을 통해 교직원에게 학부모와 유대를 갖는 효과적인 방법을 알려주는 것이다. 마지막으로 세 번째는 앞의 두 가지 부문에 대한 투자를 촉진하기 위해 교육구 차원의 정책 변화를 주장하는 일이다. 패밀리즈 인 스쿨스는 자금 사정상 훈련비 마련이 여의치 않을 경우엔 교직원 훈련을 자체적으로 수행하기도 한다.

오스카가 판단하기에는 학부모 참여를 더 많이 유도할 방법은 하나뿐이다. 즉 학부모가 가정에서 자녀의 학습에 더 많이 참여하도록 지원해주는 것이다. 실제로 패밀리즈 인 스쿨스에서는 이런 지원을 위해 아주 흥미로운 프로그램 두 가지를 시작했다. 하나는 교실 밖 독서를 장려하기 위해 이 단체가 후원해주고 LA 지역 학교들이 참여하는 '100만 단어 도전(Million Word Challenge)'으로, 학부모 참여가 중요한 대회다. 학부모가 독서 카드를 만들도록 도와주고 아이들이 책을 읽을 때마다 서명을 해줘야 하기 때문이다. 또 한 가지는 도서 대출 프로그램 '리드 위드 미(Read With Me)'다. 책으로 가득 채운 가방 20개를 여러 교실에 보내면 학생들이 집으로 가져가서 가족들과 함께 읽는 프로그램이다. 이 프로그램이 제공하는 책들의 이용 편리성 덕분에 하루 독서 시간이 20분 늘기도 했다.

"요즘엔 학부모 참여에 관심이 높아졌습니다. 뉴스에서 기사로 다뤄지는가 하면 주 차원의 정책에서도 고려되고 있어요. 학부모들이 학교를 통제하면서 변화를 요구하기도 하지요. 이제 학부모들은 미리 대처할 만한 정보를 더 많이 얻고 있습니다. 제가 보기에 긍정적인 면은 이외에도 더 있습니다. 바로 힘 있는 자리에 앉게 되는 히스패닉계와 소수계 리더들이 늘면서 그쪽 사람들의 문제가 무엇인지 제대로 짚어주며 해결책을 만들고 있다는 점입니다.

학교에서 학부모 참여가 이뤄지는 방식 중에는 학부모가 공식적으로 영향력을 발휘할 수 있는 방식도 있습니다. 사친회(Parent - Teacher Association)나 학교 자문위원회 같은 곳 말입니다. 하지만 민주적 조직은 아직 실현되지 않았습니다. 사람들의 결정에 도움을 줄 정보가 막힘없이 흘러야만 보편적 이해와 존중이 가능해집니다. 학부모들이 파트너가 되기 위해서는 정보 공유가 잘 이뤄져야 하며 그렇게 되도록 하는 것이 학교의 책무입니다."

오스카 크루즈와 패밀리즈 인 스쿨스의 직원들이 학부모와 대도시 빈민가 학교들 사이의 역동성에 변화를 일으키기 위해 노력해온 이유는 그것이 모든 사람과 관련된 문제이기 때문이다. 현재 사는 곳이 어디이고 사회경제적 지위가 어떠하든 간에 학부모들이 자녀의 교육에 적극적 관심을 가질수록 그 자녀가 훌륭하게 자랄 가능성은 훨씬 더 높아진다.

▌아이 맞춤형 학습,
  홈스쿨링

자녀의 교육에서 학부모 참여가 가장 높은 분야는 홈스쿨링이다. 홈스쿨링은 지난 수년 사이에 탄력을 얻으면서 한때는 별난 사람들의 전유물로 취급됐으나 이제는 주류로 들어서고 있다. 미국 교육부에 따르면 2011~2012학기에 학령기 아동의 약 3퍼센트가 홈스쿨링을 받았다고 한다.[17] 홈스쿨링을 매력적 대안으로 선택하게 되는 이유는 여러 가지다. 그중 한 가지만 들어보면, 앞에서 교육의 개인 맞춤화에 대해 이야기하며 다뤘던 여러 가지 문제를 홈스쿨링이 해결해주기 때문이다. 즉 표준화시험에 매달리지 않으면서 아이들이 가장 끌리는 열정과 관심사를 발견할 기회를 주기 때문이다.

『아슬아슬한 학습의 해』에서 저자 퀸 커밍스는 그녀의 딸 앨리스에게 홈스쿨링을 했던 체험담을 풀어놓았다.

> 앨리스의 아빠와 나, 우리 두 사람은 딸을 어느 누구보다 잘 알았고 딸이 학교 공부에 그다지 마음을 붙이지 못하고 있다는 사실을 더는 못 본 체할 수가 없었다. 주위에서 '나태하다'는 말을 공손한 표현으로 이렇게 저렇게 돌려 말하는 사이에 앨리스는 '잠재력을 제대로 발휘하지 못하고 있었다'. 그런데다 딸의 과중한 숙제가 갈수록 늘어날 것을 생각하면 그것도 걱정스러웠다. 그만큼 시간 여유가 줄어들어 뜻밖에 생긴 호기심을 파고들거나 그때그때 마주친 문제를 더 깊이 있게 탐구하거나 엉뚱한 일에 푹 빠져보거나 불쑥 영감이 떠올랐을 뿐 딱히 이유도 없이 뭔가를 만들어볼 만한 기회가 없어질까봐 초조했다. 나는 욕심 많은 엄마였다. 딸이 지성을 한껏 과시하며 자신감을 펼치길 바라면서도 다른 한편으론 친구들과 어울려 놀고 책도 읽고 음악도 듣고 딱히 가야 할 곳도 할 일도 없이

멍하니 긴 오후의 따분함을 기분 좋게 즐기기도 바랐다.[18]

퀸 커밍스는 이 책에서 홈스쿨링을 옹호하는 가장 주된 이유를 넌지시 비쳤다. 아이의 소질에 맞춰 밀어줘야 할 방향으로 아이를 밀어줄 수 있을 뿐만 아니라 아이에게 즉흥성과 발견의 여지를 풍성하게 허용해줄 수도 있다는 점이다.

로건 라플란테는 이 견해를 지지할 것이다. 로건은 4학년부터 홈스쿨링을 받아왔는데, 이런 방식의 교육을 통해 특정 분야에서 더 많이 분발하는 동시에 여전히 폭넓은 교육을 받고 있다고 느낀다. 다음은 로건과 나눈 말이다.

"전 특정 분야에 확실하게 집중하고 있긴 하지만 그렇다고 다른 분야를 대충대충 넘어가는 건 아니에요. 여전히 학교에서 배우는 분야를 다 공부하고 있어요. 공부하는 방식이 다를 뿐이에요. 제 커리큘럼은 일종의 짬뽕이에요. 저도 전통적 과목인 수학을 공부해요. 온라인상으로요. 하지만 현장실습을 나가서 디자인을 통해 수학을 배우기도 해요. 저같이 홈스쿨링을 하는 애들도 특정 학년에서 배워야 하는 분야를 다 공부해요."

로건은 이런 방식이 전통적 방식보다 훨씬 더 가치 있는 경험이라고 생각한다.

"제 친구들이 그렇게 버거워하며 쩔쩔매는 이유는 역사를 공부했다가 바로 수학, 또 바로 과학 수업을 받느라 제대로 몰입하지 못하기 때문이에요. 친구들은 더 깊이 몰입하고 싶어하고, 더 많은 과목을 하나의 주제로 통합해서 배우고 싶어해요. 이번 가을에 제가 받았던 정부 관련 수업처럼요. 그 수업에서는 정부에 대해 배우면서 남북전쟁까지 거슬러 올라가는 역사 공부도 하고 예술 공부도 같이 하는 식으로 여러 과목을 하나의 주제로 묶어서 배웠거든요."

2013년에 로건은 네바다대학교에서 열린 TEDx에서 강연을 했다. 이 자리에서 로건은 자신은 마음대로 다양한 자원을 활용하여 자신에게 가장 적합한 커리큘럼을 짜서 자신의 교육을 '해킹'해왔다며 다음과 같이 얘기했다.

"저는 지역 공동체 속에서, 그리고 친구들과 가족의 네트워크 속에서 여러 기회를 활용합니다. 제가 배우는 것을 직접 체험해볼 기회도 활용합니다. 더 뛰어나고 더 빠른 성과를 얻기 위해 초조해하며 지름길을 찾거나 악착같이 공부에 매달리지 않습니다."[19]

일부 부모들은 자녀의 홈스쿨링을 혼자서 전적으로 도맡으며 온라인 강의, 특별 과외, 지역 공동체의 다양한 프로그램으로 보충한다. 하지만 로건은 지역 공동체 내에서 다른 홈스쿨링 아이들과 같이 소수 그룹을 꾸려서 더 폭넓은 그룹의 선생님들과 같이 공부하고 있다.

"우리 선생님들 중에는 네바다대학교 리노캠퍼스의 화학과 교수님도 계세요. 정규 학교에 근무하는 엄마들이 아까 말한 그 정부 수업 같은 여름 수업을 맡아주기도 해요. 또 어떤 분은 문학 박사셔서 글쓰기 교사가 되어주기도 해요. 우리 그룹은 약 8주에 걸쳐 모임을 가지면서 일주일에 한두 개씩 수업을 받아요."

홈스쿨링에도 나름의 문제가 있다. 전미교육협회(National Education Association)는 최근 홈스쿨링을 둘러싼 논쟁에 끼어들며 "부모의 선택 위주로 구성된 홈스쿨링 프로그램은 학생에게 포괄적 교육 체험을 제공해주지 못할 것"이라는 견해를 밝혔다.[20] 홈스쿨링이 사회화를 저해한다며 우려하는 사람들도 있다. 그리고 당연히 비용의 문제도 있어서 연간 비용이 수천 달러에서부터 1만 달러가 넘기도 한다. 마지막으로 날마다 자녀들과 몇 시간을 함께 보낼 각오도 필요하다. 한마디로 홈스쿨링은 학부모 참여도가 만만치 않은 수준이라는 얘기다. 이 모두가 가볍게 생각할 문제는 아니지만, 반대론보다 찬성론에 귀 귀울이는 부모들이 점점 늘고 있다. 확실히 개인 맞춤형 학습의 관점에서는 홈스쿨링이 궁극적 형태의 가정 참여라는 점을 부인하기 힘들다. 그리고 가정에서든 학교에서든 교육을 더 개인적이고 몰입적이며 충족감 높게 만드는 것, 그것이 바로 개인 맞춤형 학습의 본질이기도 하다.

제10장

교육을 둘러싼
환경이 변하고 있다

학교에서 아무리 혁신의 노력을 기울인다 해도 학교 문화는 주위의 정치적 풍토에 결정적 영향을 받게 마련이다. 학교에 필요한 변화는 지역과 국가의 정책이 사실상 그 변화를 뒷받침해줘야 더 수월하게 뿌리를 내린다. 따라서 정책 입안자들은 그런 변화가 일어나도록 도와주는 측면에서 자신들이 어떤 역할을 맡고 있는지 이해할 필요가 있다.

정책 입안자들은 누구를 말할까? 학교가 반드시 따라야 할 조항과 실질적 조건을 정하는 모든 사람들이다. 학교위원회 일원, 관리자, 정치가, 노조 지도자들이 여기에 해당되며, 이들은 때로는 서로 충돌하기도 하는 다양한 이해관계로 복잡하게 얽혀 있다. 세계 곳곳에서 온갖 단계의 교육 정책 입안자들과 일을 해왔던 경험에 비춰보건대, 그들 대부분은 자신의 영향력이 미치는 학교들을 위해 열정을 다하며 학생들을 위해 옳은 일을 하고 싶어한다. 어려운 환경에서도 최선을 다하는 사람들 또한 많다. 좋은 의도로 정책을 추진했으나 이 정책이 예기치 못하게 애초의 목표를 좌절시키면서 당혹감을 맛보는 이들도 있다.

지금까지 살펴봤듯이 교육은 환경이 워낙 복잡해서 정책을 세우기가 여간 만만치가 않다. 이런 마당에 정책이 잘못된 목적에 집중한다거나 학교들이 정말로 수행해야 하는 방법과 어긋나는 전략이 세워진다면 문제는 더 꼬여버린다. 그렇다면 학교 혁신에서 정책 입안자들의 전반적 역할은 무엇이 되어야 할까? 학교가 교육의 기본 목적에 부응하도록 정책 입안자는 경제적, 문화적, 사회적, 개인적으로 어떤 일을 해야 할까?

* * * * *

이 물음에 답을 제시하기 전에 먼저 짚어볼 부분이 있다. 지금부터 미국에서 가장 빈곤한 지역에 드는 곳에서 정책 입안자와 교육자들이 합세한 일단의 그룹이 교육 문화를 변화시키기 위해 어떤 노력을 펼치고 있는지 살펴보자. 이들은 이 지역 공립학교의 혁신적 변화를 이끌기 위해 표준화 문화의 한계를 넘어서려 노력 중이다.

▌변화를 성공시키는 효과적인 방법

사우스캐롤라이나 주는 수치상으로 내세울 것이 별로 없는 상황이다. 국가교육성취도평가(National Assessment of Educational Progress, NAEP)만 보더라도 2013

년 (NAEP 평가 당시) 4학년과 8학년 가운데 읽기와 수학 부문에서 우수나 양호의 성적을 받은 학생의 비율이 미국 전체 평균보다 낮았다. 고등학생의 4분의 1은 중도에 학업을 그만두고, 졸업생 가운데 40퍼센트는 보충 학습을 받아야만 대학에 들어갈 만한 수준이다.[1] 안 그래도 재정난에 허덕이는 사우스캐롤라이나 주는 이 보충 학습 프로그램으로 인해 연간 약 2,100만 달러를 지출하고 있는 형편이다. 여론 조사 결과 사우스캐롤라이나 주 공립학교에 다니는 자녀를 둔 학부모의 4분의 3은 제도에 대대적 변화가 필요하다는 견해를 보였다.

이처럼 상황이 혁신을 일구기에 상당히 버거운 조건이었지만 헌신적인 교육자들로 구성된 일단의 그룹이 도전에 나섰다. 2012년 10월 이들은 주 교육위원회에 혁신 보고서를 제출했다. 문제점과 도전 과제들을 제시하며 주의 도움을 요청하는 내용이었다. 주의 몇몇 리더들은 경제 개발에 주력하는 비영리 단체 뉴캐롤라이나(New Carolina)를 추천했고, 이들 그룹은 뉴캐롤라이나와 모임을 가진 후에 함께 트랜스폼SC(TransformSC)를 추진했다. 내가 이 글을 쓰고 있는 현재도 이 프로그램은 여전히 추진력을 끌어 모으는 중이지만, 그 야심과 접근법을 보면 주의 교육제도를 새로운 방향으로 이끌 희망이 엿보인다.

뉴캐롤라이나의 교육 부문 책임자인 모리야 잭슨(Moryah Jackson)이 나와의 대화에서 밝혔듯이 뉴캐롤라이나는 "서로의 연결점을 찾아 초당파적으로 사람들을 끌어 모을 수 있는 단체"로서 자부심을 갖고 있다. 그런 만큼 프로그램의 첫 단계는 대중이 사우스캐롤라이나 주의 교육 개선에 필요한 가장 중요한 변화가 무엇이라고 생각하는지 헤아리기 위해 지역 공동체 속으로 들어가 보는 일이었다. 이미 혁신안이 제시되었으나 대대적 변화에 지속성을 확보하기 위해서는 대중의 정서와 조화를 맞춰야 했다. 모리야는 이렇게 말했다.

"반응이 정말 굉장했어요. 상원의원, 하원의원, 시 공무원, 학부모, 교사들 모두가 인상적인 반응을 보였죠. 다들 앞으로의 상황에 정말로 관심을 갖는 것 같았어요. 그런 반응 덕분에 저희로선 아주 탄탄한 기반이 마련됐죠.

저희는 사람들에게 변화가 가능하다는 점을 보여주고 싶었어요. 그래서 현재로선 단기적으로 모두를 합심시키기 위해 노력 중이에요. 21세기형 졸업생이 갖춰야 할 특성에 대해 학교 관리자들의 의견을 일치시키는 한편, 주의 상공회의소에서도 그런 특성을 받아들이도록 애쓰고 있어요. 교육자와 비즈니스 리더들이 그런 특성과 어긋나는 이야기를 하는 경우가 많기 때문에 이 일은 중요한 문제예요."

학교 관리자들과 수차례 토론과 회의를 거치면서 확실히 드러난 사실이 있다. 이 책에서 쭉 살펴봤던 그런 실용적이고 협력적인 프로그램에 더 많은 초점을 맞췄으면 하는 바람들이 주 곳곳에 확산돼 있었다. 사우스캐롤라이나 주의 학교들은 기술과 프로젝트 중심의 학습 모델로 전환시키고 문제 해결이나 소통 능력 같은 저평가된 역량을 육성하며 교사들에게 대폭적 재량권을 부여하는 동시에 성과에 대한 책무성을 그대로 유지하는 일 등에 우선순위를 부여했다. 주 전역에 걸쳐 새로운 평가 방식이 필요하다는 강한 공감이 나타나기도 했다.

"저희는 형성적 평가(수업이 진행되는 과정에서 그 수업이 주어진 수업목표를 향해 정상적인 진전을 보여주는지를 계속 점검해나가는 평가-옮긴이)와 총괄적 평가의 필요성을 느끼고 있습니다. 실시간 데이터가 필요하다는 말입니다. 이런 평가가 마련된다면 교사들은 연말까지 시험을 기다렸다가 그다음 해가 되어서야 시험 결과를 받아들일 필요가 없어집니다. 교사들에게는 시험 성적으로는 측정되지 않는 비인지적 평가가 필요해요. 시험 성적으로 어떻게 리더십을 평가하겠어요? 또 소통 능력은요?

저희의 장기적 목표는 최소한 90퍼센트의 학생이 고졸 학력이나 대입 준비 수준의 실력을 갖추게 해주는 겁니다. 그렇다고 꼭 시험 성적을 올리겠다는 의도는 아니에요. 그 부분은 현명하게 다루려 애쓰고 있어요. 어쨌든 저희가 바라는 바는 교실 수업에 현실 세계가 더 많이 반영됐으면 하는 거예요. 세상은 시시각각 변하고 있어요. 우리 학생들이 지식 경제 속에서 경쟁에 뒤처지지 않도록 준비시켜줘야 해요."

뉴캐롤라이나에서 주도하는 이 프로그램의 토대는, 교장과 교사들에게 학교의 성취 문화 전반을 개선시킬 권한을 부여하는 것이다.

"지금 그분들에게는 독자적으로 시도할 만한 유연성 넘치는 여러 가지 혁신안이 있습니다. 단지 이런 말을 해줄 사람이 필요할 뿐입니다. '괜찮은 구상이네요. 우리가 밀어드릴게요. 의회에서 이 구상을 지지해드릴게요.' 사우스캐롤라이나 주에서는 구조적 측면상

관리자와 교사들이 혁신을 추구하기가 위험합니다. 사우스캐롤라이나 주는 각 교육구에 학교위원회가 있고 이 학교위원회에서 관리자를 채용합니다. 주 관리자의 권한도 많지 않습니다. 관리자가 지역 공동체의 불만을 샀다간 짤릴 위험이 있어요. 그래서 저희는 사람들을 설득하는 중이에요. 이들 관리자와 교사들이 옳은 일을 하려고 하니 지지해줘야 한다고요."

프로그램을 시작하면서 부닥친 최대 난제 중 하나는 학교와 교육에 대한 고착화된 사고방식이었다. 변화가 필요하다고 생각하는 학부모와 의회 의원들조차 고착화된 사고방식에 매여 있다.

"몇십 년 만에 처음으로 모두가 변화의 필요성에 공감하고 있지만 문화를 바꾸기란 어려운 일이에요. 다들 학교의 일반적 모습이 뇌리에 박혀 있어서 지금의 학교 모습에 강한 애착을 갖고 있어요. 저희가 학교라는 인상이 들지 않을 정도로 건물을 완전히 새롭게 디자인하자는 식의 얘기라도 꺼내면 지역 공동체의 이런저런 논쟁에 부딪히게 됩니다."

많은 사람들이 사우스캐롤라이나 주 렉싱턴에 있는 리버블러프스고등학교의 진보적 건물 디자인이나 탐구 학습 커리큘럼 그리고 교재나 사물함이 별로 없는 부분에 대해 놀라워한다. 그중에는 학교라는 생각은 안 들고 무슨 스타벅스 건물 같다며 불만스러워하는 이들도 있다. 사우스캐롤라이나 주에서 시행 중인 트랜스폼SC 프로그램은 세계 어디에서나 개혁가들이 직면해온 벽에 직면해 있다. 바로 새로운 비전이 오랜 기간 지켜져온 비전과 크게 충돌할 경우의 분열 가능성이다.

"변화를 유도하는 효과적인 방법은, 공교육에 대해 논의할 때 말하는 방식을 달리하는 거예요. 저희가 밝은 면을 부각시키려 하면 반대자들도 대개는 이렇게 말합니다. '흠, 그렇게 나쁘진 않은 것 같군요. 듣고 보니 실행 가능할 것도 같네요.' 저희는 진행 중인 일에 대해서도 아주 치밀하게 말합니다. '그 학교가 실패한 이유는 높은 빈곤율 때문이에요.' 이런 식으로 말하는 대신 빈곤율 높은 학교들 중에 성공적으로 운영되는 학교에 대해 얘기합니다."

이 프로그램은 착수 단계를 지나 이제는 자리를 잡아가면서 차츰 탄력을 얻어가는 중이다. 2013년 가을에는 37개 학교가 이 프로그램에 참여하면서 참여율이 크게 높아졌다.

┃ 학교 스스로 혁신할 수 있는 환경 만들기

트랜스폼SC를 비롯해 그동안 소개한 여러 사례들이 보여줬듯, 위로부터의 정책은 철저히 혁신을 장려하는 방향으로 초점이 맞춰져 있다. 학교가 스스로 혁신할 수 있도록 환경을 조성해주는 일을 가장 중요시한다. 그렇다면 정확히 어떤 환경을 조성해줘야 할까?

앞에서도 얘기했듯이 교육에서 효과적인 리더가 되기 위해 정말로 필요한 역할은 명령과 통제가 아니라 풍토의 통제다. 교사와 교장들이 학생들과 지역 공동체가 성장할 만한 환경을 만들어줘야 하듯 정책 입안자들의 역할도 그 자신이 봉사해야 하는 학교와 지역 공동체의 네트워크를 위해 그런 성장의 환경을 만들어주는 것이다.

다시 한 번 강조하지만 교육은 건강, 생태 환경, 공평성, 배려의 원칙을 바탕으로 삼아야 한다. 이 원칙을 실행하기 위해서 정책 입안자가 해야 할 일은 특정 환경을 촉진하는 일이다. 이런 환경은 이 책 전반에 걸쳐 소개한 여러 사례 속에도 은연중에 내포돼 있었는데, 지금부터는 구체적으로 하나하나 짚어보자.

건강(건전성) 촉진

_학습열

효과적인 교육을 위한 기본적 전제조건은 학생의 학습열을 불붙여주는 일이다. 그러려면 학생들의 학습 과정을 이해하고, 다양한 커리큘럼을 제공해주며, 학습을 방해하기보다 동기를 자극해주는 지도법과 평가법을 지지해야 한다. 학생들이 학교 수업에 몰입하지 못한다면 교육의 이름으로 행해지는 그 외의 모든 것이 무슨 소용이 있겠는가. 비용 면에서도 학생들이 흥미를 잃거나 중도 포기하면서 치르게 되는 비용이 학교에서 처음부터 학생들에게 학습열을 자극해주기 위해 들이는 비용보다 훨씬 많다.

_전문적 교사들

이 책을 시작하면서 학습과 교육의 차이를 구별한 바 있다. 교사의 역할은 학습의 촉진이며, 학습의 촉진은 전문적 분야의 일이다. 그런 이유로 성취도 높은 학교제도들이 하나같이 우수 교원의 채용과 보유는 물론 지속적 전문 능력 개발을 그렇게 중시하는 것이다. 세상을 다 뒤져도 교사들보다 더 신뢰할 만한 교육제도는 없다.

_비전의 함양

사람은 뜨거운 비전과 목적의식으로 동기부여되면 기적을 이뤄내기도 한다. 비전이 동기를 자극하려면 개인적으로 와 닿는 비전이어야 한다. 아침에 일어나 주의 읽기 표준 성적을 높이기 위해 자신이 무엇을 할 수 있을지 생각하는 학생이 얼마나 될까? 하지만 자신의 개인적 목표를 위해 읽고 쓰고 계산하고 노래하고 춤추고 탐구하고 실험하고 싶어하는 아이들은 셀 수 없이 많다. 이런 아이들을 응원해주고 싶어하는 학부모와 교사들도 셀 수 없이 많다. 아이들에게 필요한 것은 자신의 관심사와 환경에 맞는 정책과 비전이지, 추상적인 정치적 경쟁에서 데이터 점수로 전락되는 것이 아니다.

생태 환경 육성

_감화력 있는 리더

훌륭한 제도에는 훌륭한 리더가 필요하다. 학생들이 격려해주는 교사들에게 자극받고 학교가 비전 있는 교장에게 자극받는 것처럼 학교 네트워크도 해당 지역 학교에 영향을 미치는 리더십에 대해 신뢰감이 필요하다. 학교들로선 정책 입안자들이 지도와 학습에 따르는 일상적 문제를 제대로 이해하고 있고, 또 자신들이 추구하는 정책에서 학교의 이익을 최대한 고려하고 있다는 느낌이 필요하다. 정책 입안자들이 학교의 성취도를 끌어올리려면 반드시 일선 현장의 실무자들에게서 신뢰와 헌신을 끌어내야 한다.

_조율과 조화

건강한 제도는 통합적으로 굴러가면서 각 요소들이 다른 요소들을 서로서로 떠받쳐준다. 교육도 이와 같아야 한다. 교육처럼 수많은 하부조직과 역동성이 존재하는 복잡한 제도에서는 여러 이해관계 그룹들의 편향들이 조율되지 못할 위험이 상존한다. 훌륭한 제도에서는 교육의 비전이 제도의 모든 단계와 수준에 걸쳐 실행과 세밀하게 조율돼 있다. 제도 속에서 실제로 활동하는 것은 살아 있는 사람들이므로, 이들 간 경험의 조화는 부차적이 아닌 최우선 순위로 고려해야 할 사항이다.

_적절히 집중된 자원

성취도가 높은 교육제도들은 자원이 풍부하다. 자원은 금전적인 것만이 전부가 아니다. 교육의 질이 반드시 투입되는 자금에 따라 결정되는 것은 아니다. 실제로 한정된 기금에도 불구하고 아주 우수한 교육을 실시하는 학교들의 사례를 앞에서도 살펴보지 않았는가? 반면에 미국은 1인당 교육 지출비가 세계의 그 어느 나라보다 높은데도 최고의 제도를 가지고 있다고 주장할 처지가 못 된다. 모든 일은 자원이 어디에 집중되느냐에 달려 있다. 성취도가 높은 제도들의 경우에는 특히 전문 능력 훈련, 적절한 기술 육성, 개개 학교들의 역량 밖에 있는 활동에 대한 공동 지지 기반에 투자하고 있다.

공평성 촉구

_파트너십과 협력

표준화운동은 학생, 교사, 학교, 교육구끼리의 경쟁에 뿌리를 두고 있다. 물론 교육에는 경쟁의 여지가 있고, 그것은 삶의 다른 영역도 마찬가지다. 하지만 사람들을 서로 겨루는 관계로 설정하는 제도는 성취 동력의 역동성을 근본적으로 잘못 이해하고 있는 것이다. 교육은 파트너십과 협력을 먹으면서 성장한다. 학교 내, 학교와 학교 사이, 그리고 다른 그룹과 조직들 사이의 파트너십과 협력이 교육을 무럭무럭 자라게 해준다.

_전략적 혁신

현상 유지에서 탈피해 새로운 패러다임으로 옮겨가려면 상상력과 비전이 필요하다. 배려와 판단 또한 필요하다. 이때 '배려'에서 중요한 것은, 효과성이 밝혀진 것을 옹호하는 동시에 새로운 방법을 책임감 있게 탐구할 준비를 갖추는 일이다. 제도 변화를 위한 효과적인 전략은 다르게 바꿨을 경우의 유용성을 시험해보는 것이다. 전략적인 혁신은 해당 환경을 넘어서까지 의미를 갖게 된다. 즉 다른 이들도 자극을 받아 그들 자신의 환경 속에서 비슷한 방식의 혁신을 추진하도록 유도한다.

_옹호와 용인

정책 입안자에게는 혁신이 적극적 격려와 지지를 받을 만한 환경도 만들어야 한다. 변화는 대체로 힘든 일이며, 오랜 세월에 걸쳐 당연시돼온 관행에 대한 도전이 수반되는 경우일수록 더더욱 힘들다. 앞에서도 말했듯이 문화는 수용되느냐 마느냐의 문제다. 정책 입안자는 변화를 옹호해줌으로써, 또 학교들이 구습을 깨고 새로운 지평을 개척하도록 용인해줌으로써 변화를 촉진해야 한다.

배려해주기

_높은 표준

높은 표준을 세우는 일은 학습의 분야를 막론하고 중요한 요소다. 그 중요성은 지금껏 단 한 번도 부정된 적이 없다. 높은 표준은 성취욕을 자극해서 자신도 몰랐던 능력치를 발휘해 더 높은 성취를 이룰 수 있게 해준다. 이는 수학과 공학은 물론이요, 음악과 춤의 경우에도 해당되는 얘기다. 다만 표준이 효과적으로 활용되려면, 표준의 달성 그 자체가 목적이 되는 것이 아니라 성취욕을 일으키는 역할을 해줘야 한다. 또한 표준의 기준에 대한 합의와 그런 합의에 이르는 과정에서의 상호존중적 협력도 반드시 필요하다.

_이성적 책무성

높은 표준은 학생들에게만 적용되는 것이 아니다. 지도, 관리, 리더십에도 중요한 요소다. 하지만 책무성을 일방적으로 부과해서는 안 된다. 물론 교육자들은 자신의 업무수행 효율성에 대해 책임을 져야 한다. 이들의 업무수행에 영향을 미치는 정책 입안자들 역시 마찬가지다. 다만, 책무성을 따질 때는 책임과 통제를 아울러 생각해야 한다. 사람들에게는 통제할 수 있는 요소들에 대한 책임을 지워야 한다. 학생들의 삶에서 덜어줄 수는 있으나 통제할 수는 없는 요소들에 대해 적절히 고려하는 이성적인 책무제도가 갖춰져야 하며, 이런 식의 책무가 제도의 전 영역과 단계에 걸쳐 운영돼야 한다.

_지속적인 전문 능력 개발

가르치는 일은 아주 어려운 직업이다. 세상이 변하고 요구 사항들이 점점 늘어남에 따라 이제는 교사들에게 정기적으로 전문 역량을 연마할 기회를 마련해줄 필요가 생겼다. 학교의 계발은 곧 전문 역량의 계발이나 다름없다. 교사들의 지속적인 전문 능력 계발은 사치가 아니다. 학생, 학교, 지역 공동체의 성공을 위해 꼭 필요한 필수적 투자다.

획일성에서 창의성으로

표준화운동이 애초의 의도 대로 제 효과를 보였다면 방침을 변경할 이유는 없을 것이다. 하지만 제 효과를 발휘하지 못하고 있고 전세계의 정책 입안자들도 이 사실을 알고 있다. 그런데 이 표준화운동을 공식적으로 지지했던 몇몇 주에서 아주 흥미로운 변화가 일어나고 있다. 그 한 예가 텍사스 주다. 낙오아동방지법은 원래 텍사스 주의 정책을 주된 바탕으로 삼은 법이었다. 이런 내력의 텍사스 주 일부 지역이 보다 개인 맞춤화된 전략 쪽으로 방향을 틀어 학생들 저마다의 재능과 주의 지역별 수요를 적절히 고려하는 방침을 주도하고 있다.

텍사스 주의 의원 지미 돈 에이콕(Jimmie Don Aycock)도 나에게 그런 지역별 수요에 대해 지적한 바 있다.

"텍사스 주 전역은 경제적, 사회적 쟁점이 천차만별입니다. 풍력 발전 지역, 정유 지역 등등 지역별 특성이 다양하니까요. 따라서 각 지역 교육구가 각자에 맞는 다양한 교육 정책을 세울 수 있도록 수단을 제공해줘야 해요."

지미는 하원법안 5호(House Bill 5)의 발의자이기도 하다. 2013년 텍사스 주 상하 양원에서 만장일치로 통과된 이 법안은 텍사스 주 학생들이 의무적으로 치러야 하는 주 단위 시험의 횟수와 졸업 요건에 큰 변화를 가져다줬다. 고등학교를 졸업하는 학생들이 저마다 미래의 목표가 다양하다는 점을 인정하는 취지에 따라 새로운 졸업 전 과정들을 마련해주고 있기도 하다.

"저는 그동안 교육과 관련된 입법 활동만 펼쳐왔어요. 사실 사람들에게도 자주 하는 말이지만 교육 문제가 아니었으면 은퇴를 철회하지도 않았을 겁니다. 당시엔 40~50퍼센트에 가까운 우리 학생들이 취업 준비가 제대로 되어 있지 못하거나, 취업에 필요한 학력을 갖추지 못한 채로 방치돼 있었습니다. 정말 그대로 두고만 볼 수 없는 심각한 문제였죠. 이 법을 통해 대학에 들어갈 계획이 없는 아이들에게 적절한 교육 여건이 마련되길 바랍니다. 학업이 받쳐주지 못하거나, 경제적 형편이 안 되어서, 또는 그냥 대학에 진학할 마음이 없어서 대학 진학을 포기하는 아이들이 있습니다. 그런 아이들에게 4년제 학위가 없어도 뭔가 하고 싶은 일을 갖도록 여건을 마련해줘야 합니다.

대부분의 사람들이 공감할 거라고 생각하는데, 대다수의 아이들이 고등학교 재학 중이든 고등학교 졸업 이후든 간에 일정한 형태의 심화된 기술훈련을 받을 필요가 있습니다. 이 법은 학생들이 취업에 유용한 기술의 습득 쪽으로 진로의 방향을 잡을 수 있도록 융통성을 부여하고 있습니다. 대학에 들어가지 않는다고 해서 낙오자가 되는 건 아닙니다. 실제로 아이들이 어떤 목표의 성취 가능성을 발견하고 나면 아이들 자신이나 부모들은 대학 진학이 아니더라도 새로운 교육 목표에 관심을 갖게 됩니다. 저는 취업은 물론 대학 진학과 관련해서도 더 나은 결정이 이뤄질 것이라고 봅니다. '좋아요, 가망성 있는 진로라면 한번 가볼래요.' 이렇게 새로운 결정을 내리게 되는 겁니다. 학생들과 학부모만 적극 동참한다면 보람 있는 성과가 나타날 거라고 생각합니다.

현재 저희는 고부담 시험의 횟수를 15회에서 5회로 줄이고 있습니다. 내년에도 학생 네 명당 한 명꼴로 제때 졸업하지 못하는 낙제생이 나오리라고 예상되지만, 시험을 15회 실시했다면 이 비율은 40퍼센트, 아니 심하면 50퍼센트에 가까워졌을지 모릅니다. 이제는 많은 아이들이 수업을 충실히 들으면서 공부를 잘한 과목에서는 성적을 잘 받게 될 겁니다. 고부담의 기말시험을 많이 치르면 수업을 잘 듣고 나름대로 공부를 하면서도 기말시험을 통과하지 못하는 아이들이 많이 나오겠지요. 5회의 시험은 너무 안이한 평가 방식이 아니냐고요? 시험에 오류는 없지 않겠느냐고요? 아이들이 시험을 잘못 보면 어쩌냐고요? 그건 시험을 15회 치른다고 해도 마찬가지 아닌가요? 시험 자체의 문제가 아닐까요?

법안에도 다소 암시적으로 내포돼 있듯이, 이 법안이 제대로 작동하기 위해서는 시험, 커리큘럼, 책무성의 세 가지 문제를 다뤄야 합니다. 실제로 법안은 이 세 가지를 한데 묶어서 다루기 위해 작성됐습니다. 두 가지는 그대로 두고 어느 하나만 다룬다면 잠재적으로 아주 부정적인 결과가 나타날지 모른다고 봅니다. '학습을 위해, 주의 수요를 위해 교육구들에 책무를 지우는 더 나은 방법'이 되도록 이 세 가지의 균형을 잘 잡아주는 것이 이 법안의 기능적 취지겠지요. 이 법안은 아주 실효성이 있어서 대다수 교육자들이 만족하고 있습니다. 학부모와 학생들도 만족하는 분위기고요. 개혁가들의 경우엔 만족하는 이들도 있고 그렇지 않은 이들도 있더군요.

이 법안에 가장 우려를 표출하는 쪽은 낙오아동방지법을 열렬히 지지했던 사람들이에요. 그들은 시험을 더 많이 치르고 표준을 높이고 계속 압박을 가하면 아이들의 교육 성과에서 큰 진전이 일어날 것이라고 생각하지요. 솔직히 말하면 저도 한때는 그렇게 생각했어요. 오류에 빠진 생각이었는데 말이에요. 교육을 철저히 기계론적 관점으로 바라보고 있지 않습니까? 공장에서 물건을 찍어내는 식으로 다루는 거죠. 인간은 모두 똑같지 않다는 사실을 고려하지 못하는 겁니다. 그래서 저는 그런 사고방식을 철회했어요. 낙오아동방지법이 대체로 그런 사고방식에 머물러 있다는 점을 깨달은 뒤로는 그 법도 더 이상 신뢰하지 않습니다."

표준화에서 개인 맞춤화로, 또 획일성에서 창의성으로 옮겨가는 변화는 미국에서만 벌어지는 추세가 아니다. 이런 변화는 세계 여러 지역에서 펼쳐지면서 주목할 만한 성과를 이끌어내고 있다.

▌다르게 하기

정책 입안은 집단적 과정이자 복잡한 과정이기도 하다. 하지만 변화의 진정한 동력은 열정을 품은 한 개인이 혁신을 일으켜 세계를 변화시킬 수 있다는 사실을 인식하는 것이다. 때때로 이와 같은 리더십은 상황의 요구에 응하는 것으로부터 시작된다.

아르헨티나, 청천벽력을 맞다

2001년에 아르헨티나가 국가부도를 맞으며 경제가 파탄났을 당시 실비나 지비르츠는 지금까지의 학구적 삶에 획기적 변화가 필요하다는 깨우침을 얻었다. 박사 학위를 수여받은 후 그동안 교육 관련 연구에 몰두해왔지만 자신의 나라에서 빈곤층으로 전락하는 아이들이 속출하는 마당에 나 몰라라 하며 책상머리에 앉아 일할 때가 아니라는 느낌이 들었다. 그녀는 여러 대기업들로부터 기부금을 얻어내 자금 부족에 쩔쩔매는 학교들의 교육 질을 향상시키기 위한 야심찬 프로젝트를 시작했다. 전국의 여러 빈곤 교육구들과 손잡고 학교 환경 개선에 지역 공동체를 참여시키는 활동에도 앞장섰다. 그 결과는 감동적이었다. 중퇴율이 30퍼센트에서 1퍼센트로 떨어졌고 유급률은 20퍼센트에서 0.5퍼센트로 낮아졌다.

그녀의 말을 직접 들어보자.

"저희는 지역 파트너들과 협력했어요. 활동 범위를 넓혀 지역 정책 강화에도 나섰죠. 또 지역 교사와 원장들과 함께 힘을 모으기도 했어요. 이런 협력에서는 교장의 역할이 중요했어요. 함께 성취하려는 목표를 인식하면서 의식적으로 교사들에게 힘을 실어줘야 했어요. 저희는 부정적 강화(negative reinforcement : 벌, 꾸중, 지위의 박탈, 형벌 등과 같이 불쾌한 자극으로 반응이나 행동을 감소·소멸시키는 것 - 옮긴이)는 절대 활용하지 않았어요. 저희는 교사들과 함께 교실에 들어가서 구체적인 협력을 했어요. 비유하자면 의사들이 함께 둘러 앉아 환자의 문제를 해결하는 그런 식이었죠. 교사들은 옆에서 누군가가 자신들을 옹호해주고 도와주고 있다는 느낌을 받았어요."

이 프로그램이 지속적으로 효과를 발휘하긴 했으나 실비나는 규모를 키우는 문제에도 관심이 필요하다고 느꼈다. 정말로 최대한 많은 학생들을 도와주고 싶다면 정계로 들어가야겠다고. 원래 정치 쪽에는 마음이 없는 그녀였지만 이렇게 결심을 굳힌 후 부에노스아이레스 시의 교육장관이 되어 8년간 직무를 수행했다. 가장 최근에는 아르헨티나 학생들의 정보화 격차 해소를 목표로 삼는 프로그램, 코넥타르 이괄다드(Conectar Igualdad)에 착수했다. 이 글을 쓰는 현재까지 코넥타르 이괄다드를 통해 아르헨티나 학생들에게 350만 대 이상의 노트북이 보급됐다. 이 노트북은 학습 촉진용 오픈소스 소프트웨어가 가득 깔려 있긴 하지만 이 프로그램이 처음부터 고수해온 목표는 활기를 북돋워주는 일이다.

"저는 아이들이 세 유형으로 나뉜다고 봅니다. 먼저 기술의 수동적 소비자형이 있어요. 알 만한 사람은 다 아는 그런 프로그램을 소비만 할 뿐, 기술은 이해하지 못하는 유형이죠. 그다음으로 똑똑한 소비자형이 있어요. 분별력 있게 웹을 활용할 줄 아는 아이들이죠. 기술에 대해 더 잘 알지만 실천은 하지 않아요. 마지막 유형은 생산자형 아이들이에요. 오픈소스 활용으로 프로그램을 개발하는 유형이죠. 아이가 창의성을 갖길 바란다면 프로그램 짜는 요령을 가르쳐줘야 해요. 컴퓨터가 없는 아이에게 컴퓨터를 주면 디지털 격차만 줄어드는 것이 아니에요. 컴퓨터는 정보기술 외 다른 학습으로의 활용 면이나, 아이들의 창의성을 키우는 면으로 활용도가 뛰어난 기구예요."

이처럼 실비나 지비르츠는 이론적 차원의 활동에만 매진하는 일은 이제 그만둘 때가 되었다는 판단에 따라 여러 분야에서 리더를 자청했다. 그녀는 현재 코넥타르 이괄다드의 회장, 산마르틴대학교

교수, 아르헨티나 국립과학기술연구소(National Council for Scientific and Technical Research) 연구원, 올버니 소재 뉴욕주립대학교 초빙교수를 맡고 있으며 두 종류의 교육 도서 시리즈의 편집장으로도 일하고 있다. 당시의 환경이 그녀에게 리더가 될 것을 요구했고, 그녀는 그 요구에 응했다.

크리에이티브 차이나

지앙쑤에킨은 중국의 교육에 문제가 있다고 보았다. 수치상으로는 뛰어났으나(앞에서도 언급했듯이 상하이는 최근의 PISA 성적표에서 정상을 기록했다), 이 수치는 혹독한 교육을 통해 거의 전적으로 시험에만 매달린 결과였다. 그가 생각하기에 이런 교육과정은 "실리 위주의 비윤리적이고 근시안적인 태도로 학생들의 타고난 호기심, 창의성, 학습열을 말살시킨 결과 얻는 보상물이다. 전반적으로 과정과 자세보다 성과와 목표를 강조하는 교육제도는 학생들에게 이롭지 못하다."[2]

중국의 이런 교육제도는 이른바 가오카오(중국의 대학 입학 시험)제도로 통한다. 서구의 교육이 대체로 산업혁명의 수요에 맞춘 제도를 모델로 삼았다면 가오카오제도는 중국이 엔지니어와 중간 관리자들을 최대한 많이 키워내야 했던 시기의 수요에 맞춰 설계됐다. 본질적으로 양적인 면에 치중해 막대한 수의 학생들을 미국의 석 박사 과정에 유학 보냈다. 하지만 중국은 현재 변하는 중이다. 중산층이 팽창하고 제조업에 대한 의존도가 줄면서 다른 유형의 학생들을 양성할 필요성이 제기되고 있다. 지앙쑤에킨도 다음과 같이 평했다.

"중국이 앞으로 더 발전하려면 지금까지와는 다른 기술들을 갖춘 인재가 필요하다. 현재 중국이 갖추지 못한 그런 인재다. 기업가, 디자이너, 경영자 유형의 인재를 키워내야 한다."[3]

지앙쑤에킨은 이와 같은 판단에 따라 2008년에 선전 시에서 새로운 유형의 학교를 개척했다. 이 학교 학생들은 가오카오 시험을 치르지 않았다. 글짓기 활동을 더 열심히 했다. 커피숍과 신문사 운영을 도우며 기업가정신과 공감력을 배웠고, 사회복지사업에도 동참했다.

지앙쑤에킨은 이후 칭화국제학교(Tsinghua International School) 교감을 맡으면서 중국 학생들의 교육에 차세대적 접근법을 촉구하기 위한 노력을 이어가고 있다. 또한 최근에는 『크리에이티브 차이나(Creative China)』의 출간을 통해 창의성 교육에 대한 자신의 경험담을 소개하면서 이런 접근법을 확장시킬 기반을 닦고 있다.

중동에서 이는 변화의 요구

아민 아민 박사(Dr. Amin Amin)는 인적 재능의 육성을 아랍 지역 최대의 도전과제로 꼽고 있다.

"21세기형 인적 자산을 양성하기 위해서 학생 각자의 고유한 욕구에 효과적이고 충실히 응할 수 있도록 기존 교육제도에 새로운 압박을 가해야 한다."

아민 박사는 이렇게 밝히며,[4] 인적 재능 육성을 위한 ASK(ASK for

Human Capacity Building : 'ASK'는 attitude, skills, knowledge의 약칭-옮긴이)를 창설해[5] 비평적 사고 능력을 갖춘 새로운 세대 육성을 위한 교육 서비스를 제공하고 있다. 이 교육 서비스는 다섯 가지를 운영 강령으로 삼고 있다. 교육자들의 전문 능력 계발, 교원 자격제, 개인 맞춤형 주제의 개발, 모니터링 및 평가, 비정부기구들 및 학교들과의 다각적 협의 등이다.

아민 박사의 노력은 이미 광범위한 효과를 발휘하면서 2011년 이후 지금까지 4,000곳에 가까운 학교들에 영향을 끼쳤다. 이러한 공로를 인정받아 멘토링 단체인 모글리재단(Mowgli Foundation)으로부터 '올해의 세계적 노력 옹호 및 멘토 상(Global Endeavor Advocate and Mentor of the Year)'을 수상하기도 했다.[6]

혁신 중인 스코틀랜드

현재 스코틀랜드에서는 아주 흥미로운 국가적 교육 시책이 추진 중이다. 지금까지 짚어본 원칙과 조건들을 실제로 입증해주고 있는 이 시책은 '탁월성을 위한 커리큘럼(Curriculum for Excellence)'을 그 중심 틀로 삼아 전 학교의 혁신을 위한 전반적 기준을 마련해놓고 있다. 이 커리큘럼은 핀란드의 커리큘럼과 비슷하지만[7], 영국과 미국의 대다수 개혁 시책과는 다르다. 스코틀랜드 전역의 교육자, 학부모, 학생, 비즈니스 및 지역 공동체 리더들을 아우르는 오랜 협의를 거쳐 개발됐다. 이 커리큘럼은 국가 교육의 미래에 대한 과감한 비전과 더불어, 이 비전의 실현을 위한 포괄적 기준 틀이 제시돼 있다. 이는 위에서부터 강요되는 지시적 틀이 아니다. A+처럼 학교들에게 자교의 학생 및 소속 지역 공동체의 특정 수요에 맞게 다양한 해석의 여지를 폭넓게 인정해주고 있다. 이 커리큘럼은 실행에 수반되는 난관들은 물론, 적절한 변화론에 대한 신중한 분석을 토대로 짜여진 것이기도 하다.

이와 같은 전략은 교육자, 정책 입안자, 연구자들의 국제적 모임인 국제미래포럼(International Futures Forum, 이하 IFF)과 공동으로 개발돼왔는데, IFF에서는 나와 마찬가지로 변화의 성취를 위해 이해해야 할 세 가지를 지목하고 있다. IFF에서 일명 3대 지평이라고 칭한 그 세 가지는 기존 제도, 이행 과도기, 변화를 통해 일으키려는 새로운 현상이다. 대서양을 사이에 두고 스코틀랜드 건너편에 위치한 캐나다의 오타와 시에서도 바로 이런 원칙을 중심으로 삼은 혁신이 진행되고 있다.

오타와의 얘기에 귀 기울이다

피터 갬웰(Peter Gamwell)은 나와 마찬가지로 영국의 리버풀 출신이다. 현재는 오타와-칼튼 교육청(이하 OCDSB)의 교육감으로 있는데 이 교육청은 포괄성과 창의성 면에서 세계 전역의 교육위원회에 귀감이 될 만하다.

피터의 말에 따르면 OCDSB에 돌파구를 열어준 순간은 2004년의 한 회의였다. 그날은 그 지역 내의 여러 교직원들이 리더십을 주제로 회의를 열고 있었다. 피터가 30분가량 회의를 진행하고 있을 무렵, 회의실 뒤편에서 한 남자가 손을 들었다. 남자는 자신이 회의에 초대된 이유를 물었고, 그에 대한 대답으로 리더십에 대한 생각을 함께 나누려고 초대된 것이라는 설명을 들었다. 남자는 그 말에 놀라는 표정을 짓더니, 자신이 그 지역에서 20년째 수위로 일하고 있지만 리더십에 대한 자신의 생각을 중요하게 여기는 사람은 없었다고 했다. 바로 그때 피터는 깨달았다. 관련된 모든 사람들로부터 창의적 기여를 끌어내기 위한 전 지역적 정책을 시행해야겠다고. 교직원, 학부모 그리고 당연히 학생들까지 모든 관련자들을 아울러야겠다고.

다음은 피터가 들려준 이야기다.

"누구나 창의적 재능을 지니고 있어요. 모든 사람은 내면에 탁월한 재능을 품고 있어요. 그 탁월함을 알아보고 존중해주며 활용할 방법을 찾아야 합니다. 그럴 수 있다면 참여 문화, 소속감, 창의적 재능의 육성 기회가 극대화될 겁니다."

피터가 창의성의 풍토를 촉진시키기 위해 활용하는 한 가지 방법은 모든 관련자들을 찬찬히 살피며 "어떤 제안거리가 있는지 알아주고, 이야기에 귀 기울여주고, 저마다의 독특한 재능을 발견해주면서 성장을 유도해주는" 것이다. 또 다른 방법도 있다. 제도와 관련된 모든 이들에게 자신이 정말로 타고난 창의적 재능을 지니고 있음을 깨우쳐주는 것이다.

"유치원에 가서 아이들을 보면, 정말 창의성이 통통 튑니다. 그런데 중등학교에 들어가서 '이 반에서는 누가 창의력이 좋지?'라고 물어보면 아이들이 어떻게 하는지 아세요? 반에서 한두 명의 아이를 가리킵니다. 정말 슬픈 일입니다. 우리 어른들도 그런 식이죠. 저희는 그래서 이런 목표를 세웠습니다. 사람들이 다른 사람이 아닌 자신을 주목하도록, 그래서 모든 이들이 자신에게도 창의적 재능이 있다는 사실을 인정하도록 유도하기로요."

OCDSB는 이런 목표를 추진하기 위해 전 지역적으로 창의적 제안을 촉구했다. 처음엔 반응이 조심스럽고 제한적이었다. 그러다가 피터와 그의 팀이 이런 창의적 아이디어에 다같이 기여해주길 바라는 마음을 확실히 전달했다. 그러자 새로운 수업 프로그램의 제안에서부터, 기업가정신의 체험을 통해 자폐증 아이들에게 도움을 주자는 제안과 유지 보수직 직원으로부터의 비용절감 제안에 이르기까지 다양한 아이디어가 쏟아졌다.

이렇게 쏟아진 제안 중에는 학생들의 개인 맞춤형 교육에 초점을 맞추면서 더 폭넓은 학습 과정의 마련을 통해 학생들의 지평을 넓혀주자는 것들이 많았다.

"그렇다고 수학과 언어가 중요하지 않다는 얘기는 아닙니다. 당연히 아니죠. 수학과 언어는 절대적으로 중요합니다. 단지 아이들이 학교를 마치면서도 자신의 장점을 알아보지 못하는 일이 없도록 해야 한다는 얘기입니다. 실제로 많은 아이들이 자신의 장점을 제대로 발견하지 못한 채로 졸업하고 있어요. 교육의 균형을 잘 잡아서 단 한 아이라도 '내가 잘하는 게 뭔지 모르겠다'는 막막함을 떠안은 채 학교를 졸업하는 일이 없게 해야 합니다. 교실에서 교사들이 자신의 열정과 능력을 나누어주는 일에 힘을 쏟게 해준다면 학습 환경에 아주 긍정적인 영향이 일어날 겁니다."

나는 피터에게 권고의 말을 부탁했다. OCDSB같이 창의성과 잠재성이 숨 쉬는 분위기를 육성하고 싶어하는 다른 지역의 정책 입안자들에게 몇 마디 권고의 말을 부탁했더니, 그는 가장 먼저 "좌충우돌 난관에 각오"하라는 말부터 꺼냈다. OCDSB의 이런 변화는 한순간에 일어난 것도, 순탄하게 이어진 것도 아니라는 주의의 말이었다. 하지만 그는 이어서 다음의 권고도 전해줬다.

- 그 학습 조직에 대한 체감온도를 재본다. 다시 말해 조직 구성원들이 조직의 학습 문화를 어떻게 느끼고 있는지 확인한다. 진지하게 생각해볼 만한 질문들을 던져보라. 학습, 리더십, 창의성에 대해 어떤 관점을 갖고 있는지, 개인적, 그룹적, 조직적 차원에서 어떤 유형의 상상력이 적합하다고 생각하는지, 리더십에 대해서나 이상적인 리더의 성품과 태도에 대해 어떤 생각을 갖고 있는지, 격식 없는 리더십과 개인의 창의성을 키워주는 조직 문화는 어떤 식이 되어야 할지, 조직의 어떤 측면이 개인, 그룹, 조직의 창의성을 북돋거나 방해하는지, 바람직한 개선 방법은 무엇인지 등등을 물어본다. 이런 질문들을 던질 때는 솔직한 대답을 들을 각오가 필요하며, 진솔한 견해를 원하는 진심도 전해야 한다.
- 이렇게 얻은 정보를 활용해서 문화 변화를 위한 강점 기반의 접근법을 지체 없이 개시한다. 그동안 터득한 정보에서 나온 아이디어들을 담은, 협력적 구상의 비전 및 리더십 모델을 세운다. 이런 협력적 모델의 구상에는 관련된 전 분야 고용인들의 아이

디어가 두루 포함돼야 한다. 서열을 평준화시켜야 하며 사람들이 실제로 그런 평준화를 체감해야 한다.

- 실행법과 구조를 짤 때는 사람들에게 자신의 아이디어가 관심 있게 경청되고 있을 뿐만 아니라 강점 기반의 관점에 따라 존중받고 있다는 메시지가 전해지도록 해야 한다.

- 장기간에 걸친 지속적인 대화가 필요하다. 사람들의 의견이 경청될 수 있는 구조를 개발해야 한다. 들어주고 이야기를 나누는 소통의 문화는 아주 중요하다. 사람마다 이런 대화에 반응하는 방식이 다양하므로 다각적인 참여의 기회를 마련해야 한다. 사람들이 진심으로 소속감을 느끼게 되면 학습 문화에 열기가 불붙게 된다.

- 조직의 장벽을 허물고 외부의 사람들을 참가시킨다. 이들은 전적으로 다른 관점을 제시해주기 마련이다. 현재는 비즈니스계, 시민계, 예술계, 과학계 등 그 외의 전 영역에서 지금의 새로운 창의적 시대에 걸맞은 대응법과 운영법을 생각해내려 애쓰고 있으며, 그에 따라 곳곳에서 놀라운 혁신 스토리들이 펼쳐진다. 다른 관점을 제시해줄 만한 외부 사람들을 찾아내 초대하라. 직접 찾아도 가보고 대화에도 참여시켜라. 이들을 통해 서로 다른 아이디어를 듣고 호기심을 불러일으키며 색다른 차원의 활력에 불을 붙여라.

아르헨티나에서부터 오타와에 이르기까지, 또 텍사스 주에서 두바이에 이르기까지 이런 식의 접근법이 제대로 실행되는 곳에서는 어디에서든 비슷한 성과들이 나타나고 있다. 이렇게 확실한 혁신의 원칙과 조건들이 있는데도 왜 모든 곳에서 이런 원칙과 조건을 채택하지 않고 있을까?

넘어야 할 장애물들

지금까지 짚어본 혁신을 이루기 위해서는 많은 장애물을 넘어야 한다. 경우에 따라 학교 자체를 비롯한 기관들의 본질적 보수성에 얽힌 장애물도 있고, 필요한 변화에 대한 관점의 충돌, 문화와 이데올로기, 정치적 이기주의 등에 얽힌 장애물도 있다.

위험 회피

존 테일러 개토는 『수상한 학교』에서 학교의 혁신을 속박하는 근원에 대해 이야기했다. '뉴욕 시 선정 올해의 교사'이기도 했던 그는 은퇴할 무렵 공장형의 표준화 문화가 교사와 학생들 모두에게 미치는 영향에 환멸을 느꼈다고 한다. 그는 평생 교육에 몸담았던 자신에게 학교는 "학생과 교사들 모두를 교도소 독방동 같은 곳에 장기간 강제 구속시키는, 유치한 공장 같은 곳"이었다며 왜 그래야 하는지 이해할 수 없다고 말한다.

"내 경험으로 보건대, 틀림없이 다른 교사들도 교사 생활 중에 그런 점을 깨달았을 것이다. 보복의 두려움 때문에 가슴속에만 묻어 두고 있었을 뿐, 다들 큰 대가를 치를 걱정 없이 홀가분하게 구시대적이고 비상식적인 구조를 버리고 아이들이 그저 수업이 아닌 제대로 된 교육을 받도록 도와줄 수 있길 바라지 않았을까? 우리 교사들이 시간, 교과서, 시험에 대해 보다 유연해질 수만 있다면, 또 이따금은 모험을 해보도록 아이들 각자에게 자율성을 부여할 수 있다면 호기심, 모험심, 유연성, 놀라운 통찰력같이 아이들이 가진 가장 뛰어난 재능을 격려해줄 수 있을 테지만, 우리 교사들은 그렇게 해줄 여건이 못 된다."[8]

이렇게 구습의 변화를 저지하는 장애물이 교실에서부터 주 의회에 이르기까지 제도의 전 단계에 만연해 있다. 장애물은 이것뿐만이 아니다.

문화와 이념

교육 정책은 불가피하게 여러 가지 문화적 이해관계와 얽혀 있게 마련이라서 지역적, 국가적 문화가 교육의 수행 방식에 지대한 영향을 미친다. 예를 들어 아시아 지역의 학교들은 권위에 대한 순종과 복종의 문화가 강한 편인데, 이는 아시아 특유의 사고와 문화에 배어 있는 보편적 전통에 뿌리를 두고 있다.

미국과 영국에서는 특히 우익 정치인들이 공교육의 해체와 상업화를 지지하는 편이다. 이들은 전반적으로 시장경제에 몰입하는 성향에 따라 자연스럽게 교육에 대해서도 그런 관점을 들이대며, 학교나 학부모의 선택에도 시장경제적 사고를 적용하면 교육이 개선될 것이라고 여긴다. 이런 식의 정치적 발상은 이들 문화에 보편화돼 있는 자본주의적 가치뿐만 아니라 교육 자체의 유효성에 대한 현실적 이해와도 관계가 깊다.

이윤과 영향력

일부 정치인들에 떠밀려 공교육이 시장 원리에 개방되면서 영리 목적의 기업들이 차터스쿨, 학령 전 예비학교, 사립학교 등을 운영하고 있다. 하지만 지금까지 증명된 바에 따르면 이런 학교들 가운데 탄탄하게 지원받는 공립학교보다 더 나은 사례는 없다.[9]

정치와 야망

교육계의 모든 정책 입안자들이 진심으로 교육을 걱정하는 것은 아니다. 교육을 출세의 발판으로 삼는 직업 정치가나 행정관들도 일부 있다. 이들의 교육적 야망은 다른 정치적 이해관계나 동기와 결부돼 있기 십상이다. 이들이 시험 성적을 중요시하는 이유 가운데 하나는 차기 선거에 활용할 만한 단기적 성과에 목말라 있기 때문이다. 대다수 민주국가에서는 선거가 4년마다 치러지고 선거 캠페인은 선거 18개월 전부터 시작된다. 따라서 이런 정치인들 입장에서는 유세 중에 활용할 만한 성과를 얻으려면 2년 안에 승부를 봐야 하며, 이 기간 동안 읽기, 쓰기, 산술, 취업 같은 정치적으로 민감한 분야에서 뚜렷한 성과를 끌어내려 애쓴다. 이런 의미에서 보면 PISA 순위는 정치적 입지를 굳히기에 그야말로 딱 들어맞는 조건이다.

명령과 통제

정치인들은 대개 명령과 통제식의 접근법에 끌리게 마련이다. 개인적 성취를 위해서라거나 공공의 이익을 위해서라는 식의 온갖 수사에도 불구하고 기록에 의해 충분히 입증되고 있듯이 교육사는 사회적 통제, 획일성, 집단적 복종의 사례로 점철돼 있다. 어떤 면에서 보면 대중 교육은 예나 지금이나 사회적 책략의 과정이다. 그만큼 경우에 따라 정치적 의도가 선의일 때도, 그렇지 않을 때도 있었다. 앞서도 말했듯이 교육은 '본질적으로 논쟁적인 개념'이다. 교육에 대해서는 그 방법뿐만 아니라 그 목적에 대해서도 때때로 의견이 갈린다. 전략을 놓고 아무리 논쟁을 벌인다 해도 애초에 염두에 두는 목적이 대립한다면 결국엔 의견의 일치에 이르지 못한다.

▌변화의 체계화

교육에 혁신과 가능성의 풍토를 조성하기 위해서는 감화력 있는 리더십이 필요하다. 나는 영광스럽게도 교육계의 감화력 있는 리더들과 함께 일할 기회를 누려왔다. 그중 특히 감화력이 뛰어난 리더를 꼽으라면 팀 브릭하우스 (Tim Brighouse)를 들고 싶다. 영국의 저명한 사상가인 그는 옥스퍼드셔와 버밍엄의 두 교육구에서 책임자로 있으면서 혁신적인 활동을 펼쳐왔는가 하면, 런던을 비롯한 영국 곳곳에서 중요한 전략 혁신 프로그램을 주도하기도 했다. 그가 오랜 경험을 통해 터득한 바에 따르면, 비전에서 변화에 이르는 과정은 단순한 일직선으로 이어지지 않는다. 즉 실행, 임시변통, 평가, 경험, 환경에 따른 방향 재설정을 끊임없이 거치게 된다. 그는 변화의 본질적 요소를 비전, 기술, 동기, 자원, 실행계획으로 요약하며 때때로 다음과 같은 도표를 통해 설명한다.[10]

변화를 달성하기 위해서는 이 다섯 가지 요소 중에 하나라도 빠져서는 안 된다. 변화를 이루려면 우선 미래의 비전이 필요하다. 변화를 일으킬 수 있는 능력과 변화에 필요한 기술을 갖추고 있다는 믿음 또한 필요하다. 변화를 일으켜야 하는 이유, 지향하는 목적지가 현 상황보다 더 나을 것이라는 신념, 변화를 위해 노력을 기울일 만한 가치에 대해 확신도 있어야 한다. 변화를 일으킬 개인적, 물질적 자원도 중요하다. 그리고 목적지에 이르게 해줄 확실한 실행

계획 역시 없어서는 안 된다. 아니면 최소한 도중에 경로가 바뀌더라도 그 목적지를 향해 길을 인도해줄 만한 실행계획이라도 마련돼야 한다.

변화의 최대 걸림돌이 되는 장애물은 변화에 필요한 여러 요소들 사이의 조율 부족이다. 한 가지 또는 그 이상의 요소가 빠지면 변화의 과정은 비틀거릴 소지가 다분하고 실제로 그렇게 된다. 다음과 같은 식이다.[11]

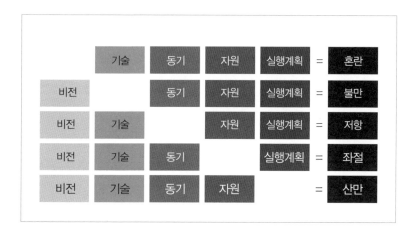

	기술	동기	자원	실행계획	= 혼란
비전		동기	자원	실행계획	= 불만
비전	기술		자원	실행계획	= 저항
비전	기술	동기		실행계획	= 좌절
비전	기술	동기	자원		= 산만

모든 요소가 제대로 자리 잡혀 있으면 목적지에 이르는 데 도움이 된다. 리더의 역할은 사람들이 적절한 방향으로 나아가도록 확실히 유도해주는 것이다. 결론적으로 이는 교육에서 정책과 정책입안자들이 맡아야 할 역할이기도 하다.

▌나부터 바뀌면
세상이 변화한다

지금까지 살펴본 원칙과 조건들은 교육 자체만큼이나 역사가 깊다. 시대를 막론하고 세계 곳곳의 균형 잡히고 성공적인 학교들의 중심에 자리 잡아왔다. 이런 원칙들은 내가 지난 40년 동안 여러 학교와 정부와 함께 협력을 펼칠 때도 언제나 그 바탕이 되어왔을 뿐만 아니라 이 책에서 들여다본 수많은 혁신 사례들에서도 이런저런 식으로 확실하게 그 효과가 입증되고 있다. 현재의 도전과제는 이런 원칙을 모든 곳에 적용하는 일이다. 그동안 거듭 강조돼왔듯이 훌륭하고 유망한 사람들과 함께 이런 원칙을 수행 중인 뛰어난 학교들이 많이 있다. 하지만 그 중 너무도 많은 학교가 주류 교육 문화로부터 지원을 받는 것이 아니라 맞서서 고군분투 중인 실정이다.

미국의 정치인이었던 벤저민 프랭클린은 모두에게 균형 잡히고 공평한 교육이야말로 미국의 꿈을 제대로 꽃피우는 데 극히 중요한 요소임을 깨우쳤다. 이는 모든 사람들이 꿈을 실현하는 데 중요한 요소다. 세계가 점점 복잡해지고 위험성이 높아가는 가운데 교육을 혁신해 사람들에게 유용한 학교를 만들어야 한다는 필요성이 그 어느 때보다 높아졌다.

프랭클린은 세상에는 세 종류의 사람이 있다고 말했다. 절대 변하지 않는 사람과 변할 여지가 있는 사람 그리고 변화하는 사람이다. 여기에 담긴 뜻은 분명하다. 어떤 사람은 변화의 필요성을 깨닫지 못하고 또 깨달으려고도 하지 않는다. 시냇물가의 돌덩이처럼 그 자리에 딱 들러붙은 채 주위의 급물살 속에서도 요지부동 꼼짝하지 않는다. 이런 사람들은 그대로 내버려두는 편이 낫다. 현재는 시대의 조류가 혁신의 편에 서 있으며, 이런 사람들은 변화의 흐름 앞에서 결국 시대에 뒤처질 것이다.

변화의 여지가 있는 사람들도 있다. 이런 사람들은 변화의 필요성을 깨닫는다. 어떻게 해야 할지 방법을 모른다 해도 마음이 열려 있어 납득시킬 여지도 있고 납득이 되면 행동에 나설 여지도 있다. 이런 사람들과 협력해 이들을 일깨워야 한다. 함께 협력해 꿈과 계획을 세워야 한다.

마지막으로 변화하는 사람들이 있다. 새로운 미래의 모습을 깨달은 후 스스로 분발하고 일어나 다른 사람들과 협력하면서 그런 미래를 일으키려는 사회 변혁의 주도자들이다. 행동에는 언제나 승인이 필요한 것이 아님을 잘 알고 앞장서는 이들이다. 간디가 말했듯, 세상을 변화시키고 싶다면 자신부터 변해야 한다. 충분히 많은 사람들이 변화한다면 그것은 운동이 되고, 그 운동이 충분한 열정을 끌어낸다면 그것은 혁명이 된다. 현재의 교육에도 바로 이런 과정이 필요하다.

모든 사람을 위한 혁명

나는 1968년 영국에서 고등학교를 졸업하고 대학에 진학하면서 어떤 설명할 수 없는 묘한 행운을 만나 요크셔 주 웨스트라이딩 소재의 명문 브레턴홀대학교에 들어가게 되었다. 브레턴홀대학교는 공교육 혁신의 선구자 알렉 클레그(Alec Clegg) 경이 이끌던 우수한 그곳 교육구에서도 특히 독보적인 존재였다. 이런 훌륭한 선구자가 이끄는 교육구의 명문 학교에 들어간 것만 해도 벅찬 기쁨이었지만, 또 하나의 기쁨이 있었다. 브레턴홀대학교를 이끌던 날카로운 지성의 젊은 과학자 앨린 데이비스(Alyn Davies) 박사였다. 그는 실력 있는 교육 지도자이기도 해서 매력, 학식, 정치적 기지를 발휘하며 교직원과 학생들 모두의 재치와 감성을 길러줬다.

브레턴홀대학교는 색다르고 열정적인 교수진으로 구성돼 있었다. 교수들은 각자의 방식으로 흥미를 돋우고 자극을 주면서 우리에게 최대한 실력을 발휘하게 해줬다. 게다가 학생들에 대한 애기도 빼놓을 수 없다. 그곳 학생들은 나이, 재능, 성향에서 아주 다양했고, 영국에서 손꼽힐 만큼 멋진 전원 지대의 넓은 땅에 자리 잡은 장엄한 기숙사의 환경을 누리며 수년간 서로 깊은 우정을 나눴다. 그리고 당시 정부의 계몽적 정책 덕분에 학비도 무료였다.

나는 졸업하면서 교육학 학위를 수여받고 초중등학교에서 영어와 연극을 가르칠 수 있는 자격을 취득했다. 그 과정에서 내 생애 최고의 스승 몇 분을 만나 배움을 얻고, 지금껏 만나온 최고의 학생들 몇 명과 함께 공부하고, 지금껏 몸담아온 곳 가운데 가장 흥미롭고 창의적인 몇몇 학교에서 가르침을 펼쳐볼 기회를 누렸다. 또 한편으론 공교육의 당황스러운 측면들과 개인화의 필요성에 관심이 끌리기도 했다.

개인 맞춤형 교육이라고 하면 혁명적인 구호처럼 들릴지 모르지만 이것은 새로운 혁명이 아니다. 교육의 역사를 파헤치면 그 뿌리가 깊게 뻗어 있다. 한 예로 17세기에 존 로크(John Locke)는 지덕체(智德體)의 고른 교육, 다시 말해 전인적 교육을 주장했다. 그 외에도 그동안 수많은 개인과 단체들이 아이들의 자연스러운 발달 성향에 따르는 개인 맞춤형 교육이나 보다 공평하고 교양 있는 사회를 위한 이런 형태의 교육을 옹호해왔다.

개인 맞춤적이고 전인적인 교육의 옹호자와 실천자들은 저마다 여러 문화와 관점을 토대로 등장했다. 이런 인물들을 열거하자면 장 자크 루소(Jean-Jacques Rousseau), 요한 하인리히 페스탈로치(Johann Heinrich Pestalozzi), 존 듀이, 마이클 드웨인(Michael Duane), 커트 한(Kurt Hahn), 지두 크리슈나무르티(Jiddu Krishnamurti), 도러시 히스코트(Dorothy Heathcote), 장 피아제(Jean Piaget), 마리아 몬테소리, 레프 비고츠키(Lev Vygotsky), 알렉 클레그 경, 노암 촘스키(Noam Chomsky)를 비롯해 무수하다. 이들의 다양한 접근법은 단 하나의 신조나 원리로 묶을 수는 없지만, 어김없는 공통점도 있다. 아이들의 학습 방법 중심으로 교육을 짜는 측면에서나 그런 식의 교육 구성을 위해 이이들이 무엇을 배워야 할지에 대한 측면에서 열정을 쏟아왔다는 점이다.

마리아 몬테소리는 의사이자 교육자였다. 20세기 초에 이탈리아의 산로렌초에서 가난하고 불우한 아이들을 가르치며 교육계에 첫발을 들였던 몬테소리는 다음과 같이 개인 맞춤형 교육을 강조했다.

"교사는 아이가 흥미를 갖는지 안 갖는지 유심히 살펴야 한다. 어떻게 관심을 보이고 얼마나 오래 관심을 보이는지 관심을 기울이며 얼굴에 드러난 표정까지도 잘 살펴봐야 한다. 교사는 자유의 원칙을 어기지 않도록 각별히 주의해야 한다. 아이에게 부자연스러운 활동을 부추길 경우 아이의 자연스러운 활동이 뭔지를 더 이상 분간하지 못할 우려가 있기 때문이다."[1]

현재 몬테소리식 학습법을 따르는 몬테소리학교는 전세계적으로 2만 개가 넘는다.[2]

오스트리아의 철학가이자 사회개혁가였던 루돌프 슈타이너(Rudolf Steiner)는 현재 슈타이너 발도르프 스쿨 펠로십으로 불리는 인도주의적 교수법을 개발했다. 이 교수법은 개별 아이의 전인적 필요성, 즉 학문적, 신체적, 정서적, 정신적 필요성을 중심으로 세워졌고, 1919년에 이 교수법을 바탕으로 하는 학교가 최초로 문을 열었다. 현재는 슈타이너의 이런 철학과 방식을 활용하는 학교들이 60개국

에 3,000곳 가까이 된다.[3]

흥미롭게도 슈타이너는 생태학과 지속 가능성의 원칙을 토대로 유기농 시스템을 개발하기도 했다. 계절의 자연 주기를 따르고 화학비료나 살충제를 사용하지 않는 생물 기능학적 농업 시스템으로 현재 세계 여러 지역의 유기농 농경 분야에서 하나의 구체적 실천법으로 널리 활용되고 있다.

A. S. 닐(A. S. Neill)은 1921년 서머힐 스쿨(Summerhill School)을 창설하면서 모든 민주학교가 따를 만한 모델을 세웠다. 이 학교의 철학은 "개인의 자유를 허용하는 것이다. 아이들 각자가 스스로의 삶을 책임지고 자신의 관심사를 따르면서 자신다운 자신으로 성장하게 해주는 것이다. 이는 내면의 자신감을 키워주면서 진정으로 자신을 한 개인으로 받아들이게 해준다."[4]

이러한 노력들은 열거하면 한두 가지가 아니다.

이와 같은 개인 맞춤형 교육의 여러 접근법은 대체로 '진보적 교육'이라는 기치 하에 하나로 묶이며, 일부 비평가들은 이를 '전통적 교육'과 완전히 상반되는 것으로 생각하지만 이는 오해다. 그것도 여러 가지 잘못된 이분법을 유도하기 십상인 위험한 오해다. 그동안 교육 정책의 역사는 이렇게 이분법적으로 인식되는 극단 사이를 오가는 진동이었고 표준화운동이 그 최근의 진동이다. 효과적인 교육이 되려면 어떤 경우든 엄격함과 자유, 전통과 혁신, 개인과 집단, 이론과 실천, 내면 세계와 외부 세계 사이에서 균형이 맞춰져야 한다.

변함없이 그래왔듯 차츰 진동추가 다시 움직이는 가운데 우리가 할 일은 언제나 그래왔던 것처럼 학교와 학생들이 균형을 잡게 도와주는 것이다. 교육의 세계에서 영구적인 유토피아란 없다. 끊임없이 변하는 세상에서 살아가는 사람들에게는 최적의 환경을 만들기 위한 지속적인 노력만이 있을 뿐이다. 그것이 바로 복잡하고 역동적인 시스템에서 살아가는 방식이다. 그리고 바로 지금, 교육이 변함없이 개인적 체험임에도 교육 쟁점이 점점 글로벌화돼가는 지금 그런 노력이 시급히 요구되고 있다.

혁명의 성패는 그 추진 아이디어만이 아니라 영향의 규모에 의해서도 결정된다. 그 아이디어가 혁명을 불러일으킬지 말지는 상황에 좌우된다. 적절한 시기에 충분한 사람들에게 반향을 일으키면서 행동을 촉구하느냐 마느냐에 따라 좌우된다는 얘기다. 내가 응원하는 혁명의 아이디어는 오래전부터 제기돼 있었다. 하지만 이제야 이 아이디어에 유리한 상황이 무르익으면서 변화에 점점 속도가 붙고 있다.

내가 옹호하는 원칙과 실천법의 대부분은 성공적으로 실행돼왔으나 지금까지는 제한적인 방법으로만 실행됐다. 공립학교, 전 교육구, 시험적인 시범 학교, 도심의 빈민 지역, 농촌 지역 사립학교에서만 이뤄졌고 전 국가적 차원에서는 현재까지 한 사례밖에 없다. 그렇다면 현재는 상황이 어떤 면에서 유리하게 달라졌을까? 첫째, 우리가 살아가는 삶의 환경이 급속도로 변하면서 이런 접근법이 제대로 이해되고 대대적으로 적용돼야 할 필요성이 시급해지고 있다. 둘째, 교육을 완전히 새로운 방식의 개인 맞춤형으로 변화시킬 만한 기술이 갖춰져 있다. 셋째, 세계 여러 지역에서 교육에 대한 사고방식과 실천법을 구조적으로 변화시켜야 한다는 여론이 크게 일고 있다.

이 책에서 살펴봤던 학교들은 모두 면밀하고 개인 맞춤화되고 몰입적인 교육, 모든 사람에게 필요하지만 너무 많은 사람들에게 너무도 오랫동안 거부돼왔던 그런 교육을 제공하려 힘쓰고 있다. 아직 혁명은 갈 길이 멀다. 이제는 선택된 소수만이 아니라 모든 사람을 위한 혁명이 되어야 한다. 지금은 위험성이 그 어느 때보다 높아져 그야말로 교육의 결과가 더없이 중요한 시기다.

우리 아이들이 병들어가고 있다

미국의 오바마 대통령은 한국의 교육을 본받아야 한다며 틈만 나면 우리의 교육열을 부러워한다. 그러나 정작 그런 뉴스를 접하는 우리는 뿌듯해하기보단 쓴웃음을 짓게 된다. 물론 국제학업성취도평가(PISA)나 수학올림피아드 등에서 우리나라 학생들이 세계 최상위권의 성적을 거두는 것을 보면, 적어도 수치상으로는 부러워할 만도 하다. 하지만 화려한 수치 이면의 속사정은 씁쓸하기만 하다. 우리 학생들은 평균 공부 시간이 세계 1위 수준이라고 할 만큼 '살인적' 학습 노동에 시달리고 있다. 오죽하면 이외수 작가가 "학원을 모두 마치고 집으로 돌아가는 초등학생들의 표정이 하루 종일 잡무에 시달리다 집으로 돌아가는 40대 일용직 노동자의 표정과 흡사하다"고 썼을까?

우리의 교육열은 과열되어 있을 뿐만 아니라 학벌 위주의 사회적 풍토 탓에 왜곡되어 있기도 하다. 교육열이라는 탈을 쓴 입시열이라 말해도 과언이 아닐 만큼 본질이 왜곡되었다. 아이들 개개인의 끼와 재능을 살려주는 진정한 의미의 '교육'열보다는 좋은 대학에 진학시키기 위한 '입시'열에 치우쳐 있다. 그리고 이로 인한 부작용은 한두 가지가 아니다. 과도한 입시 경쟁에 내몰린 우리 아이들은 OECD 회원국 가운데 청소년의 행복지수 꼴찌, 자살률 1위라는 슬픈 결과가 보여주듯 극심한 학업 스트레스에 시달리고 있다. 과도한 사교육비로 학부모는 허리가 휠 지경이다. 교육에 쏟아붓는 막대한 투자에도 불구하고 기업에서는 쓸 만한 인재가 없다고 푸념한다.

사실 교육열 자체는 나쁘지 않다. 그 교육열을 바람직한 방향으로 유도하기만 한다면 인적자원의 의존도가 높은 우리 경제의 미래를 위해 귀한 자원이 될 수 있다. 실제로 우리나라의 높은 교육열은 지난 반세기 동안 경제 급성장의 한 기둥으로서 역할을 해왔다. 하지만 이제는 방향이 바뀐 이 시대를 제대로 따라가지 못하고 있다. 과거의 산업화 시대에는 주입식, 암기식 교육이 효과적이었을지 몰라도 현재의 지식 기반 사회에서는 그렇지 못하다. 지금과 같은 입시 위주의 획일적인 교육 풍토는 급변하는 지식 기반 사회에서 필요로 하는 비판적이고 창의적인 사고력을 갖춘 인재의 양성에 부적합하다.

한마디로 현재 우리의 교육 방향은 교육의 주인공인 아이들의 행복도를 낮춘다. 뿐만 아니라 개인적으로나 사회적으로 비용 낭비적이고 소모적이며 시대 착오적이다. 아이들의 행복을 위해, 개인적·사회적 비용 낭비를 개선하기 위해, 또 변화된 시대에 적응하기 위해 교육의 근본적 변화가 필요하다.

이와 같은 시점에 이 책은 많은 공감과 희망을 느끼게 해준다. 유기적으로 얽혀 있는 교육 문제의 진단에서는 고개가 끄덕여지고, 바람직한 비전과 변화의 방향 제시에서는 희망이 엿보인다. 특히 교육에 관심이 있다면 누구나 변화에 동참할 수 있는 아래로부터의 교육 혁명 제시가 인상적이다.

지금은 여러 면에서 아래로부터의 혁명이 시급하다. 정부의 교육 정책이나 정책 입안자들에게만 내맡긴 채 마냥 손놓고 있을 때가 아니다. 무엇보다도 우리의 미래인 아이들이 무한경쟁의 입시지옥 속에서 지치고 병들어가고 있다.

마지막으로 저자가 이 책의 서두에서 던졌던 질문을 다시 한 번 묻고 싶다. 우리의 교육 현실이 걱정스러운가? 그렇다면 이 책에서 가능성과 희망을 느껴보길, 그리고 변화에 동참하길 권한다.

주

들어가는 글 · 자정 1분 전

1. 이 점에 관한 내 전반적 주장을 뒷받침해주는 몇 가지 개념과 실행에 대해 더
    구체적으로 알고 싶다면 나의 저서와 출판물을 참고하라. *Learning Through
    Drama*(1977), *The Arts in Schools: Principals, Practice and Provision*(1982),
    All Our Futures: Creativity, Culture and Education(1999), *Out of Our Minds:
    Learning to Be Creative* (2001 and 2011), *The Element: How Finding Your
    Passion Changes Everything*(2009), *Finding Your Element: How to Discover
    Your Talents and Passions and Transform Your Life*(2013).

2. 나는 내 TED 강연이 인기를 끈 이후에 특히 전세계의 이런저런 사람들과 내 아
    이디어를 놓고 토론을 벌여왔다. 뿐만 아니라 이 아이디어들을 다룬 글들도 많이
    나왔다. 그중에는 내게 공감한다고 밝히는 사람들도 있고 공감하지 못한다고 밝
    히는 이들도 있다. 내게 공감하지만 내 주장의 본질을 이해하면 선뜻 공감이 안
    된다는 이들도 있다. 더러는 내 생각을 잘못 전달하면서 흠집을 잡는 이들도 있
    다. 나는 내 생각에 대해서는 언제든 기꺼이 설명할 마음이 있지만, 내 생각이 아
    닌 그들 멋대로의 생각에 대해서는 그럴 마음이 없다. 교육을 진전시키려면 우
    리는 서로 공감하는 점과 공감하지 못하는 점이 무엇인지를 알아야 한다. 그래서
    독자 여러분이 이쪽이든 저쪽이든 태도를 결정할 수 있도록 내 입장을 최대한 분
    명하게 밝히려 한다. 다음을 참조하라.
    http://edition.cnn.com/2002/ALLPOLITICS/01/19/bush.democrats.radio/
    index.html.

제1장 · 기본으로 돌아가라

1. 로리는 스모키로드중학교가 9년 전에는 상상할 수도 없었을 진보 이후, 즉 그녀가 지침에서 빠져나갈 구멍을 찾아낸 덕분에 진보를 이뤄낸 후 다음 도전에 나섰다. 사실 우리의 인터뷰는 몬태나 주 캘리스펠로 이동하던 로리의 차 안에서 오갔다. 그때 로리는 에버그린 교육구의 교육감으로 임명받아 그곳으로 가던 중이었다. 그 이후 다시 연락할 기회가 없었지만 그녀가 어떻게 일하고 있을지는 미뤄 짐작이 된다. 전통이나 외부의 지시를 순순히 따르며 그 지역 학생에게 무엇이 최선일지를 판단하지는 않을 것이다.

2. "Bush Calls Education 'Civil Civil Rights Issue of Our Time,'" CNN.com, January 19, 2014. 다음을 참조했다. http://edition.cnn.com/2002/ ALLPOLITICS/01/19/bush.democrats.radio/ index.

3. 2012년 중국 국가주석 시진핑은 다음과 같이 밝혔다. "우리 중국 인민은 삶에 대한 열정이 뜨겁습니다. 더 나은 교육, 더 안정된 직장, 더 많은 소득, 더 높은 수준의 사회보장, 더 질 좋은 보건의료 서비스, 더 향상된 주거 환경, 더 나은 환경을 원합니다." "Transcript : Xi Jjinping's Speech at the Unveiling New Chinese Leadership(video)," *South China Morning Post*, November 15, 2012.

4. 호세프는 다음과 같이 역설했다. "교육의 질이 향상돼야만…… 기술과 지식의 혜택을 최대한 누리도록 국가를 이끌어갈 역량을 갖춘…… 청소년들을 키워낼 수 있습니다." Edouardo J. Gomez, "Dilma's Education Dilemma," *Americas Quarterly*, Fall 2011.

5. Organisation for Economic Co-operation and Development (OECD), "PISA Key Findings." 다음을 참조했다. http://www.oecd.org/pisa/keyfindings.

6. 그 구체적 사례가 궁금하다면 다음의 사이트들을 참조하라. http://internationalednews.com/2013/12/04/pisa-2012-headlines-from-around-the-world/, http://www.artofteachingscience.org/pisa-headlines-from-the-uk-world-league-standings.

7. U.S. Department of Education, "The Threat of Educational Stagnation and Complacency." Remarks of U.S. Secretary of Education Arne Duncan at the release of the 2012 PISA, December 3, 2013. 다음을 참조하라. http://www.ed.gov/news/speeches/threat-educational-stagnation-and-complacency.

8. "정상을 향한 경주는 미국 교육의 역사적 순간을 기록하고 있습니다. 이 프로그램은 미국 전역의 주에 확실한 자극을 줌으로써 학교 내에서의 지도와 학습 수준 향상을 위한 제도 개혁에 박차를 가하려는 의지를 북돋고 있습니다. 정상을 향한 경주는 교육제도에 중대한 변화를 주도하면서 특히 표준을 끌어올리고 대학과 진로 준비라는 목표에 맞춰 정책과 체계를 조정하는 분야에서 큰 변화를 이끌어 왔습니다. 또한 미국 전역의 주들이 표준의 향상을 추구하고, 교사의 효율성을 높이고, 수업에서 자료를 효율적으로 활용하고, 어려움에 처해 고군분투하는 학교들을 지원해줄 새로운 전략을 채택하도록 유도해왔습니다." 백악관이 발표한 '정상을 향한 경주(Race to the Top)'는 다음을 참조했다. www.whitehouse.gov/issues/education/k-12/race-to-the-top.

9. "Background and Analysis: The Federal Education Budget," *New America Foundation Federal Education Budget Project*, April 30, 2014. 다음을 참조했다. http://febp.newamerica.net/background-analysis/education-federal-budget.

10. Sean Cavanagh, "Global Education Market Tops $4 Trillion, Analysis Shows," Education Week.com, *Marketplace* K12. February 7, 2013. 다음을 참조했다. http://blogs.edweek.org/edweek/marketplacek12/2013/02/size_of_global_e-learning_market_4_trillion_analysis_how.html.

11. Elizabeth Harrington, "Education Spending Up 64% Under No Child Left Behind But Test Scores Improve Little," CNSNews.com, September 26, 2011. 다음을 참조했다. http://www.cnsnews.com/news/article/education-spending-64-under-no-child-left-behind-test-scores-improve-little. http://www.cnsnews.com/news/article/education-spending-64-under-no-child-left-behind-test-scores-improve-little.

12. U.S. Department of Education, "A Nation at Risk: The Imperative for

Educational Reform," April 1983. 다음을 참조했다. http://datacenter.spps. org/uploads/sotw_a_nation_at_risk_1983.pdf.

13. World Bank Education Statistics. 다음을 참조했다. http://datatopics. worldbank.org/education/EdstatsHome.aspx.

14. "환경이 다른데다 경험도 저마다 다른 수많은 학생을 똑같은 구조 하에 묶어놓 는다면 21세기의 고등학교에서 표방하는 목표는 무엇인가?" 존스홉킨스대학교 의 연구원 로버트 발팬즈(Robert Balfanz)는 이런 의문을 제기하면서 다음과 같 이 말한다. "설득력 있는 증거를 통해 암시되듯이, 학교에 다니는 학생들 사이에 서나 학생들을 편제하는 교육구와 주들 사이에서나 점점 공감대가 높아지는 사 실이 있다. 오늘날의 고등학교에서는 학교나 재학생의 특징을 불문한 채 무조건 대학 진학 준비를 주된 목표로 내세우고 있다는 점이다."

15. 이런 트렌드와 관련해 다음 저서에 유용한 분석이 실려 있다. Diane Ravitch, *Reign of Error: The Hoax of the Privatization Movement and the Danger to America's Public Schools*, New York: Knopf, 2013.

16. National Center for Education Statistics, "PISA 2012 Results." 다음을 참조했 다. http://nces.ed.gov/surveys/pisa/pisa2012/index.asp.

17. OECD, "PIAAC Survey of Adult Skills 2012 - USA." 다음을 참조했다. http:// www.oecd.org/site/piaac/surveyofadultskills.htm.

18. Paul R. Lehman, "Another Perspective: Reforming Education - The Big Picture," *Music Educators Journal*, Vol. 98, No. 4 (June 2012), pp.29-30.

19. "2006 National Geographic Roper Survey of Geographic Literacy," *National Geographic*. 다음을 참조했다. http://www.nationalgeographic. com/roper2006/findings.html.

20. 각각 2008년도와 2013년도 자료인 다음 사례를 참조하라. http://www. theguardian.com/education/2008/nov/19/bad-at-geography, http://www. britishairways.com/en-gb/bamediacentre/newsarticles?articleID=2014011 5072329&articleType=LatestNews#.VG226zB1-uY.

21. 영국에서는 졸업자 실업률이 2000년의 5.6퍼센트에서 2011년 12퍼센트로 뛰 었다. 같은 기간 유럽 대륙 역시 졸업자 실업률이 대다수 지역에서 늘어났고 한

두 지역만이 예외였다. 특히 핀란드는 14.8퍼센트에서 7.4퍼센트로 크게 떨어졌다. 2011년 10월 기준으로, 미국에서는 2011년에 대학을 졸업한 20~29세의 실업률이 12.6퍼센트였다. 이 연령층에서는 최근에 학사 학위를 취득한 비율이 13.5퍼센트였고 석·박사 학위를 취득한 비율이 8.6퍼센트였다. 대학 졸업자의 최근 실업률은 얼마 전인 2009년 10월에 정점을 찍은 이후 약간 개선되긴 했으나 여전히 2007~2009년 경기침체기 이전보다 높다. http://www.bls.gov/opub/ted/2013/ted_20130405.htm. 미국에서는 2014년에 21~24세의 8.5퍼센트, 25세 이상의 3.3퍼센트, 갓 졸업한 청년층의 16.8퍼센트가 '실업자'였다. http://www.slate.com/blogs/moneybox/2014/05/08/unemployment_and_the_class_of_2014_how_bad_is_the_job_market_for_new_college.html. 다음의 두 사이트도 참조하라. http://www.epi.org/publication/class-of-2014/, http://www.bls.gov/emp/ep_chart_001.htm.

22. European Commission, "Youth Unemployment Trends," Eurostat UnemploymentStatistics, December 2013. 다음을 참조했다. http://epp.eurostat.ec.europa.eu/statistics _expla ined /index.php/Unemployment_statistics#Youth_unemployment_trends.

23. 1990~2012년 미국의 대학 졸업자 실업률은 경기침체의 최절정기이던 2010년에 최고점을 찍으면서 전체 대학 졸업자와 최근 대학 졸업자가 각각 2.9퍼센트와 4.3퍼센트의 실업률을 기록했다. Jaison R. Abel, Richard Deitz, Yaquin Su, "Are Recent College Graduates Finding Good Jobs?," Federal Reserve Bank of New York report, *Current Issues in Economics and Finance*, Vol. 20, No. 1 (2014), pp. 1~8.

24. 2008년에 대학 졸업자의 35퍼센트 이상이 불완전 취업자였다. 뉴욕연방준비은행(Federal Reserve Bank of New York)의 보고에 따르면 지난해 6월 기준으로, 불완전 취업 상태의 졸업자 비율은 무려 44퍼센트로 치솟았다. 그런데 이런 비율 상승은 단순히 경기침체 때문만은 아니었다. 불완전 취업률은 2001년 이후부터 꾸준히 증가 추세이니 말이다. 더 고학력을 취득한다고 해서 꼭 유용한 것도 아니다. 오히려 대학원 진학이 불이익이 되기도 한다. 2008년에 박사 학위나 전문직 학위 취득자의 22퍼센트가 불완전 취업자였다. 이 수치는 석사 학위 취득자의

경우엔 59퍼센트까지 올라간다.

25.   "Sustainable and Liveable Cities: Toward Ecological Civilization," *China National Human Development Report 2013*, February 2, 2014. 다음을 참조했다. http://www.cn.undp.org/content/dam/china/docs/Publications/UNDP-CH_2013%20NHDR_EN.pdf.

26.   OECD, *Education at a Glance 2013: OECD Indicators*, OECD Publishing, 2013, DOI: 10.1787/eag-2013-en.

27.   다른 형태의 빚과는 달리 학자금 빚은 파산을 통해 구제받지 못한다. 이런 사실은 채권추심업체에는 반가운 소식으로 작용했다. 2008년 경기침체 이후 채권추심업자들은 불모의 시기를 보냈다. 기업채무자들 다수가 채무를 불이행하면서 파산절차에 들어가는 바람에 위탁 채권추심업자들을 좌절시켰으니 그럴 만도 했다. 학자금 빚은 기업채무와는 경우가 다르다. 반드시 갚아야만 하는 빚이다. 내가 읽었던 기사에서 어느 추심 대행사 대표는 실제로 추심업의 미래가 다시 밝아졌다며 기쁨을 드러냈다. 특히 그가 학자금 빚의 회수 가망이 "군침이 돌 만한" 수준이라고 밝힌 대목에서는 소름이 돋았다. 한마디로 제도 변질의 섬뜩한 사례다.

28.   Donghoon Lee, "Household Debt and Credit: Student Debt," Federal Reserve Bank of New York media advisory, February 18, 2013.

29.   더 자세히 알고 싶다면 토니 와그너의 다음 저서를 참조하기 바란다. Tony Wagner, *The Global Achievement Gap: Why Even Our Best Schools Don't Teach the New Survival Skills Our Children Need - and What We Can Do About It*, New York: Basic Books, 2014.

30.   Yong Zhao, "Test Scores vs. Entrepreneurship: PISA, TIMSS, and Confidence," Zhaolearning.com, June 6, 2012. 다음을 참조했다. http://zhaolearning.com/2012/06/06/test-scores-vs-entrepreneurship-pisa-timss-and-confidence/.

31.   "The Enterprise of the Future," IBM 2008 Global CEO Study. 다음을 참조했다. https://www-935.ibm.com/services/uk/gbs/pdf/ibm_ceo_study_2008.pdf.

32. http://zhaolearning.com/2012/06/06/test-scores-vs-entrepreneurship-pisa-timss-and-confidence/.

33. Yong Zhao, "'Not Interested in Being #1': Shanghai May Ditch PISA," Zhaolearning.com, May 25, 2014. 다음을 참조했다. http://zhaolearning.com/2014/05/25/not-interested-in-being-#1-shanghai-may-ditch-pisa/.

34. U.S. Census Bureau, "Current Population Survey 2013," *Annual Social and Economic Supplement* 2012. 다음을 참조했다. http://www.census.gov/hhes/www/cpstables/032013/pov/pov28_001.htm.

35. 예를 들어 워싱턴 D.C., 오리건 주, 알래스카 주, 조지아 주, 네바다 주 대도시 빈민가의 다수 교육구들의 경우엔, 졸업률이 70퍼센트에 크게 못 미친다.

36. Henry M. Levin and Cecilia E. Rouse, "The True Cost of High School Dropouts," *The New York Times*, January 25, 2012. 다음을 참조했다. http://www.nytimes.com/2012/01/26/opinion/the-true-cost-of-high-school-dropouts.html?_r=3&.

37. Daniel A. Domenech, "Executive Perspective: Real Learning on the Vocational Track," A ASA, May 2013. 다음을 참조했다. http://www.aasa.org/content.aspx?id=28036.

38. Mariana Haynes, "On the Path to Equity: Improving the Effectiveness of Beginning Teachers, "Alliance for Excellent Education report, July 2014.

39. Richard M. Ingersoll, "Is There Really a Teacher Shortage?," University of Washington research report R-03-4, September 2003.

40. Carla Amurao, "Fact Sheet: How Bad Is the School-to-Prison Pipeline?" PBS.com, *Tavis Smiley* Reports. 다음을 참조했다. http://www.pbs.org/wnet/tavissmiley/tsr/education-under-arrest/school-to-prison-pipeline-fact-sheet/.

41. "School-to-Prison Pipeline." ACLU. 다음을 참조했다. www.aclu.org/school-prison-pipeline.

42. http://www.cea-ace.ca/sites/cea-ace.ca/files/cea-2012-wdydist-report-1.pdf.

43.	"South Korea: System and School Organization," NCEE. 다음을 참조했
다. http://www.ncee.org/programs-affiliates/center-on-international-
education-benchmarking/top-performing-countries/south-korea-
overview/south-korea-system-and-school-organization/.

44.	Reeta Chakrabarti, "South Korea's Schools: Long Days, High Results,"
BBC.com, December, 2, 2013. 다음을 참조했다. http://www.bbc.com/news/
education-25187993.

45.	"Mental Health: Background of SUPRE," World Health Organization
website. 다음을 참조했다. http://www.who.int/mental_health/prevention/
suicide/background/en/.

제2장 · 어떻게 교육 모델이 탄생했는가

1.	Edward Peters, "Demographics," Encyclopedia Britannica Online. 다음을
참조했다(2014년 6월 17일 기준).
http://www.britannica.com/EBchecked/topic/195896/history-of-
Europe/58335/Demographics.

2.	Thomas Jefferson, *The Works of Thomas Jefferson*, ed. Paul Leicester Ford,
New York: G. P. Putnam, 1904.

3.	예를 들어 프랑스의 중등교육은 2단계로 짜여 있다. 첫 번째 단계인 르콜라주(le
collège)는 11~15세의 학생을 가르치고, 두 번째 단계인 르리세(le lycée)는 대
입을 목표로 하는 15~18세의 학생을 대상으로 3년 과정의 교육을 제공한다. 이
탈리아는 중등교육이 2단계로 나뉜다. '아 스쿠올라 세콘다리아 디 프리모 그라
도(a scuola secondaria di primo grado)'라는 첫 번째 단계는 3년 과정으로 공
통 과목을 가르친다. 두 번째 단계인 '라 스쿠올라 세콘다리아 디 세콘도 그라도
(la scuola secondaria di secondo grado)'는 5년 과정으로서 처음 2년의 커리
큘럼은 의무적이며 나머지 3년간은 진로를 자유롭게 선택하는 것이 가능하다. 미
국의 중등교육은 법정 정규교육의 마지막 4년(9학년부터 12학년까지)에 해당되

며, 4년제 고등학교 과정을 통하거나, 아니면 '중학교'의 마지막 1년과 3년제 고등학교를 합친 과정을 통해 이수하게 된다.

4. 이 과정에 대해서는 『엘리먼트를 찾아서(Finding Your Element)』에서 상세히 다루었다.

5. 리처드는 2005년 영국에서 '올해의 교장상'을 수상했으며, 2006년에는 그의 저서가 포르투갈 리스본에서 열린 유네스코 세계문화예술교육대회(UNESCO World Arts Education Conference)에서 찬사를 받기도 했다. 그는 요즘엔 세계 이곳저곳을 돌아다니며 공교육과 사교육, 리더십, 변화, 인간의 재능 등과 관련된 다양한 단체들과 협력하고 있다.

6. http://www.silentspring.org/legacy-rachel-carson.

7. 산업적 라이프스타일과 농촌의 라이프스타일이 인간의 건강에 미치는 영향이 궁금하다면 다음 책을 참조하라. T. Campbell, T. Colin, and Thomas M. Campbell, *The China Study: The Most Comprehensive Study of Nutrition Ever Conducted and the Startling Implications for Diet, Weight Loss, and Longterm Health*, Dallas, TX: BenBella, 2005.

8. "Principles of Organic Agriculture," IFOAM. 다음을 참조했다. http://www.ifoam.org/en/organic-landmarks/principles-organic-agriculture.

9. P21의 웹사이트를 참조하라. http://www.p21.org.

10. James Truslow Adams, *The Epic of America*, Safety Harbor, FL: Simon Publications, 2001.

11. "Los Angeles, California Mayoral Election, 2013," Ballotpedia. 다음을 참조하라. http://ballotpedia.org/LosAngeles,_California_mayoral_election,_2013.

제3장 · 변화의 기회는 어디에 있는가

1. 다음의 노스 스타 웹사이트 참조하라. http://northstarteens.org/overview/.

2. "The Story of Liberated Learners." 다음을 참조했다. http://www.liberatedlearnersinc.org/the-story-of-liberated-learners/.

3.   U.S. Department of Education, "A Nation at Risk: The Imperative for Educational Reform, " April 1983. 다음을 참조하라.
http://datacenter.spps.org/uploads/sotw_a_nation_at_risk_1983.pdf.

4.   같은 보고서.

5.   핀란드의 교육제도에 대한 더 자세한 이야기는 다음을 참조하라. P. Sahlberg, *Finnish Lessons 2.0: What Can the World Learn from Educational Change in Finland?*, New York: Teachers College Press, 2014.

6.   "What Are Complex Adaptive Systems?," Trojanmice.com. 다음을 참조했다.
http://www.trojanmice.com/articles/complexadaptivesystems.htm.

7.   창발성의 역동성을 둘러싼 전반적 논의에 대해서는 다음을 참조하라. Steven Johnson, *Emergence: The Connected Lives of Ants, Brains, Cities, and Software*, New York: Scribner, 2002.

8.   학습의 변화와 관련된 신기술의 가능성에 대한 흥미로운 이야기가 궁금하다면 다음을 참조하라. Dave Price, "Open: How We'll Work, Live and Learn in the Future," 2013.

9.   Dave Price, *Open: How We'll Work, Live and Learn in the Future City*, Crux Publishing, 2013.

10.   Marc Prensky, *Digital Game Based Learning*, New York: McGraw Hill, 2001. 다음을 참조하라. www.janemcgonigal.com. Jane McGonigal, *Reality is Broken*, Penguin, 2011.

11.   Peter Brook, *The Open Door*, New York: Touchstone, 1996.

제4장 · 아이는 타고난 학습자다

1.   Sugata Mitra, "The Child-Driven Education," TED talks transcript. 다음을 참조하라.
http://www.ted.com/talks/sugata_mitra_the_child_driven_education/transcript?language=en.

2.   같은 강연.

3.   Chidanand Rajghatta, "NR I Education Pioneer, Dr. Sugata Mitra, Wins
        $1 Million TED Prize," *The Times of India*, February 27, 2013. 다음을 참
        조했다. http://timesofindia.indiatimes.com/nri/us-canada-news/NRI-
        education-pioneer-Dr-Sugata-Mitra-wins-1-million-TED-Prize/
        articleshow/18705008.cms.

4.   "The School in the Cloud Story," School in the Cloud. 다음을 참조했다.
        https://www.theschoolinthecloud.org/library/resources/the-school-in-
        the-cloud-story.

5.   공정히 말하자면, 모든 사람이 수가타 미트라의 연구를 그대로 받아들이는 것은
        아니다. 특히 그의 주장이 전통적 교수법과 시스템을 경시하는 방향으로 너무 쏠
        려 있다고 여기는 사람들이 반대 의견을 내놓고 있다. 가령 브렌트 실비(Brent
        Silby)는 학술지 《교육 저널(Journal of Education)》에서 다음과 같이 밝혔다.
        "미트라는 과거의 지적 전통주의 교육 모델로는 학생들에게 현대의 세계적 문제
        에 직면하는 데 필요한 능력을 갖춰주지 못할 것이라고 생각한다. 하지만 나는
        그 생각에 반대다. 학습에서 하향식 접근법이 토대가 불안정해 그 위에 쉽게 뭔
        가를 쌓을 수 없는 지식을 제공할까봐 우려된다. 미트라는 과거의 아이디어가 현
        재의 문제 해결에는 활용될 수 없다고 여기지만 나는 과거를 무시하는 것이야말
        로 위험한 발상이라고 생각한다. 지적 전통주의 교육 모델은 학생들에게 그 위에
        지식을 쌓을 만한 견고한 토대를 제공해준다. 새로운 문제를 다루려면 이런 토대
        가 정말 중요하다. 견고한 토대가 없다면 새로운 지식을 획득하려는 어떠한 시도
        든 실패할 위험이 있다. 21세기의 문제들은 역사적 전문 의견과 지식의 도움 하
        에 다뤄야 한다. 우리가 21세기 세계를 쌓아올리도록 토대가 되었던 바로 그 지
        식의 도움 말이다."

6.   프리스쿨에 대해 더 자세히 알고 싶다면 다음을 참조하라. newschoolsnetwork.
        org.

7.   Jeffrey Moussaieff Masson, *The Pig Who Sang to the Moon: The Emotional
        World of Farm Animals*, New York: Ballantine, 2003.

8.   "Are Crows the Ultimate Problem Solvers?," *Inside the Animal Mind*,

BBC, 2014. 다음 동영상을 참조하라. https://www.youtube.com/watch?v=AVaITA7eBZE.

9. 다음을 참조하라. http://www.koko.org/history1.

10. 다음을 참조하라. 『내 안의 창의력을 깨우는 일곱 가지 법칙』, 제4장 창의성이란 무엇인가.

11. "The Components of MI," MIOasis.com. 다음을 참조했다. http://multipleintelligencesoasis.org/about/the-components-of-mi/.

12. Karl Popper, *Conjectures and Refutations: The Growth of Scientific Knowledge*, New York: Routledge Classics, 2003.

13. 이 부분을 비롯해서 학습과 지능의 역동성에 대해 흥미롭고 유익한 논의를 보고 싶다면 다음을 참조하라. Daniel T. Willingham, *Why Don't Students Like School? A Cognitive Scientist Answers Questions About How the Mind Works and What It Means for the Classroom*, San Francisco: Jossey-Bass, 2009.

14. Carl Honoré, *In Praise of Slowness : How a Worldwide Movement Is Challenging the Cult of Speed*, San Francisco: HarperSanFrancisco, 2004.

15. Joe Harrison, "One Size Doesn't Fit All! Slow Education at Holy Trinity Primary School, Darwen." 다음을 참조했다. http://sloweducation.co.uk/2013/06/13/one-size-doesnt-fit-all-slow-education-at-holy-trinity-primary-school-darwen/.

16. Monty Neill, "A Child Is Not a Test Score: Assessment as a Civil Rights Issue," *Root and Branch* (Fall 2009), pp. 29~35.

17. Peter Gray, "The Decline of Play," TEDx Talks: Navesink. 다음을 참조하라. https://www.youtube.com/watch?v=Bg-GEzM7iTk.

18. Peter Gray, *Free to Learn: Why Unleashing the Instinct to Play Will Make Our Children Happier, More Selfreliant, and Better Students for Life*, New York: Basic, 2013.

제5장 · 교사는 일종의 예술가다

1. Melissa McNamara, "Teacher Inspires Kids to Love Learning," CBS Interactive, January 31, 2007. 다음을 참조했다.
http://www.cbsnews.com/news/teacher-inspires-kids-to-love-learning/.

2. 같은 인터뷰.

3. Rafe Esquith, *Teach like Your Hair's on Fire : The Mothods and Madness Inside Room 56*, New York: Viking, 2007.

4. John Hattie, *Visible Learning: A Synthesis of Over 800 Metaanalyses Relating to Achievement*, London: Routledge, 2009.

5. 세계 곳곳의 교사들과 협력해온 교육 컨설턴트 앨리스테어 스미스는 저서 『우수 수행자들 : 성공적인 학교들의 비밀』에서 다음과 같이 밝혔다. "최고의 학교에서 최고의 교사들과 공부하는 학생들은 최악의 학교에서 최악의 교사들과 공부하는 학생들보다 해마다 적어도 3배는 더 많이 배우고 있다. 따라서 지도와 교사의 질에 대한 투자가 필요하다." Alistair Smith, *High Performers : The Secrets of Successful Schools*, Carmarthen, Wales: Crown House Pub, 2011.

6. "Gove, the Enemy of Promise," *Times Higher Education*, June 13, 2013. 다음을 참조했다.
http://www.timeshighereducation.co.uk/features/gove-the-enemy-of-promise/2004641.article.

7. 이런 식으로 생각하는 것이 마이클 고브만은 아니다. 대학이 장래 교사들에게 쓸데없는 이론과 사회적 비평을 주입시키고 있다는 견해가 형성돼 있다. 미국에서는 대다수 차터스쿨이 주 정부와 연방 정부의 명령을 따르지 않을 수 있는 면제권을 갖는다. 그래서 자신들이 가르치는 교과 내용에 대해서는 해박하지만 그 외 지도 기술은 배울 필요가 없었던 교사들을 채용할 수도 있다.

8. Jessica Shepherd, "NUT Passes Unanimous Vote of No Confidence in Michael Gove," TheGuardian.com, April 2, 2013. 다음을 참조했다.
http://www.theguardian.com/education/2013/apr/02/nut-no-confidence-michael-gove.

9. "Minister Heckled by Head Teachers," BBC.com, May 18, 2013. 다음을 참조했다. http://www.bbc.com/news/education-22558756.

10. 싱가포르에서는 교원 양성 기관이 국립교육대학뿐이며, 이 대학에 들어가려면 고등학교 성적이 상위 3분의 1에 들어야 한다. 이곳에서 장래 교사들은 과목에 대한 전문 지식뿐만 아니라 지도 기술까지 아주 중시하는 엄격한 프로그램을 이수하게 된다. 한국에서는 학생들이 최대한 자질이 잘 갖춰진 교사들에게 가르침을 받도록 많은 노력을 기울이며 시간제 강사까지 교원 자격증 소지를 의무화하고 있다.

11. Thomas L. Friedman, "Foreign Affairs: My Favorite Teacher," *The New York Times*, January 8, 2001.

12. Hilary Austen, *Artistry Unleashed: A Guide to Pursuing Great Performance in Work and Life*, Toronto: University of Toronto, 2010.

13. Wright's Law, dir. Zack Conkle. 2012.

14. 같은 웹사이트.

15. Rita Pierson, "Every Kid Needs a Champion," Ted.com, May 2013.

16. Joshua Davis, "How a Radical New Teaching Method Could Unleash a Generation of Geniuses," Wired.com, October 13, 2013. 다음을 참조하라. http://www.wired.com/2013/10/free-thinkers/.

17. 다음에서 발췌했다. http://www.buildinglearningpower.co.uk. BLP의 원칙, 기교, 영향에 대해 더 자세히 알고 싶다면 이 사이트를 방문해보라.

18. Eric Mazur, Keynote Session, SSAT National Conference. 다음을 참조했다. http://youtube/lDK25TlaxVE.

19. Cynthia J. Brame, "Flipping the Classroom," Vanderbilt University Center for Teaching report. 다음을 참조했다. http://cft.vanderbilt.edu/guides-sub-pages/flipping-the-classroom/.

20. "Up Close and Personal in a Khan Academy Classroom," Khan Academy blog, September 6, 2013. 다음을 참조했다. http://www.khanacademy.org/about/blog/post/60457933923/up-close-and-personal-in-a-khan-academy-classroom.

21.   영국의 전 교육부장관 마이클 고브는 아이들이 창의성을 발휘하기 전에 먼저 필요한 기술부터 배워야 한다는 견해를 밝혔다. 그의 말에 따르면 영어의 경우 "자신의 생각을 표현할 수 있기 전에 특정 기술을 익혀야 한다. 일련의 지식을 습득하느냐에 따라 창의성이 결정된다……. 문장의 구조, 단어의 뜻, 문법을 제대로 모르면 창의적이 될 수 없다"는 것이다. 그는 수학 분야와 관련해서도 한마디 덧붙이길, "아이들이 지식을 축적시키지 않거나 숫자를 자신 있게 다룰 줄 모르거나 곱셈과 장제법(12 이상의 수로 나누는 나눗셈-옮긴이)을 술술 풀 정도가 되지 못하면, 수학을 창의적으로 활용하지 못하게 될 것이며…… 미래에 우리의 삶을 향상시켜줄 만한 발견을 이뤄내지도 못할 것이다"라고 했다. 그의 말대로라면 당신에게 음악적 재능이 있다면 "가장 먼저 음계부터 익혀야 한다. 창의성이 발산될 기반부터 쌓아야 한다". 모두 상식처럼 들린다. 하지만 틀렸거나, 기껏 절반의 진실에 불과한 상식이 어디 한두 가지인가.

22.   나는 (2013년 5월 17일 자의) 《가디언》지 기사를 통해 당시의 영국 교육부장관 마이클 고브의 발언에 대한 응답으로서 이런 점을 지적했다.
http://www.theguardian.com/commentisfree/2013/may/17/to-encourage-creativity-mr-gove-understand.

제6장 · 무엇을 가르쳐야 하는가

1.   다음을 참조하라. http://www.hightechhigh.org/.

2.   Jeff Robin, "Project Based Learning," *Video*, October 15, 2013. 다음을 참조했다. http://dp.hightechhigh.org/~jrobin/ProjectBasedLearning/PBL_is.html.

3.   한 예로 다음을 참조하라. http://www.coreknowledge.org/ed-hirsch-jr. "About the Standards," Common Core State Standards Initiative. 다음을 참조했다. http://www.corestandards.org/about-the-standards/.
이 사이트에서 꾸준히 주장하는 바에 따르면, 이 '공통의 핵심적' 학습 표준은 연구와 증거를 기반으로 하고, 명백하고 수긍할 만하고 일관성이 있으며, 대입과 미래 진로에 대한 기대에 보조를 맞추고 있고, 고차원적 사고를 통해 내용과 지식의 적용에 엄격을 기하고 있으며, 현재의 국가표준에서 나타나는 장점과 교훈을 토대로 삼고 있고, 경제와 사회의 글로벌화 추세에 모든 학생이 차질 없이 준비하도록 학업성취도 최상위 국가들의 정보도 제공하고 있다.

4. 찰스 다윈은 자신의 학교생활을 떠올리며 이렇게 말했다. "내 지성에 학교보다 끔찍한 시간을 안겨준 것도 없다. 철저히 고전적인 약간의 고대 지리와 역사 빼고는 배운 것이 별로 없다. 내게 교육 수단으로서의 학교는 완전히 꽝이었다. 나는 그때껏 공부하면서 다른 언어는 배우지도 못했다……. 그런 식의 (고전) 공부로부터 얻은 즐거움이 딱 하나 있다면 내가 존경해 마지않는 호라티우스의 송가 몇 편뿐이다." Charles Darwin, *The Autobiography of Charles Darwin*. 다음을 참조했다. http://www.public-domain-content.com/books/Darwin/P2.shtml.

5. 나는 『내 안의 창의력을 깨우는 일곱 가지 법칙』에서 이와 같은 발전에 관해 보다 상세히 살펴봤다.

6. 제1장에서 나는 국가별로 다양한 교육제도가 운영되고 있으며, 국가에 따라 커리큘럼에 대한 관점이 다르다는 점을 지적했다. 정말로 그렇다. 그뿐만 아니라 여러 국가별로 커리큘럼에 지배적 형태가 있기도 하다. 예를 들어 상하이의 경우 1980년대에 대대적 커리큘럼 개혁이 시작돼 개념적이고 체험적인 학습으로 초점이 옮겨지고 있다. 이 커리큘럼은 의무 수업, 선택 수업, 방과 후 프로그램의 세 가지 요소로 구성돼 있으며 "모든 질문에는 하나 이상의 답이 존재한다"는 구호를 내세우고 있다. 커리큘럼이 소수 과목 위주였던 데다 교사들이 학생들의 시험 성적을 높이는 데만 치중했던 그 이전과 비교하면 엄청난 변화다.

7. 'oracy'는 1960년에 영국의 교육자 앤드루 윌킨슨(Andrew Wilkinson)이 만들어낸 용어다. 다음을 참조하라. Terry Phillips and Andrew Wilkinson, *Oracy Matters: The Development of Talking and Listening* (Education, English, Language, and Education series), ed. Margaret Maclure, Bristol, PA: Open University Press, 1988.

8. 다음을 참조하라. William Damon, "Peer Education: The Untapped Potential," *Journal of Applied Developmental Psychology*, Vol. 5, Issue 4,

October – December 1984, pp. 331-43.

9.   더 자세히 알고 싶다면 다음 주소에서 시민성재단(Citizenship Foundation)의 훌륭한 자료를 참조하라. http://www.citizenshipfoundation.org.uk/index.php.

10.   Elliot Washor and Charles Mojkowski, "High Schools as Communities in Communities," *The New Educator 2* (2006), pp. 247-57.

11.   Elliot Washor and Charles Mojkowski, *Leaving to Learn : How Out-of-School Learning Increases Student Engagement and Reduces Dropout Rates*, Portsmouth, NH: Heinemann, 2013. 나는 기쁜 마음으로 이 책의 머리말을 쓰기도 했다.

12.   Elliot Washor and Charles Mojkowski, *Leaving to Learn*.

13.   "Big Picture Learning – A School for the 21st Century," Innovation Unit, November 18, 2013. 다음을 참조했다. http://www.innovationunit.org/blog/201311/big-picture-learning-school-21st-century.

14.   다음을 참조하라. http://www.mmhs.co.uk/we-are-different.

15.   다음을 참조하라. http://www.yaacovhecht.com/bio/.

16.   Yaacov Hecht, "What Is Democratic Education?," Schools of Trust YouTube Channel. 다음을 참조했다. http://youtube/BlECircdLGs.

17.   Yaacov Hecht, "Democratic Education: A Beginning of a Story," *Innovation Culture*, 2010.

18.   다음을 참조하라. http://www.educationrevolution.org/store/jerrymintz/.

19.   이 부분과 관련해서 실제 진행 방식과 그 효과에 대한 자세한 설명은 생략했다. 궁금하다면 다음 자료를 참조하기 바란다. Ken Robinson, *All Our Futures : Creativity, Culture and Education*, 1999.

제7장 · 지긋지긋한 시험

1.   Ronda Matthews, "What Testing Looks Like." 다음을 참조했다. https://www.youtube.com/watch?v=KMAjv4s5y3M&feature=youtube.

2. "Washington State's Loss of No Child Left Behind Waiver Leaves Districts Scrambling," Associated Press, May 11, 2014. 다음을 참조했다. http://www. oregonlive.com/pacific-northwest-news/index.ssf/2014/05/washington_ states_loss_of_no_c.html.

3. 콘의 연구와 제안에 대해 더 알고 싶다면 다음을 참조하라.
http://www.alfiekohn.org/bio.htm.

4. Yong Zhao, "Five Questions to Ask About the Common Core," Zhao learning.com, January 2, 2013. 다음을 참조했다.
http://zhaolearning.com/2013/01/02/five-questions-to-ask-about-the-common-core/.

5. "National Resolution on High-Stakes Testing," FairTest. 다음을 참조했다. http://fairtest.org/national-resolution-high-stakes-testing.

6. Catey Hill, "Will New SAT Raise Test-Prep Prices?," MarketWatch.com, March 9, 2014. 다음을 참조했다.
http://www.marketwatch.com/story/test-prep-industry-expects-banner-year-from-new-sat-2014-03-06.

7. Zach Schonfeld, "Princeton Review Founder Blasts the SAT: 'These Tests Measure Nothing of Value,'" Newsweek.com, April 16, 2014. 다음을 참조했다.
http://www.newsweek.com/princeton-review-founder-blasts-sat-these-tests-measure-nothing-value-246360.

8. "Unions Opposed to Testdriven Education," M2 PressWIRE, July 31, 2012.

9. "Colleges and Universities That Do Not Use SAT/ACT Scores for Admitting Substantial Numbers of Students into Bachelor Degree Programs," FairTest. May 13, 2014. Retrieved from http://fairtest.org/university/optional#5. 이런 대학들로는 바드대학교, 브랜다이스대학교, 콜로라도주립대학교, 그램블링주립대학교, 프로비던스대학교, 텍사스대학교 등 다수가 있다.

10. "Testing & Educational Support in the U.S," IBISWorld Market Research Report, October 2014. 다음을 참조했다.

http://www.ibisworld.com/industry/default.aspx?indid=1549.

11. "2013 Domestic Grosses," Box Office Mojo Yearly Box Office Results. 다음을 참조했다. http://boxofficemojo.com/yearly/chart/?yr=2013.

12. Monte Burke, "How the National Football League Can Reach $25 Billion in Annual Revenues," Forbes.com, August 17, 2013. 다음을 참조했다. http://www.forbes.com/sites/monteburke/2013/08/17/how-the-national-football-league-can-reach-25-billion-in-annual-revenues/.

13. Alyssa Figueroa, "8 Things You Should Know About Corporations Like Pearson That Make Huge Profits from Standardized Tests," *Alternet*, August 6, 2013. 다음을 참조했다. http://www.alternet.org/education/corporations-profit-standardized-tests.

14. 같은 보고서.

15. Jim Armitage, "Watch Your Language: The Tories' U-turn on Testers," NewsBank, February 19, 2014.

16. Leonie Haimson, "The Pineapple and the Hare: Pearson's Absurd, Nonsensical ELA Exam, Recycled Endlessly Throughout Country," *NYC Public School Parents* (blog), April 19, 2012. 다음을 참조했다. http://nycpublicschoolparents.blogspot.com/2012/04/pineapple-and-hare-pearsons-absurd.html.

17. OECD, "PISA 2012 Results." 다음을 참조했다. http://www.oecd.org/pisa/keyfindings/pisa-2012-results.htm.

18. "Singapore: Instructional Systems," Center on International Education Benchmarking. 다음을 참조했다. http://www.ncee.org/programs-affiliates/center-on-international-education-benchmarking/top-performing-countries/singapore-overview/singapore-instructional-systems/.

19. Anu Partanen, "What Americans Keep Ignoring About Finland's School Success," TheAtlantic.com, December 29, 2011. 다음을 참조했다. http://www.theatlantic.com/national/archive/2011/12/what-americans-

keep-ignoring-about-finlands-school-success/250564/#.Tv4jn7hW2CU.
twitter.

20.   Tien Phong, "Vietnam Stops Using Grades in Elementary Schools,"
       PangeaToday.com, July 18, 2014. 다음을 참조하라.
       http://www.pangeatoday.com/vietnam-stops-using-grades-in-
       elementary-schools/.

21.   "OECD and Pisa Tests Are Damaging Education Worldwide – Academics,"
       TheGuardian.com, May 6, 2014. 다음을 참조했다.
       http://www.theguardian.com/education/2014/may/06/oecd-pisa-tests-
       damaging-education-academics.

22.   Joe Bower and P. L. Thomas, *Detesting and Degrading Schools: Authentic
       Alternatives to Accountability and Standardization*, New York: Peter Lang, 2013.

23.   "The Learning Record," FairTest, August 28, 2007. 다음을 참조했다. http://
       fairtest.org/learning-record.

24.   Erin Millar, "Why Some Schools Are Giving Letter Grades a Fail,"
       TheGlobeandMail.com, April 4, 2014. 다음을 참조하라.
       http://www.theglobeandmail.com/news/national/education/schools-that-
       give-letter-grades-afail/article17807841/.

제8장 · 교장으로서의 신념

1.   다음을 참조하라. http://en.wikipedia.org/wiki/Alex_Ferguson.

2.   Kurt Badenhausen, "Manchester United Tops the World's 50 Most Valuable
      Sports Teams," Forbes.com, July 16, 2012. 다음을 참조했다. http://www.
      forbes.com/sites/kurtbadenhausen/2012/07/16/manchester-united-tops-
      the-worlds-50-most-valuable-sports-teams/.

3.   Jamie Jackson, "David Moyes Sacked by Manchester United and Replaced
      by Ryan Giggs," TheGuardian.com, April 22, 2014. 다음을 참조했다. http://

www.theguardian.com/football/2014/apr/22/david-moyes-sacked-manchester-united.

4. 이 부분과 관련해서 아주 인상적인 토론이 벌어지기도 했는데 그 내용이 궁금하다면 다음을 참조하라. Simon Sinek, *Leaders Eat Last*, New York: Portfolio/Penguin, 2014.

5. "House of Commons Rebuilding," *Hansard*, October 28, 1943, November 10, 2014.

    http://hansard.millbanksystems.com/commons/1943/oct/28/house-of-commons-rebuilding.

6. Tony Wagner, *Creating Innovators: The Making of Young People Who Will Change the World* , Scribner, 2012.

7. Tamsyn Imison, Liz Williams, and Ruth Heilbronn, *Comprehensive Achievements: All Our Geese Are Swans*, London: Trentham, 2013.

8. 더 자세히 알고 싶다면 다음을 참조하라. http://www.thethirdteacher.com.

9. "LEEP(Liberal Education and Effective Practice)," Clark University. 다음을 참조했다. http://www.clarku.edu/leep/.

10. "The School with a Promise," Clark University. 다음을 참조했다. https://www.clarku.edu/departments/education/upcs/.

11. "University Park Campus School," *Dispelling the Myth*, Education Trust. http://action.org/content_item/university-park.

12. NASSP는 이 보고서의 발표에 뒤이어 교육 개혁에 관한 여섯 건의 보고서를 발표하는 한편, 현재까지도 실행 중인 리더십 프로그램 브레이킹 랭크스(Breaking Ranks)를 시작했다.

13. "School Improvement," NASSP. 다음을 참조했다.

    http://www.nassp.org/School-Improvement.

14. "MetLife Foundation-NASSP Breakthrough Schools," MetLife Foundation-NASSP Breakthrough Schools, May 29, 2014.

    http://www.nassp.org/AwardsandRecognition/MetLifeFoundationNASSPBreakthroughSchools.aspx.

15. *An Executive Summary of Breaking Ranks: Changing an American Institution*, Reston, VA: National Association of Secondary School Principals, 1996.

제9장 · 부모는 아이를 어떻게 키워야 하는가

1. 퓨 재단(Pew Foundation)에서 2014년도에 발표한 보고서에 따르면 1960년에는 미국의 아이들 가운데 73퍼센트가 초혼의 이성애 부모와 살았던 반면 1980년과 2014년에는 이 수치가 각각 61퍼센트와 46퍼센트로 나타났다.

2. 이런 양육법에 대해 궁금하다면 다음을 참조하라. Amy Chua, *Battle Hymn of the Tiger Mom*, New York: Penguin Press, 2011.

3. 이런 반대 견해에 대해 더 알고 싶다면 다음을 참조하라. Tanith Carey, *Taming the Tiger Parent: How to Put Your Child's Wellbeing First in a Competitive World*, London: Constable and Robinson, 2014.

4. Anne T. Henderson, Karen L. Mapp, and Amy Averett, *A New Wave of Evidence: The Impact of School, Family, and Community Connections on Student Achievement*, Austin, TX: National Center for Family and Community Connections with Schools, 2002.

5. 같은 책.

6. "Organizing Schools for Improvement: Lessons from Chicago," University of Chicago Urban Education Institute, January 30, 2010. 다음을 참조했다. http://uei.uchicago.edu/news/article/organizing-schools-improvement-lessons-chicago.

7. 같은 보고서.

8. Patrick F. Bassett. "When Parents and Schools Align," *Independent School*, Winter 2009. 다음을 참조했다.
http://www.nais.org/Magazines-Newsletters/ISMagazine/Pages/When-Parents-and-Schools-Align.aspx.

9.   같은 보고서.

10.   블루스쿨에 대해 더 자세히 알고 싶다면 다음을 참조하라. http://www.blue school.org.

11.   "National Standards for Family-School Partnerships," National PTA. 다음을 참조했다. http://www.pta.org/programs/content.cfm?ItemNumber=3126&navItemNumber=3983.

12.   Otha Thornton, "Families: An Essential Ingredient for Student Success and Excellent Schools," HuffingtonPost.com, April 29, 2014. 다음을 참조했다. http://www.huffingtonpost.com/otha-thornton/families-an-essential-ing_b_5232446.html.

13.   U.S. Dept. of Education, "Partners in Education: A Dual Capacity-Building Framework for Family.School Partnerships." 다음을 참조했다. http://www2. ed.gov/documents/family-community/partners-education.pdf.

14.   "이중 능력 함양의 프레임워크에 담긴 지식은 교사, 학부모, 연구가, 행정관, 정책 입안자, 지역 공동체 일원들이 수십 년간 펼친 노력이 응축된 결과물이다. 이 프레임워크를 통해 밝혀지고 있듯이, 가정과 학교의 파트너십이 잘되기 위해서는 아이들의 교육을 책임지는 어른들이 아이들의 학습과 성장을 응원해주는 것 못지않게 스스로도 배우고 성장해야 한다." U.S. Dept. of Education, "Partners in Education."

15.   HometoSchool Connections Resource Guide, Edutopia. 다음을 참조했다. http://www.edutopia.org/home-to-school-connections-resource-guide.

16.   다음을 참조하라. http://www.familiesinschools.org/about-us/mission-history/.

17.   "Fast Facts," National Center for Education Statistics. 다음을 참조했다. http://nces.ed.gov/fastfacts/display.asp?id=91.

18.   Quinn Cummings, *The Year of Learning Dangerously: Adventures in Homeschooling*, New York: Penguin Group, 2012.

19.   Logan LaPlante, "Hackschooling Makes Me Happy," TEDx Talks:

University of Nevada. 다음을 참조했다. https://www.youtube.com/
watch?v=h11u3vtcpaY&feature=kp.

20.   Lisa Miller, "Homeschooling, City-Style," NYMag.com, October 14,
2012. 다음을 참조했다. http://nymag.com/guides/everything/urban-
homeschooling-2012-10/.

제10장 · 교육을 둘러싼 환경이 변하고 있다

1.   "South Carolina Loses Ground on "Nation's Report Card," FITSNews South
Carolina Loses Ground on Nations Report Card Comments, November 7,
2013. http://www.fitsnews.com/2013/11/07/south-carolina-loses-ground-
on-nations-report-card/.

2.   C. M. Rubin, "The Global Search for Education: Creative China,"
HuffingtonPost.com, August 10, 2014. 다음을 참조했다.
http://www.huffingtonpost.com/c-m-rubin/the-global-search-for-edu_
b_5665681.html.

3.   Ian Johnson, "Solving China's Schools: An Interview with Jiang Xueqin,
New York Review of Books blog, April 8, 2014. 다음을 참조했다.
http://www.nybooks.com/blogs/nyrblog/2014/apr/08/china-school-
reform-jiang-xueqin/.

4.   C. M. Rubin, "The Global Search for Education: The Middle East,"
HuffingtonPost.com, August 5, 2014. 다음을 참조했다.
http://www.huffingtonpost.com/c-m-rubin/the-global-search-for-edu_
b_5651935.html.

5.   ASK의 기본 강령에 대해서는 다음을 참조하라.
http://www.ask-arabia.com/?page_id=644.

6.   Rubin, "The Global Search for Education: The Middle East."

7.   핀란드의 교육부장관 크리스타 키우루(Krista Kiuru)는 핀란드의 개혁 프로그램

에 대해 다음과 같이 밝혔다. "핀란드의 교육 발전을 위해서는 강력한 조치가 필요하다…… 앞으로는 연구 교육 부문 전문가 및 정책 결정자들뿐만 아니라 학생 대표와 학부모들까지 동참시켜야 하며…… 학습과 공부에 대한 동기를 끌어올리고 지속시킬 방법을 모색하는 한편 바람직한 학교 환경 조성에도 힘써야 한다."

8. John Taylor Gatto, *Weapons of Mass Instruction: A Schoolteacher's Journey through the Dark World of Compulsory Schooling*, Gabriola Island, BC: New Society, 2009.

9. 다음의 저서를 참조하라. Diane Ravitch, *Reign of Error: The Hoax of the Privatization Movement and the Danger to America's Public Schools*, New York: Vintage, 2014.

10. Adapted by T. Brighouse from T. Knoster(1991). Presentation at TASH Conference, Washington D. C.(Adapted by Knoster from Enterprise Group Ltd.)

11. 같은 발표회.

나오는 글 · 모든 사람을 위한 혁명

1. Maria Montessori and Anne E. George, *The Montessori Method*, New York: Schocken, 1964.

2. "How Many Montessori Schools Are There?," North American Montessori Teacher's Assoc. 다음을 참조했다.
    http://www.montessori-namta.org/FAQ/Montessori-Education/How-many-Montessori-schools-are-there.

3. "What Is Steiner Education?," Steiner Waldorf Schools Fellowship. 다음을 참조했다. http://www.steinerwaldorf.org/steiner-education/what-is-steiner-education/.

4. 다음을 참조하라. http://www.summerhillschool.co.uk/about.php.

| 찾아보기 |

ㅇ

KI신서 9676

아이의 미래를 바꾸는
학교혁명 (개정판)

1판 1쇄 발행 2021년 5월 24일
1판 3쇄 발행 2023년 9월 1일

지은이 켄 로빈슨 · 루 애로니카 **옮긴이** 정미나
펴낸이 김영곤 **펴낸곳** ㈜북이십일 21세기북스
출판마케팅영업본부 본부장 한충희
출판영업팀 최명열 김다운 김도연
제작팀 이영민 권경민

출판등록 2000년 5월 6일 제406-2003-061호
주소 (10881) 경기도 파주시 회동길 201(문발동)
대표전화 031-955-2100 **팩스** 031-955-2151 **이메일** book21@book21.co.kr

㈜북이십일 경계를 허무는 콘텐츠 리더

21세기북스 채널에서 도서 정보와 다양한 영상자료, 이벤트를 만나세요!
페이스북 facebook.com/jiinpill21   **포스트** post.naver.com/21c_editors
인스타그램 instagram.com/jiinpill21 **홈페이지** www.book21.com
유튜브 www.youtube.com/book21pub
서울대 가지 않아도 들을 수 있는 **명강**의! 〈서가명강〉
유튜브, 네이버, 팟캐스트에서 '**서가명강**'를 검색해보세요!

ISBN 978-89-509-9519-5 03370
책값은 뒤표지에 있습니다.